5-7, rue de l'Ecole-Polytechnique, 75005 Paris

www.harmattan.com

ISBN : 978-2-343-12116-1
EAN : 9782343121161

La dynamique de l'économie mixte dans la région Occitanie

Collection *Droit des collectivités territoriales*

Fondée et dirigée par
Bernard POUJADE et Xavier CABANNES

Professeurs à l'Université Paris Descartes

Série
Travaux de l'Association française
de droit des collectivités locales

Dernières parutions

Julie BENETTI (dir), *Les collectivités territoriales et le principe d'égalité*, 2016

Mathilde MONTAUBIN, *Le référendum d'indépendance de l'Ecosse*, 2016

Bernard POUJADE, *L'Assemblée délibérante, avenir de la démocratie locale ?* 2015

Mélissa GOASDOUE, *Les collectivités territoriales et la spéculation*, 2015.

Jean-Marc BOU

La dynamique de l'économie mixte dans la région Occitanie

Préface de Nathalie LAVAL-MADER

L'Harmattan

Remerciements

Je tiens à exprimer mes plus vifs remerciements à Madame Françoise Falga et Madame Nathalie Laval-Mader, pour leur disponibilité, leurs conseils avisés et l'aide apportée pour la conduite de ce travail et son écriture. Mes remerciements vont également à Anne-Laure, Fabienne, et bien sûr Claire, dont le soutien a été précieux pour mener à bien cette étude.

Sommaire

Avant-propos

Depuis 2014, l'Association française de droit des collectivités locales (AFDCL) attribue de nouveau un prix annuel au meilleur mémoire de Master 2 sur un sujet consacré au droit des collectivités locales. Le prix consiste en la publication du mémoire dans la présente collection.

Un jury composé des membres du Conseil d'administration de l'Association et de membres extérieurs s'est réuni en octobre 2016 et a retenu la candidature de Monsieur Jean-Marc Bou. Ce travail, réalisé sous la direction de Madame Nathalie Laval-Mader, maître de conférences à l'Université Toulouse 1-Capitole dans le cadre du Master 2 « Collectivités territoriales » est consacré à « La dynamique de l'économie mixte dans la région Occitanie /Pyrénées-Méditerranée ». L'AFDCL remercie les étudiants de Master 2 qui ont candidaté au Prix du Mémoire en leur adressant des travaux de belle qualité, ainsi que les directeurs de Master 2 qui contribuent au rayonnement de ce Prix. Afin de refléter le dynamisme de cette discipline, l'AFDCL encourage les responsables des différents Master 2 existant en France à présenter le mémoire qu'ils estiment le plus à même de candidater à ce prix.

Cette année 2016, le jury a souhaité consacrer un mémoire rédigé dans le cadre d'un Master 2 professionnel afin de témoigner de la diversité des travaux réalisés dans le domaine des collectivités territoriales. Le Prix du Mémoire a été remis officiellement, mais hors la présence du lauréat le 25 novembre 2016 à Toulon, lors des Journées d'études de l'AFDCL qui se sont tenues à Draguignan et Toulon les 24 et 25 novembre 2016.

Le mémoire est donc consacré à l'économie mixte, forme de collaboration institutionnalisée entre le secteur public et le secteur privé dans le but de satisfaire l'intérêt général. Alors que cette notion apparaît comme un concept un peu dépassé, l'auteur prend le parti de resituer l'utilisation de cette forme juridique dans sa dynamique locale et de mettre en perspective la manière dont les collectivités territoriales l'utilisent. A la suite de la loi du 16 janvier 2015 portant délimitation des régions et de celle du 7 août 2015 dite NOTRe la dynamique de l'économie mixte locale a pour cadre de nouvelles régions et notamment dans la nouvelle région Occitanie née de la fusion au 1er janvier 2016 des anciennes régions Languedoc-Roussillon et Midi-Pyrénées. Cette recomposition territoriale et l'entrée en application de nouvelles ordonnances relatives aux marchés et concessions de service public n'ont pas encore donné lieu à leur première jurisprudence.

A la croisée du droit public et du droit privé, mais également des sciences politique et économique, cette étude veut jeter un regard nouveau sur la dynamique de l'économie mixte locale. En fonction des problématiques locales, les réponses imaginées sont différentes, mais la pratique de l'économie mixte tend en revanche à se rapprocher. Cette étude met ainsi l'accent sur les facultés d'adaptation de cette forme juridique d'association du public et du privé, mais aussi sur le rôle qu'elle peut jouer dans la recomposition d'un territoire régional complexe, marqué par des identités fortes, et confrontées à des enjeux de développement. Cette étude s'appuie sur un travail de recherche sur la jurisprudence applicable à ces sociétés et sur les rapports des chambres régionales des comptes des deux anciennes régions Midi-Pyrénées et Languedoc. Il s'agit bien d'une étude de terrain dans une perspective professionnalisante et c'est cette dernière qu'a voulu honorer l'AFDCL.

Pour cette troisième année consécutive, la publication du mémoire est réalisée dans la collection consacrée aux travaux de l'A.D.F.C.L., publiée chez L'Harmattan. Dans cette même collection, sont également publiés les actes des Journées d'études de l'Association, qui ont lieu chaque année en co-organisation avec les centres de recherches des Universités accueillant ces rencontres. Ont déjà été publiés dans ce cadre les ouvrages « L'assemblée délibérante, avenir de la démocratie locale ? » à la suite des journées d'études de Bordeaux et Périgueux, tenues en novembre 2014, et « Les collectivités territoriales et le principe d'égalité » issu de la Journée d'études organisée à Reims en novembre 2015.

Toutes ces publications démontrent, s'il en était besoin, le dynamisme de cette discipline et de l'Association qui, avec d'autres institutions ou groupements, a pour ambition de contribuer à son rayonnement.

Michel VERPEAUX

Professeur à l'Université Panthéon-Sorbonne (Paris 1)

Président de l'Association française de droit des collectivités locales

Préface

Pendant trois décennies, les régions ont été les passagers quasi clandestins de la réforme territoriale, les pouvoirs publics s'appuyant sur les communes et les départements pour organiser les territoires. Malgré ce système boiteux (un découpage territorial daté, une absence de circonscription territoriale propre, des compétences secondaires, un financement fragile…), les régions vont progressivement s'imposer dans le paysage français. De plus en plus visibles dans le quotidien des citoyens, elles vont devenir de véritables architectes des territoires.

L'acte III de la décentralisation apparaît dans cette perspective comme un acte politique fort : l'Etat a acquis une certaine maturité politique. Il peut enfin, sans se sentir fragilisé ou menacé, consacrer la région comme un stratège territorial. En renforçant ses compétences en matière économique et innovation, formation professionnelle ou mobilités, l'Etat consolide ainsi les régions afin de relever les défis d'un développement attractif, solidaire, durable et inclusif du territoire régional.

L'économie mixte locale a accompagné les différents actes de la décentralisation. Elle est devenue aujourd'hui une opportunité nouvelle dans la recomposition du territoire régional. Quelque peu « ringardisée » et bousculée par l'arrivée des SPL, l'économie mixte a en effet retrouvé aujourd'hui un regain d'intérêt pour les collectivités territoriales. Elle témoigne d'une véritable vitalité par sa souplesse et son adaptabilité dans la boîte à outils des EPL, dans le contexte budgétaire contraint que l'on connaît et le nouveau paradigme d'une décentralisation collaborative qu'a renforcée l'Acte III.

Elle constitue en particulier un levier essentiel dans « la Stratégie régionale de l'emploi et la croissance » que s'est dotée la Région Occitanie, laquelle, doit réinventer un modèle partenarial régional de satellisation de son action publique, à partir des tropismes locaux et identités fortes qui ont marqué les ressorts de la dynamique de l'économie mixte dans les deux anciens territoires.

Monsieur Jean-Marc Bou a produit une recherche remarquable. Remarquable, car, assise sur des fondations théoriques solides, l'auteur a déployé une analyse rigoureuse du régime juridique de cet objet, éclairée par un spectre multidimensionnel de champs disciplinaires des sciences sociales (sciences juridiques, politiques, économiques, de gestion) qui fait tout l'intérêt de sa recherche.

Monsieur Jean-Marc Bou a fourni un travail d'analyse unique. Unique, car sur un matériau d'étude parcellaire et surtout très technique, il a construit, il a donné du sens au paysage régional des EPL qui au premier coup d'œil semblait éclaté entre deux territoires aux deux histoires économiques irréconciliables.

Unique dans sa temporalité. L'auteur a déployé son expertise et son analyse prospective alors même que la Région Occitanie venait à peine d'être créée. Il a anticipé la réflexion stratégique de a Région sur la recomposition du paysage des EPL, qui nécessite avec le changement d'échelle, une vision globale du territoire, que son travail est venu nourrir. Mais, en dégageant des préconisations, il a projeté surtout dans l'avenir le recours optimisé de l'économie mixte pour un développement attractif et équilibré du territoire régional.

Nathalie LAVAL-MADER
Maître de Conférences de Droit public, HDR
Responsable du Master 2 Collectivités Territoriales
Université Toulouse Capitole
Conseillère régionale Occitanie

Introduction

« Le concept de l'économie mixte consiste en une collaboration entre administrations et particuliers pour la gestion d'entreprise publique en faisant usage des méthodes du droit privé et spécialement du procédé des souscriptions d'actions[1] ». C'est en ces termes que le doyen Maurice Hauriou définissait déjà l'économie mixte dans la première moitié du vingtième siècle.

L'économie mixte cherche à concilier deux principes apparemment contradictoires, l'intérêt général et le profit individuel. Elle peut apparaître comme un concept juridique suranné. Selon le prisme d'analyse, celui-ci évoque tour à tour la recherche d'une troisième voie ou au contraire la planification et le socialisme municipal. Le concept d'économie mixte est délaissé[2]. On lui préfère celui d'entreprises publiques locales, à la connotation plus positive, « dans l'air du temps », mais à la définition peut être encore plus floue et complexe.

Il est vrai que l'économie mixte n'est pas un concept juridique aisé à définir. Comme le souligne Frédéric Antona[3], l'économie mixte est un concept transversal, à la croisée de plusieurs disciplines juridiques (de droit privé, droit des affaires et droit public administratif, des marchés publics et des collectivités territoriales), économiques (gestion et finances d'entreprise, management, économie des organisations) et de sciences politiques. « Si l'on a toujours une certaine difficulté à encadrer le concept d'économie mixte en droit, c'est qu'il représente une évolution vers un droit de nature hybride » qui sied mal aux distinctions traditionnelles public/privé, intérêt général/intérêt

[1] M.Hauriou, Précis de droit administratif et de droit public, Dalloz Paris, 2002, p.1096.
[2] Cf. changement de nom de la fédération des Sociétés d'économie mixte devenue en 2009, fédération des Entreprises publiques locales pour intégrer les Sociétés publiques locales.
[3] F.Antona, le concept d'économie mixte en droit, in Regards croisés sur l'économie mixte S.Guérard, p.31-41.

particulier, droit administratif/droit civil. Il est la concrétisation de l'émergence de ce droit public économique qui reste poreux et très difficile à catégoriser dans les branches traditionnelles du droit public. Contrairement à d'autres branches du droit, les travaux de doctrine juridique sur l'économie mixte sont ainsi relativement rares par rapport à la matière juridique et aux problèmes juridiques abordés, « les sociétés d'économie mixte sont [effectivement] une inépuisable source de problèmes juridiques[4] ». Il existe de nombreux articles juridiques focalisés sur des problématiques ponctuelles comme par exemple les contentieux des droits publics locaux. En revanche, on peut regretter un nombre trop faible de travaux de fond sur la problématique d'ensemble de l'économie mixte (ses relations avec ses actionnaires publics et privés, son inscription dans le paysage concurrentiel local). Comme les thèmes de recherche alliant droit public et droit privé ne sont jamais faciles à mener, les problématiques de l'économie mixte sont donc fréquemment réservées aux initiés.

L'étude de l'économie mixte est, en effet, au carrefour de différents régimes juridiques : celui des marchés publics, de la propriété publique, de la gestion publique, et surtout du régime juridique des interventions économiques des collectivités territoriales auquel l'économie mixte est intrinsèquement liée.

A l'origine, l'économie mixte est née du refus de laisser au marché une latitude sans limites dans la conduite de l'économie locale, à partir de faits sociaux que le droit a cristallisés pour pouvoir encadrer les pratiques développées par les collectivités territoriales[5]. « Elle a trouvé son essor dans le mouvement de décentralisation, auquel elle est indéfectiblement associée[6] ». L'économie mixte se définit ainsi comme une forme de collaboration institutionnalisée[7] (sous le statut juridique de société anonyme[8]) entre le secteur public et le secteur

[4] J-B.Auby, les Sem inépuisable objet juridique, DA, Repère, 2008, p.1.

[5] L'économie mixte trouve ses racines dans le droit allemand dans le concept de « gemischte Wirtschaft » avec les premiers exemples en Alsace-Moselle au début du XXème siècle comme technique de gestion de l'activité publique locale.

[6] F.Antona, précité.

[7] Par opposition à l'économie mixte conventionnelle qui correspond aux formes de collaboration public-privé effectuées par le biais de liens conventionnels (type convention de partenariat).

[8] Elle peut prendre différentes formes juridiques : SAEM, SAEML, SAIEM, SemOp, sur lesquelles nous reviendrons au cours du développement.

privé dans le but de satisfaire l'intérêt général. Elle est, par là même, dans un rapport d'interdépendance avec les collectivités territoriales dont elle procède. En théorie, le concept d'économie mixte évoque une idée de modération et de synthèse, où la confrontation public-privé serait remplacée par une logique de coopération. Dans les faits, l'économie mixte a pu apparaître comme un « démembrement fonctionnel de la collectivité[9] », avec les risques et dérives de dilution de responsabilité et démantèlement de l'autorité publique. S'il est vrai que l'économie mixte peut générer ce type de déviance, elle recèle en elle la capacité de s'ajuster. « Economie mixte » et « collectivités territoriales » entretiennent ainsi des relations ambiguës et complexes : la propriété publique de ces sociétés, qui sont parfois perçues comme des démembrements des collectivités, n'empêche pas qu'elles soient jugées trop distantes pour échapper aux obligations de mises en concurrence[10].

Loin d'être figé, le régime juridique de l'économie mixte est en perpétuelle adaptation. Le corpus législatif qui entoure les sociétés d'économie mixte est dense tout comme la jurisprudence administrative dont elles sont une source inépuisable d'inspiration. Depuis 2000, pas moins d'une dizaine de lois ont affecté l'économie juridique de l'économie mixte, notamment les lois de 2006 et 2010 sur les sociétés publiques locales dont certains commentateurs prédisaient qu'elles marqueraient la fin du statut des sociétés d'économie mixte[11].

C'était oublier la grande plasticité dont sait s'entourer l'économie mixte. « Les sociétés d'économie mixte sont des opérateurs agiles qui permettent de mobiliser des partenaires investisseurs essentiels au financement des projets… elles constituent des opérateurs structurants d'une politique publique[12] ». Elles font partie des modes d'intervention déléguée des collectivités territoriales, dont ces dernières ne pourraient se passer, compte tenu de la grande souplesse et du pragmatisme qui caractérisent ces sociétés.

---

[9] S.Brameret, Les relations des collectivités territoriales avec les sociétés d'économie mixte locales, *recherche sur l'institutionnalisation d'un partenariat public-privé*, LGDJ, Bibliothèque de droit public, Tome 271, 2011, 448p.

[10] Thèse développée par S.Brameret, précitée.

[11] S. Brameret dans sa thèse compare la SEM en 2010 à un chat de Schrodinger, cet état paradoxal dans lequel on ne saurait déterminer si celui-ci est mort ou encore vivant.

[12] J.Chiron, Président Fédération des EPL, 2/06/2016.

Avec l'entrée en application de la loi du 16 janvier 2015 portant délimitation des régions et créant la région Occitanie et celle du 7 août 2015 portant nouvelle organisation territoriale de la République, l'économie mixte aborde une nouvelle page de son histoire. Revivifiée par la création des sociétés d'économie mixte à opération unique en 2014, l'économie mixte, de par sa nature, sera nécessairement impactée par ce mouvement de recomposition territoriale.

Lorsque l'on sait que l'histoire de l'économie mixte ne s'est pas développée de manière linéaire, mais plutôt sous forme de mouvements saccadés, l'on discerne une grande transformation à venir du paysage de l'économie mixte locale et nationale.

Cette analyse intervient à l'aube de cette recomposition territoriale et de l'entrée en application des nouvelles ordonnances relatives aux marchés et concessions de service public qui n'ont pas encore donné lieu à leur première jurisprudence.

Elle prend pour sujet d'appréciation l'économie mixte, au sens strict du terme. A savoir l'économie mixte institutionnelle constituée par les sociétés d'économie mixte locales et les sociétés d'économie mixte à opération unique. A la marge seront abordées les sociétés publiques locales, qui ne relèvent pas de l'économie mixte, mais des entreprises publiques locales. Le thème de recherche de l'économie mixte a été privilégié à celui d'entreprises publiques locales, aux contours plus flous et vastes[13]. Les entreprises publiques locales recouvrent effectivement à la fois le régime juridique de la gestion déléguée (dont font partie les SEM, SemOp et SPL, SIR, SCIC), mais également le régime juridique de la gestion directe (Régie personnalisée, EPIC, EPCC) qu'il aurait fallu appréhender dans leur globalité.

Elle prend délibérément pour cadre la nouvelle région Occitanie/Pyrénées-Méditerranée née de la fusion au 1er janvier 2016 des anciennes régions Languedoc-Roussillon et Midi-Pyrénées. Compte tenu des nouvelles compétences économiques dévolues à la collectivité régionale, le périmètre régional nous est apparu constituer

---

[13] La notion d'entreprise publique est complexe à appréhender et couvre différents régimes juridiques. Le colloque organisé en juin 2016 sur le sujet constate la diversité croissante des formes d'entreprises publiques, en particulier des formes capitalistiques de droit privé. Cette diversité, si elle est ordonnée à une stratégie globale et réglée d'une manière efficace, est un atout pour l'action économique des personnes publiques.

le cadre pertinent pour la conduire. La région Occitanie réunit deux ex-régions aux identités marquées, qui n'avaient pas l'habitude de travailler en commun. Il nous est apparu intéressant d'établir une étude comparative de la dynamique de l'économie mixte entre ces deux entités.

Cette étude implique une méthode appropriée que nous avons conduite dans des délais contraints. Elle repose sur les ressorts de l'analyse juridique et de l'analyse économique des faits. Elle fait également appel à l'histoire économique dans laquelle s'est développée l'économie mixte régionale. Elle combine une réflexion à la fois théorique et pragmatique qui s'appuie, d'une part, sur l'analyse des rapports d'observations définitives des chambres régionales des comptes des régions Languedoc-Roussillon et Midi-Pyrénées sur les sociétés d'économie mixte de la région, d'autre part, sur la jurisprudence des juges administratif et communautaire. S'il est difficile de définir des généralités à partir d'études de cas très spécifiques et localisées, nous nous sommes efforcés d'en tirer des tendances en essayant d'être le plus objectif possible.

Des entretiens ont été conduits pour étayer l'analyse auprès de différents partenaires publics et privés de l'économie mixte de manière à confirmer l'approche et les orientations de l'étude.

La problématique de l'étude consiste à faire la lumière sur les particularités du régime juridique de l'économie mixte à partir de l'analyse des ressorts et de la pratique de l'économie mixte dans la région Occitanie. Conçu à partir de faits sociaux, le régime juridique de l'économie mixte ne peut s'appréhender qu'à partir de situations concrètes et vécues. Le présent travail souhaite jeter un regard nouveau sur la dynamique de l'économie mixte en mettant l'accent sur les facultés d'adaptation de l'économie mixte et ses potentiels. Il s'agit de mettre en perspective le rôle que peut jouer l'économie mixte dans la recomposition d'un territoire régional complexe, tiraillé par des identités fortes, et confronté à des enjeux de développement qu'il ne pourra relever que grâce à un jeu partenarial.

Alors que certains prédisaient il y a peu de temps encore la fin de l'économie mixte, cette étude entend contribuer à appréhender les potentialités de l'économie mixte à se régénérer et à s'adapter à la nouvelle donne territoriale. Dans quelle mesure l'économie mixte a la capacité de contribuer à la rationalisation et à la mutualisation des politiques publiques territoriales ? En quoi peut-elle constituer un outil susceptible de rendre l'action publique locale plus efficace et efficiente ? Et, si elle y parvient, à quelles conditions ?

Dans un premier temps, l'étude sera consacrée à l'analyse des ressorts de la dynamique de l'économie mixte régionale. A la lumière d'études de cas, elle tentera de dégager les tropismes territoriaux qui influent sur le recours à l'économie mixte par les élus locaux, et d'apprécier la pratique de l'économie mixte entre les deux anciennes entités de la région Occitanie (1ère Partie). Dans un second temps, l'étude se concentrera sur les réformes juridiques en cours de mise en œuvre, qui participent à un mouvement de mutation des modalités et domaines d'action des collectivités territoriales. A la lumière du régime juridique de l'économie mixte, l'étude dégagera les conditions d'instauration d'un recours optimisé à l'économie mixte et les raisons pour lesquelles celle-ci est adaptée à la recomposition territoriale en cours (2ème Partie).

Première Partie : Les ressorts de la dynamique de l'économie mixte régionale

La dynamique de l'économie mixte est indissociable de celle de la décentralisation et de l'affirmation de l'autonomie des collectivités territoriales. Elle est le reflet des mutations institutionnelles qui affectent les territoires, leur aménagement et leur développement. Outil essentiel de l'action des collectivités territoriales, les sociétés d'économie mixte ont joué, et jouent encore, un rôle majeur au service du développement et de l'action publique locale dans de multiples secteurs : aménagement, services publics locaux, immobilier.

La région Occitanie compte 117 entreprises publiques locales affiliées à la Fédération des EPL au 30 juin 2016 sur les 1.210 entreprises publiques locales que compte la Fédération, soit 9,7% des EPL au niveau national. Parmi les EPL de la région Occitanie, on dénombre : 90 Sociétés d'économie mixte (SEM), 25 Sociétés publiques locales (SPL), et 2 Sociétés par actions simplifiées, filiales de SEM[14]. Soixante et une de ces entreprises publiques locales (dont 48 SEM) ont leur siège situé sur le territoire de l'ex Région Midi-Pyrénées et cinquante-six d'entre elles (dont 42 SEM) sur le territoire de l'ex Région Languedoc-Roussillon. Ces sociétés sont récentes : 40% d'entre elles ont été créées entre 2002 et aujourd'hui. La dynamique de l'économie mixte y est soutenue : en 2016 on ne compte pas moins de 24 projets de création d'EPL (soit un peu plus de 11% des projets de création d'EPL au niveau national) dont les 2/3 sur le territoire de l'ex territoire régional Languedoc-Roussillon. Parmi ces projets de création on dénombre notamment 1 SEM énergie dans l'Aude, 5 SemOp sur le pourtour méditerranéen, 1 Sem Hydro dans les Hautes-

[14] Données issues de l'annuaire de la Fédération des EPL http://www.lesepl.fr/contacts-epl/ et de l'EPLscope 2015 édité par la Fédération des EPL en 2016.
cf – Annexe 1 « Panorama des entreprises publiques locales de la Région Occitanie ».

Pyrénées. Parallèlement à ces projets de création, on assiste également à l'ouverture de procédures de mises en liquidation de Sociétés (pour au moins 9 SEM).

Elles emploient au total 5.714 personnes qui sont issues pour 46% des EPL de l'ex-Région Midi-Pyrénées et pour 54% des EPL de l'ex Languedoc-Roussillon. Elles dégagent un chiffre d'affaires annuel moyen de l'ordre de 660M€ (soit 5,1% du Chiffre d'affaires produit au niveau national). Ce chiffre d'affaires régional provient à 58% d'EPL de l'ex Région Languedoc-Roussillon.

Les EPL de la région se répartissent en trois domaines d'activité :

- l'aménagement constitue un secteur traditionnel des EPL. Aux grandes opérations d'aménagement des origines, ont succédé des activités sur une échelle plus réduite, en centre-ville, en périphérie, ou en milieu rural. 26,5% des EPL de la région, soit 31 Sociétés, ont pour principal secteur d'activité l'aménagement, cette proportion est légèrement supérieure à celle constatée au niveau national (25% des EPL). Parmi les EPL d'aménagement de la région, on dénombre 45% de Sociétés publiques locales issues pour 1/3 d'entre elles de la transformation de SEM en SPL et 1/3 d'entre elles sont liées à des SEM au travers de GIE.
- Les sociétés de services sont apparues en grande majorité après le vote de la loi du 7 juillet 1983 et exercent une quarantaine de métiers différents. 66% des EPL de la région (contre un ratio de 50% des EPL au niveau national). Elles ont pour objet social la gestion de services publics locaux, qui couvrent tant la gestion de services à la population (33%) que la gestion d'infrastructures locales (19%), mais aussi la gestion d'équipements touristiques (29%).
- Les sociétés immobilières destinées au portage immobilier locatif de logements sociaux, d'activités ou de bureaux. 7% des EPL de la région se consacrent au portage immobilier dont 100% de SEM contre 25,3% des EPL au niveau national.

Ce rapide panorama témoigne de l'importance et de la diversité des secteurs gérés par l'économie mixte régionale, mais aussi de la difficulté d'une approche globale de cet instrument polymorphe au service de l'action publique locale. Derrière ces 90 sociétés d'économie mixte qui œuvrent aujourd'hui sur le territoire régional, il y a des situations et des contraintes locales diverses auxquelles ces entreprises tentent de répondre.

Créé par les élus pour leur territoire, cet instrument est naturellement soumis à l'emprise de tropismes territoriaux, à une vision et une stratégie locales. Les SEM ne sont pas à cet égard un mode d'intervention ou des entreprises comme les autres. Sans légitimité propre, leur raison d'être réside dès l'origine dans leur capacité à constituer un levier pour l'action des collectivités territoriales. L'économie mixte dépend des attentes et de la nature des projets stratégiques de ces collectivités[15]. Analyser les ressorts de l'économie mixte dans la région Occitanie, c'est donc s'interroger sur les raisons qui ont prévalu à la création et au développement de ces sociétés qui agissent encore aujourd'hui au service de l'intérêt public local : selon quelles conditions ? Avec quelles contraintes et avantages juridiques par rapport aux autres outils d'intervention des collectivités territoriales ? Au regard des objectifs poursuivis par ces sociétés, est-on en mesure de dégager des tendances plus prégnantes selon que l'on se positionne du côté du territoire de l'ex région Languedoc-Roussillon ou de l'ex région Midi-Pyrénées ? (Titre I).

L'économie mixte est à l'image d'un organisme vivant, sujette aux mutations des modalités (instruments juridiques) et domaines d'action (politique publique) qui affectent les collectivités territoriales. L'influence du droit de l'Union européenne, la création en 2006 des Sociétés publiques locales d'aménagement et des Sociétés publiques locales en 2010, mais aussi l'évolution dans la manière de penser la gouvernance, induisent des changements de pratiques de l'économie mixte. Quelle est la pratique actuelle de l'économie mixte sur le territoire de la Région Occitanie ? Y a-t-il une divergence de pratique entre les deux anciennes entités qui composent la nouvelle région ou au contraire des similitudes ? (Titre II).

[15] Ceci se retrouve dans les variations importantes que l'on peut constater dans le nombre de SEM en activité. Le mouvement des SEM connaît un essor à partir de 1955 passant de 19 en 1950 à 196 en 1960, puis 566 en 1970 et 607 en 1980. Avec l'acte I de la décentralisation, c'est l'envol des SEM avec 1199 SEM recensées en 1990, puis 1306 SEM en 2000, 1130 SEM en 2006 et 1210 EPL en 2015 dont 970 SEM.

Titre I
L'économie mixte régionale, instrument d'action publique locale sous l'emprise de tropismes territoriaux

Aux termes de l'article 72 de la Constitution de la Vème République, *« les collectivités territoriales ont vocation à prendre les décisions pour l'ensemble des compétences qui peuvent le mieux être mises en œuvre à leur échelon. Dans les conditions prévues par la loi, ces collectivités s'administrent librement par des conseils élus et disposent d'un pouvoir réglementaire pour l'exercice de leurs compétences »*. Les collectivités territoriales disposent ainsi de la liberté du choix du mode de gestion, pour exploiter leurs services publics, soit de gérer directement le service, soit d'en confier la gestion à un tiers par le biais d'une convention de délégation de service public ou d'un marché, d'un affermage ou d'une régie intéressée. Elles peuvent aussi décider de prendre en charge par des interventions directes les besoins de la population quand un intérêt local le justifie, dans le respect des libertés garanties par la loi et notamment dans le respect de la liberté de commerce et de l'industrie[16].

Au fil des différents mouvements de décentralisation, le législateur a accordé aux collectivités territoriales différentes possibilités d'intervention dans le secteur économique notamment *via* la création ou la participation à des Sociétés privées[17]. « Il s'est agi en fait de

---

[16] Voir J.Y. Chérot – Droit public économique

[17] Les premières sociétés d'économie mixte sont crées dans les territoires d'Alsace Moselle en vertu de la loi allemande du 6/06/1895. La commune de Strasbourg détenait ainsi dès 1900, 6% du capital de la Elektrizitatswerk Srasbourg SA. Le premier texte de droit français autorisant la participation des communes à des sociétés est la loi Strauss du 12/04/1906 sur les sociétés anonymes d'habitation à bon marché (au maximum 2/3 du capital social) et la loi Ribot du 10/04/1908 appliquée aux sociétés de crédit immobilier. Après la guerre de 1914-1918, dans un contexte de reconstruction et de difficultés rencontrées par les concessionnaires de services publics locaux, ce sont les décrets-loi Poincaré du 26 novembre et du 28 décembre 1926 qui marque le point de départ de l'économie mixte locale en autorisant les communes à prendre des participations dans les sociétés de constructions ou d'exploitation de services communaux. Cette autorisation

transférer des tâches, qui auraient dû revenir à l'initiative privée ou à l'administration locale, à des organismes de statuts divers, mais parallèles à l'administration traditionnelle »[18].

Le paysage de l'économie mixte régionale est le reflet de ces mutations institutionnelles et territoriales tantôt marquées par la réponse à la défaillance de l'initiative privée, tantôt par la nécessité de structurer et d'accompagner des projets d'intérêts nationaux ou locaux dans une vision de long terme. Avant d'observer les tendances qui peuvent se dégager des tropismes territoriaux des deux anciennes entités qui composent la région Occitanie (Chapitres 2 et 3), il est nécessaire de s'arrêter sur la spécificité du régime juridique de l'économie mixte, conçu comme une alternative aux autres modes d'intervention de l'action publique locale (Chapitre 1).

---

reste encore très restreinte : les prises de participation sont limitées à 40% du capital des sociétés et font l'objet d'une approbation par décret en Conseil d'Etat. Après la seconde guerre mondiale, l'insuffisance de l'initiative privée susceptible de répondre à la pénurie de logements et aux nécessités de l'aménagement du territoire a favorisé un accroissement de l'intervention économique des collectivités territoriales. Dans ce contexte, le décret du 20/05/1955 a élargi le champ d'intervention des sociétés d'économie mixte à la mise au point de projets présentant un intérêt public.Il a porté la participation maximale des collectivités locales à 65%. Toute participation majoritaire des collectivités locales reste cependant soumise à autorisation ministérielle et rend obligatoire la présence d'un commissaire du gouvernement au sein de la société. L'accroissement des compétences des collectivités et la suppression de la tutelle a eu pour corollaire la refonte du régime juridique des SEM par la loi n° 83-597 du 7/07/1983, votée à l'unanimité par les deux assemblées. Il a fait l'objet de plusieurs adaptations depuis le début des années 2000 : la loi n° 2000-1208 du 13 décembre 2000 relative à la solidarité et au renouvellement urbains, la loi no 2001-419 du 15 mai 2001 relative aux nouvelles régulations économiques, la loi n° 2002-1 du 2 janvier 2002 tendant à moderniser le statut des sociétés d'économie mixte locales, suivis de la loi ENL de 2006 créant les SPLA, celle N°2010-559 du 28/05/ 2010 pour le développement des SPL et la loi n° 2014-744 du 1/07/2014 permettant la création de sociétés d'économie mixte à opération unique.

[18] M.Prieur, Les entreprises publiques locales, Thèse 1967

Chapitre 1
Une constante :
concilier l'intervention des collectivités territoriales avec le principe de liberté de commerceet de l'industrie

Le terme « intervention », comme le souligne J.Y Chérot dans son ouvrage de droit public économique est « lourd d'une équivoque ». « Par certaines de ces acceptions, il peut sembler signifier, l'immixtion d'une personne ou d'une institution dans des affaires qui ne sont pas les siennes. Ici donc l'idée serait de dénoncer une ingérence de l'institution publique dans un domaine, l'économique, qui normalement ne serait pas le sien... il faut se défier de cette signification latente, tendancieuse, déviatrice »[19]. L'intervention publique en matière économique comporte deux acceptions : les interventions s'exerçant sur les activités économiques privées sous forme de réglementation et les interventions consistant en la gestion d'entreprises publiques. L'intervention des collectivités territoriales en matière économique est limitée à la seconde acception dans le respect du principe de la liberté de commerce et de l'industrie.

L'interprétation de ce principe, à la lumière de la théorie économique classique (fondée sur la pensée d'Adam Smith), conduirait à limiter strictement l'intervention des collectivités territoriales en affirmant que les entreprises économiques sont en principe réservées à l'initiative privée[20]. C'est sans compter sur le pouvoir créateur du juge administratif qui a défini par sa jurisprudence les compétences d'intervention économique des collectivités territoriales sous l'effet de la multiplication des interventions des collectivités territoriales

---

[19] R-E Charlier, L'interventionnisme économique de la puissance publique : études en l'honneur du Doyen Péquignot, Montpellier Céram 1984, cité par J.Y Chérot.

[20] Cette interprétation restrictive a été celle de la jurisprudence toute au long du XIXème siècle. Cf. Marc Peltier, La participation des collectivités territoriales au capital des sociétés, qui cite l'avis du Conseil d'Etat du 2 aout 1894, soulignant l'opposition qui existerait entre les collectivités territoriales et le commerce, ou encore l'arrêt du Conseil d'Etat du 27/02/1931 Giaccardi « les entreprises ayant un caractère commercial restent en règle générale réservées à l'initiative privée et les conseils municipaux ne peuvent ériger des entreprises de cette nature en services publics municipaux ».

fondées à la fois sur le « socialisme municipal[21] », mais aussi « le capitalisme des collectivités territoriales »[22]. « S'il est un domaine où la jurisprudence du Conseil d'Etat peut s'analyser comme la création d'un véritable droit prétorien, celui de l'intervention économique des collectivités locales en est le premier [23]».

Le principe de liberté de commerce et de l'industrie ne s'oppose effectivement pas à l'intervention économique des collectivités territoriales. Historiquement fondé sur le décret d'Allarde (lois des 2 et 17/03/1791), la liberté du commerce et de l'industrie imposait une double interdiction : celle de ne pas entraver, par leurs prescriptions, les initiatives économiques privées et celle de ne pas les concurrencer, par leurs propres productions et prestations. La seconde de ces interdictions s'est progressivement assouplie. Même si la doctrine est prolixe sur la valeur juridique à lui reconnaître[24], le principe de liberté de commerce et d'industrie a été reconnu comme un principe à valeur constitutionnelle[25] comme englobant la liberté d'entreprendre et la liberté de concurrence. Le juge administratif l'a interprété dans une conception de plus en plus ouverte qui a permis d'accompagner les mutations institutionnelles auxquelles les collectivités territoriales ont été sujettes. D'abord admise en cas de circonstances exceptionnelles (CE, 29 mars 1901, Casanova)[26], la jurisprudence du Conseil d'Etat a progressivement autorisé les collectivités territoriales à intervenir d'une manière supplétive, en présence d'un intérêt public local

[21] Le socialisme municipal désigne une doctrine, systématisant l'extension des services publics locaux au travers d'une gestion directe par la collectivité sans l'intervention d'une personne juridique autonome.

[22] M. Prieur, ouvrage précité : « l'économie mixte a contradictoirement été présentée comme une forme subtile soit de socialisme, soit de capitalisme des collectivités. De nombreux débats théoriques se sont élevés pour savoir si l'économie mixte réalisait une collaboration du secteur public et du secteur privé ou une subordination de ce dernier au public » p.18.

[23] J-C. Nemery, Le nouveau régime juridique des interventions économiques des collectivités locales, AJDA 1983, p.65

[24] M.Peltier, ouvrage précité, p.72 et suivantes : « la valeur juridique du principe de liberté de commerce et de l'industrie est controversée. Il semble cependant acquis qu'une disposition législative puisse y porter atteinte, qu'on lui reconnaisse le caractère d'un principe général du droit, d'une liberté publique … ce qui importe avant tout c'est l'interprétation par le juge administratif du principe qu'il a lui-même créé ».

[25] Décision du Conseil constitutionnel n° 81-132 DC du 16/01/1982, loi de nationalisation

[26] 1ère citation du principe de commerce et d'industrie dans l'arrêt CE, 6/03/1914, Syndicat de la boucherie de la ville de Chateauroux, Req. n°48885.

notamment lié à l'insuffisance de l'initiative privée. Dans son arrêt du 30 mai 1930 Chambre syndicale du commerce en détail de Nevers,[27] le Conseil d'Etat estime ainsi que « les conseils municipaux ne peuvent ériger des entreprises de cette nature en services publics communaux que si, en raison de circonstances particulières de temps et de lieux, un intérêt public justifie leur intervention en cette matière »[28]. « Les entreprises ayant un caractère commercial restent en règle générale, réservées à l'initiative privée ». Il n'y a plus besoin de « circonstances exceptionnelles », mais de simples « circonstances particulières de temps et de lieu ». La jurisprudence n'est pas figée, elle est susceptible de s'adapter en fonction du moment et des besoins.

L'intérêt public local fonde la légalité de l'intervention économique des collectivités territoriales si cette intervention répond aux besoins directs[29] de la population et que l'intervention locale est nécessaire en raison de l'insuffisance de l'initiative privée, qu'elle soit quantitative ou qualitative. L'intervention économique des collectivités territoriales s'est ainsi développée d'une manière autonome, afin d'assurer des prestations d'intérêt public, le plus souvent local, soit directement par la création de services publics, le cas échéant

[27] CE, Sect, 30/05/1930 Chambre syndicale du commerce en détail de Nevers, Req. n°06781.
[28] La jurisprudence offre toujours des exemples de son application. On peut citer par exemple l'arrêt du 23/12/1994, Commune de Clairvaux d'Aveyron, req. n°97449, dans lequel le Conseil d'Etat annule les délibérations des conseils municipaux de trois communes prenant une participation dans le capital d'une société d'économie mixte dont l'objet était la production, la fabrication, et la mise en œuvre de produits de matériaux pour la construction et l'entretien des routes et chantiers divers pour toutes clientèles publique et privée. Le Conseil d'Etat a jugé que « cet objet ne saurait s'analyser pour l'application de l'article 1er de la loi du 7/07/1983 , ni comme la réalisation d'une opération d'aménagement ou de construction, ni comme l'exploitation d'un service public à caractère industriel et commercial ; considérant qu'en supposant même que l'objet de la société susmentionnée puisse être regardé comme une activité d'intérêt général, il ne ressort pas des pièces du dossier qu'en l'espèce, sa création était rendue nécessaire par une absence ou une défaillance de l'initiative privée ».
[29] CE 10/10/1994 Préfet Région Lorraine c/Commune d'Amnéville n°141877 146693 : annulation d'une délibération du conseil municipal créant une société d'économie mixte locale chargée de produire des fleurs, plants et dérivés sur des terrains du groupe Usinor acquis par la commune, « une telle opération ne peut être regardée comme constituant une activité d'intérêt général » même si l'on admet que la création d'emploi correspond bien à un besoin de la population.

économiques et commerciaux, soit indirectement grâce à des activités constituant simplement le complément d'un service public[30].

Deux séries de motifs peuvent expliquer l'intervention croissante des collectivités territoriales en matière économique dans le sillage de leurs missions de service public. On peut distinguer, d'une part, des motifs pratiques liés à la présence de besoins non pourvus par l'initiative privée, d'autre part, des motifs politiques et idéologiques.

Les motifs pratiques se classent en trois groupes. On distingue, dans un premier temps, les aléas liés aux modes de concession de service public à une entreprise privée qui peuvent justifier la mise en place d'une gestion directe par la collectivité territoriale (au travers d'instruments comme la régie, l'Etablissement public industriel et commercial, la SPL) ou la gestion déléguée à un tiers dont la collectivité a la maîtrise (SEM, SEMOP) pour en assurer le contrôle. Vient ensuite la recherche de nouvelles ressources financières qui peut pousser les collectivités territoriales à se transformer en entrepreneurs locaux en exerçant une activité économique génératrice de bénéfices susceptibles d'abonder le budget de la collectivité. C'est notamment la logique qui prévaut pour les entreprises de distribution d'électricité, de gaz (sous le statut d'EPIC, SEM, SEMOP). Enfin, les interventions des collectivités peuvent être justifiées pour des nécessités économiques ou sociales, locales, liées au besoin de sécurité d'approvisionnement, d'hygiène (régie, EPIC, SEM), de logements (EPIC, SEM), mais aussi d'aménagement et d'infrastructure pour

[30] Dans ce dernier cas, l'intérêt public justifiant une activité économique peut avoir pour seul objet d'assurer l'équilibre financier du service public dont elle est le complément, en l'absence de toute carence de l'initiative privée. C'est le cas lorsqu'une personne publique exerce une activité de vente de fournitures funéraires, en complément du monopole des pompes funèbres dont elle dispose CE 10 février 1988, Mézy, n°67019, ou lorsqu'elle exploite une station-service sur un parc de stationnement public CE, Sect., 18 décembre 1959, Sieur Delansorme. L'assouplissement de la liberté du commerce et de l'industrie ne saurait conduire à lâcher totalement la bride sur le cou des personnes publiques, lorsqu'elles interviennent dans le champ des activités concurrentielles. Leur liberté économique reste soumise au respect d'une conditionnalité qui la distingue fondamentalement de la liberté d'entreprendre des opérateurs privés. Cf. CE 31 mai 2006, Ordre des avocats au Barreau de Paris, Req. n°275531 indépendamment des missions qui leur sont confiées, les personnes publiques peuvent prendre en charge une activité économique, à la double condition que, d'une part, elles respectent le champ de leurs compétences et, d'autre part, qu'elles justifient d'un intérêt public, qui peut notamment - et donc pas exclusivement - résulter de la carence de l'initiative privée.

développer le territoire (SEM, SPLA, SPL) ou l'appui au développement économique dans des perspectives de renforcement de l'attractivité et de soutien aux entreprises privées.

Les motifs politiques et idéologiques, que l'on distingue difficilement des causes économiques, sont toujours en vigueur. Comme l'écrivait déjà Michel Prieur, dans sa thèse sur les entreprises publiques locales[31] en 1967, « il est avantageux pour une collectivité de créer des entreprises publiques locales. ... Elle permet de mieux rémunérer certains agents en les plaçant à la tête de ces entreprises » (EPIC, SEM, SPL). Elle permet également d'assurer une distribution de poste pour les membres des conseils exécutifs des collectivités territoriales.

L'économie mixte régionale procède ainsi de la volonté d'agir des collectivités territoriales sur leur territoire. Toutefois, elle ne constitue qu'un des modes d'action publique locale parmi d'autres, mis à la disposition des collectivités par le législateur (section 1). Il convient d'en saisir la spécificité pour comprendre toute son utilité (section 2).

Section 1 – L'économie mixte : une alternative à la gestion directe des services publics locaux

« Toute collectivité territoriale doit en tout temps trouver le mode de gestion qui correspond le mieux à ses besoins et à la nature du service public en cause[32] ». Une fois prise la décision de créer un service public[33], les collectivités territoriales sont amenées à choisir la

[31] M.Prieur, Thèse précitée, p.20 et suivantes

[32] S.Braconnier – Droit public de l'Economie

[33] A chaque fois que la collectivité souhaite étudier l'opportunité de gérer ou non, en interne, un service public, elle devra vérifier si ce service relève : 1- d*es compétences imposées par la loi* dont certaines ne peuvent sortir du champ de la gestion directe interne. Ce sont des tâches que les collectivités accomplissent au nom et pour le compte de l'Etat comme le service d'état civil, le service de police administrative, le service des élections, le service de gestion, maintenance et entretien des écoles, collèges ou lycées, le service d'aides sociales légales, le service de gestion des concessions des cimetières, le service de gestion des archives,... D'autres, tout en étant obligatoires, peuvent être soit assurées par la collectivité directement, soit être déléguées. Il en va ainsi notamment pour : le service des pompes funèbres, le service de l'assainissement, le service des abattoirs publics, le service des halles, foires et marchés. 2 - *des compétences facultatives, choisies, ou imposées par les besoins locaux* qui peuvent évoluer au fil du temps, mais aussi, des besoins économiques, sociaux, éducatifs, sportifs ou culturels. Citons des exemples plus précis : la distribution d'eau potable, les transports publics d'intérêts locaux, les remontées mécaniques, la collecte des ordures ménagères, le traitement des

meilleure façon de le gérer. Elles peuvent le faire soit au travers d'une gestion publique directe ou déléguée. Elles déterminent la liberté d'action qu'elles décideront d'octroyer ou non au gestionnaire en matière de :

- service public administratif (SPA)
- service public industriel et commercial (SPIC[34]),
- et *a fortiori* les services revêtant tantôt le caractère d'un SPA tantôt celui d'un SPIC (collecte et traitement des déchets des ménages, foires, halles et marchés...), en fonction du mode de financement (par redevance pour service rendu ou recette fiscale).

Les collectivités territoriales ont à leur disposition de nombreux outils juridiques. L'économie mixte est une des alternatives parmi d'autres située à la frontière entre la gestion intégrée (A) et la gestion déléguée (B) dont il s'agit d'apprécier les avantages et les limites par rapport aux autres modes de gestion.

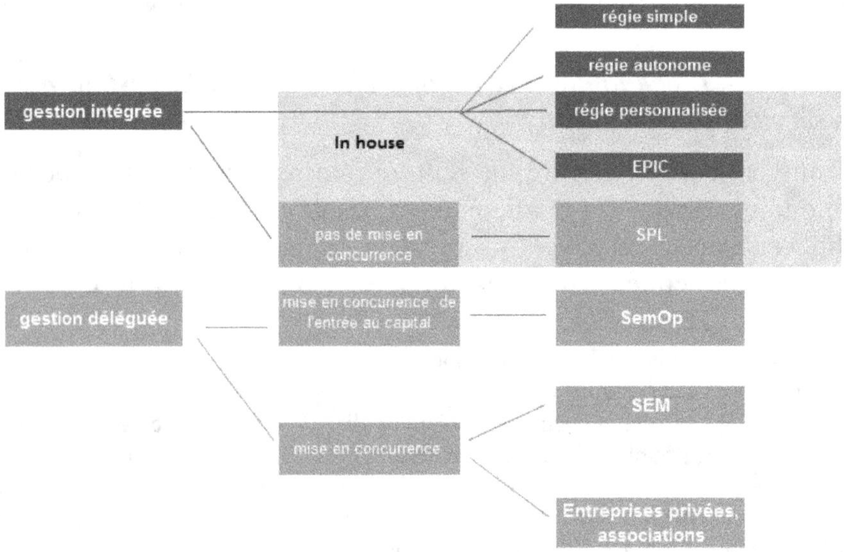

ordures ménagères, les parcs de stationnement, les réseaux de chaleur, les réseaux de télécommunication, câble, haut débit,…

34 Les critères classiques posés par la jurisprudence (CE, assemblée, 16/11/1956, n°26549 « Union syndicale des industries aéronautiques ») permettent de qualifier l'activité d'industrielle et commerciale à partir de trois indices : l'objet du service, le mode de financement, et les modalités de fonctionnement.

A - Le mode de gestion intégrée constitue le mode de gestion usuel des services publics locaux.

Pour gérer directement les services publics relevant de leurs compétences, les collectivités territoriales peuvent recourir à trois outils juridiques :

- la régie[35] dotée de l'autonomie financière. Les articles L. 1412-1 et 2 du CGCT précisent que toutes les personnes publiques ont la faculté de créer des régies. L'organisation de la régie devra simplement permettre l'identification de la gestion au sein de la comptabilité de la collectivité. Il n'y a pas de création de personnalité morale et donc pas d'autonomie patrimoniale. Les actes accomplis par la régie le sont pour le compte de la collectivité qu'elle représente. Les biens mis à disposition de la régie appartiennent à la collectivité.
- la régie personnalisée dotée de l'autonomie financière, mais également de la personnalité morale,
- l'Etablissement public industriel et commercial (EPIC), défini comme une personne morale de droit public investie d'une mission spéciale et rattachée à une personne publique. Régi par le principe de spécialité, son champ d'action est limité. « La personne morale, dont la création a été justifiée par la mission qui lui a été confiée n'a pas de compétence générale au-delà de cette mission ».

Dotés de la personnalité morale, d'un budget propre et d'un patrimoine, la régie personnalisée et l'EPIC sont des organes des collectivités, limités à leur objet, mais titulaires des mêmes prérogatives que les collectivités publiques. Les services publics confiés restent sous le contrôle étroit de la collectivité qui nomme statutairement les administrateurs. La Cour des comptes, au fil de ses rapports, s'est employée à montrer les dangers de la multiplication de ces établissements, mais aussi, de la liberté de créer des filiales. Le

---

[35] Depuis le décret n° 2001-184 du 23 février 2001 relatif aux régies chargées de l'exploitation d'un service public, les collectivités n'ont la possibilité que de créer deux catégories de régie. L'ensemble des dispositions s'appliquant aux régies est codifié dans le CGCT aux articles L. 1412-1 , L. 2221-1 et suivants pour les textes législatifs et R. 2221-1 et suivants pour les textes réglementaires. Théoriquement la forme de régie « simple » ne peut être conservée pour la gestion d'un service industriel ou commercial que si la collectivité en a adopté le mode de gestion antérieurement au 28 décembre 1926. Dans le cas contraire, les régies existantes dont la création est postérieure au 28 décembre 1926, ont dû se transformer, depuis le 1er janvier 2002 en régie à budget propre, régie à autonomie financière ou régie à autonomie financière et personnalité morale, ou encore disparaître.

législateur a, par la loi sur la sécurité financière, n° 2003-706 du 1er août 2003, affirmé sa volonté de transparence en exigeant, lorsque certains seuils sont atteints, la consolidation des comptes entre l'établissement public et ses filiales. Le service est considéré comme rattaché directement à la collectivité et contrôlé par elle comme ses propres services internes, tout en ayant pris quelques distances.

A ces trois modes de gestion directe, il faut ajouter les sociétés publiques locales (SPL)[36]. Celles-ci relèvent de « contrats de prestations intégrées » dits « in house »[37]. Elles prennent la suite des sociétés publiques locales d'aménagement (SPLA) créées à titre expérimental en 2006[38] pour une durée de cinq ans. Ce nouvel outil juridique est considéré comme un outil de gestion intégré qui permet à au moins deux collectivités territoriales[39] (ou leurs groupements) de confier à une société anonyme à capitaux 100% publics, leurs services publics à caractère industriel ou commercial ou toute autre activité d'intérêt général, sans procéder à une mise en concurrence préalable. Elles sont dites « in house » en raison du contrôle « analogue » que les collectivités territoriales actionnaires exercent sur elles. Ce contrôle est comparable à celui qu'elles assurent sur leurs propres services. Elles sont, de fait, exclues du champ d'application du Code des marchés publics dans la mesure où s'exerce sur elles un contrôle analogue.

Elles ont été créées pour apporter plus de souplesse aux collectivités. Mais cet outil n'a pas bénéficié du succès escompté[40]. La SPL comporte des limites : son activité doit ainsi être exclusivement exercée pour le compte de ses actionnaires et sur leur territoire. Elles restent par ailleurs soumises à la réglementation sur les aides d'Etat.

---

[36] Loi n°2010-559 pour le développement des SPL du 28 mai 2010 et codifiée à l'article L. 1531-1 du CGCT.

[37] Leur exclusion de la procédure de mise en concurrence découle directement de la jurisprudence de la Cour de Justice des Communautés Européennes (CJCE) : arrêt Teckal du 18 novembre 1999 affaire C-107/98 et CJCE - 11 janvier 2005 - STADT Halle affaire C-26/03.

[38] Loi n°2006-872 du 13/07/2006 portant engagement national pour le logement codifiée à l'art. L327-1 du Code de l'urbanisme.

[39] Par dérogation à l'article L. 225-1 du Code de commerce relatif aux SA, le nombre d'associés n'est pas fixé à 7 mais à 2.

[40] K-H Voizard, les SPL : un bateau à la dérive ? in Pouvoirs locaux 10/2014, pp. 105-113.

La gestion intégrée présente un certain nombre d'atouts pour la collectivité territoriale :

- elle permet une meilleure maîtrise et un meilleur suivi du service public (proximité entre le donneur d'ordre et l'exploitant, fonctionnement en transparence grâce au contrôle analogue) ;
- elle permet de s'affranchir des règles de mise en concurrence ;
- elle facilite les ajustements de réalisation de la mission sans passer par des avenants contractuels.

A contrario, la gestion intégrée fixe un « cadre », qui peut se transformer parfois en contraintes :

- Les régies personnalisées et les EPIC restent soumis au contrôle d'opportunité de l'assemblée délibérante. Ils sont soumis au principe de spécialité qui régit leur activité ;
- Les outils de gestion intégrés (y compris la SPL) doivent respecter les règles de la commande publique pour leurs besoins propres ;
- Leurs activités restent dépendantes de la collectivité donneuse d'ordre. Cette dépendance ne permet pas de bénéficier de la mutualisation susceptible d'être opérée à plus grande échelle (par exemple pour la gestion directe fréquente dans les petits réseaux de transport),
- Les régies, EPIC et SPL ne peuvent pas intervenir pour le compte d'autres acteurs que leurs actionnaires, pas plus qu'elles ne peuvent agir en dehors du territoire de leur collectivité ;
- Le financement des investissements obéit à des règles inspirées de la sphère publique marquée par une logique temporelle, contrairement à la logique d'usage qui caractérise l'investissement privé ;
- La gestion des personnels de droit privé dans la sphère du droit public notamment pour les régies et EPIC[41].

B - Le développement des missions de services publics a favorisé le mode de gestion déléguée

Ce mode de gestion permet à la collectivité de confier à une entreprise privée ou une personne publique l'exécution du service public tout en conservant la maîtrise de celui-ci. Le service est maîtrisé par la

---

[41] La collectivité doit mesurer l'impact des différences de traitement, engendrées par l'application des différents statuts des agents fournissant le même travail. Pour autant, ces agents vont être traités différemment (avantages, congés, protection, retraite, etc.). Le droit du travail appliqué par une collectivité territoriale est, de fait, tronqué car peu adaptable dans son intégralité.

collectivité, mais son exécution est confiée par délégation contractuelle[42] (concession, affermage, régie intéressée ou contrat de partenariat), à un tiers[43] qui peut être :

- une entité privée (société commerciale, association, GIE)
- un organisme mixte (SEM, SemOp)

Le choix du cadre juridique va dépendre de la décision de conserver, ou non, « la main » sur la gestion du service.

Le recours à la gestion déléguée s'effectue dans un cadre strict pour la collectivité délégante :

- elle doit respecter les règles de la commande publique. Ces règles sont consacrées par le droit de l'Union européenne[44] et par le bloc de constitutionnalité[45] - elles comprennent les principes fondamentaux de liberté d'accès à la commande publique, d'égalité de traitement des candidats et de transparence des procédures.
- La gestion déléguée induit un dessaisissement partiel de maîtrise du service par la collectivité délégante.
- La mise en place d'un contrôle de gestion du délégataire pour s'assurer du respect des obligations contractuelles,
- L'adaptation limitée des contrats passés avec le délégataire, soucieux de préserver sa rentabilité économique, dans le cas de la gestion à prix forfaitaire,
- Les risques de contentieux indemnitaires (pendant l'appel d'offres)/ de référé précontractuel (avant la signature) / après la signature

Elle n'en demeure pas moins digne d'intérêt en raison :

---

[42] CE, 15 avril 1996, « Préfet des Bouches-du-Rhône c/ Commune de Lambesc », n°168325, définit la délégation de service public comme « un contrat par lequel une personne morale de droit public confie la gestion d'un service public dont elle a la responsabilité à un délégataire public ou privé, dont la rémunération est substantiellement liée aux résultats de l'exploitation du service. Le délégataire peut être chargé de construire des ouvrages ou d'acquérir des biens nécessaires au service ». Cette définition a été reprise dans la loi MURCEF du 11 décembre 2001 et codifiée à l'article L.1411-1 du CGCT.

[43] Dans les conditions prévues à l'article L. 1411-1 et suivants du CGCT

[44] CJCE 7 décembre 2000, C-324/98, Telaustria Verlags GmbH et Telefonadress GmbH contre Telekom Austria AG, Rec. 2000 p. I-10745.

[45] CC n°2003-473 DC du 26 juin 2003, Loi habilitant le Gouvernement à simplifier le droit.

- du transfert du risque financier ainsi que du transfert des charges d'investissement lié à l'exploitation du service : ces charges ne pèsent plus sur la collectivité, mais sur l'entreprise. Cette dernière se rémunère, en tout ou partie, par le prix payé par les usagers du service.
- la collectivité continue à conserver un pouvoir de contrôle sur le service public délégué, plus précisément sur le délégataire. Quelle que soit la distance que la collectivité territoriale décide de prendre avec la gestion du service, elle ne peut pas totalement se dessaisir.
- La gestion déléguée permet à la collectivité de bénéficier de l'expertise et du savoir-faire technique et financier du délégataire. Elle est également assortie de la souplesse de recrutement par l'application du droit privé.

Il n'existe pas de mode optimal de gestion des services publics locaux. C'est avant tout un choix politique. Celui-ci est fonction du contexte, du risque commercial et industriel à assumer et de l'autonomie d'exploitation recherchée par la collectivité. Seul le souci d'une bonne gestion des deniers publics peut conduire la collectivité à comparer les avantages et inconvénients des différents modes de gestion. Il convient d'éviter toute décision empirique et mal maîtrisée.

Parmi les modes de gestion déléguée, l'économie mixte a un statut à part. Les SEM sont certes régies par les règles de droit commun applicables au mode de gestion déléguée en vertu du principe d'égalité[46]. Elles n'en demeurent pas moins situées à la frontière entre la gestion directe et la gestion déléguée. Elles en constituent « une synthèse assez parfaite. Le fait que la collectivité territoriale délégante soit majoritaire à son capital, la rapproche d'une gestion directe, le fait que le service public soit confié par un contrat à une personne morale de droit privé la rapproche d'une gestion déléguée[47] ».

---

[46] Cf. Décision Conseil constitutionnel n° 92-316 DC du 20 janvier 1993 censurant la loi Sapin du 29 janvier 1993 « En effet, les SEM ne peuvent se justifier ni par les caractéristiques spécifiques du statut des sociétés en cause, ni par la nature de leurs activités, ni par les difficultés éventuelles dans l'application de la loi propres à contrarier les buts d'intérêt général que le législateur a entendu poursuivre » - rappelé dans la réponse parlementaire du Ministère de l'intérieur n°36510 publiée au JO le : 16/03/2010.

[47] S.Braconnier, ouvrage précité, souligne l'ambigüité voire l'hypocrisie de la procédure de publicité et mise en concurrence des SEM, d'autant que la loi du 2/01/2002 prévoit que « les garanties professionnelles sont appréciées ... au regard de la qualité des associés ».

Section 2 – Le régime juridique et financier de la participation des collectivités territoriales à des sociétés d'économie mixte.

L'originalité du régime juridique de l'économie mixte tient à « la participation d'une personne publique à une forme privée d'accomplissement d'une mission d'intérêt général[48] ». Elle est en quelque sorte le résultat d'une alchimie entre deux milieux opposés, celui des collectivités territoriales et celui des affaires[49], en quelque sorte une solution d'équilibre, à mi-chemin entre les sphères publique et privée. C'est une entreprise publique locale constituée comme une entreprise privée sous la forme juridique des sociétés anonymes, régies par l'article L.225-1 du Code de commerces.

Issu des décrets lois Poincaré[50] de 1926, dont le champ a été élargi par le décret Bloch-Lainé[51] du 20 mai 1955, le régime juridique des SEM locales (SEML) a été fixé pour l'essentiel par la loi du 7 juillet 1983 fondé sur les principes de liberté et responsabilité. Il a fait l'objet de plusieurs adaptations[52] depuis le début des années 2000. Il a par ailleurs été enrichi par la loi du 1 juillet 2014 permettant la création de sociétés d'économie mixte à opération unique. Il est codifié, pour la partie législative, aux articles L. 1521-1 à L. 1525-3 et L 1541-1 à L.1541-3 du CGCT.

Les SEML revêtent la forme juridique d'une société anonyme, à savoir une société dont le capital est divisé en actions, constituée entre des associés qui ne supportent les pertes qu'à concurrence de leurs apports. Jusqu'à la loi Macron de 2015, elles devaient comprendre sept associés minimum (nombre réduit à deux). Leur organisation et

---

48 F. Antona, Le concept d'économie mixte en droit, in Regards Croisés sur l'économie mixte, L'Harmattan, 2006.

49 S. Brameret, Thèse précitée.

50 Les décrets-lois Poincaré autorisent les communes à prendre des participations dans les sociétés de construction ou d'exploitation de services communaux. Cette autorisation reste encore très restreinte : les prises de participation sont limitées à 40% du capital des sociétés et font l'objet d'une approbation par décret en Conseil d'Etat.

51 Le décret Bloch Lainé du 20 mai 1955 ouvre aux SEM le champ de l'aménagement du territoire mais aussi l'ouverture du capital des SEM aux départements, leur reconnaissant ainsi une compétence en matière économique.

52 Cf. loi n° 2000-1208 du 13 décembre 2000 relative à la solidarité et au renouvellement urbain, la loi n° 2001-419 du 15 mai 2001 relative aux nouvelles régulations économiques, la loi n° 2002-1 du 2 janvier 2002 tendant à moderniser le statut des sociétés d'économie mixte locales.

leur fonctionnement doivent être conformes au droit commun des sociétés tel que défini dans le code du commerce.

Les collectivités territoriales et leurs groupements peuvent, dans le cadre des compétences qui leurs sont reconnues par la loi, créer des SEML qui les associent à une ou plusieurs personnes privées et, éventuellement, d'autres personnes publiques pour réaliser certaines opérations. Ce sont des sociétés à l'objet social limité (A), qui doivent concilier intérêt général et intérêt financier (B).

A – Un objet social limité

L'objet social de la société d'économie mixte est limité à double titre.

En premier lieu, l'objet social de la SEML est défini « dans le cadre des compétences » reconnues par la loi aux collectivités territoriales qui relèvent soit de la clause de compétence générale, soit d'un transfert.

Cet objet social peut être détaché du territoire des collectivités actionnaires. Depuis la loi du 7 juillet 1983 relative aux sociétés d'économie mixte locale, le périmètre d'action de la SEM n'est plus limité par le territoire de ses collectivités actionnaires. Son objet social peut être exercé au-delà du territoire de ses actionnaires publics. La SEM peut intervenir pour des personnes publiques ou privées, qui ne participent pas à son capital, comme en dispose l'article L 1523-1 du CGCT. Cette intervention est toutefois « subordonnée à la condition que ces personnes apportent préalablement la totalité du financement nécessaire, s'il s'agit de personnes privées, ou garantissent la totalité du financement nécessaire, s'il s'agit de personnes publiques ; à défaut, ces interventions sont soumises à l'accord préalable du conseil d'administration..., pris à une majorité des deux tiers comprenant la moitié, au moins, des représentants des collectivités territoriales ou de leurs groupements, actionnaires ».

En second lieu, l'objet social des sociétés d'économie mixte est limité par l'intérêt public local. Au titre de l'article L. 1521-1 du CGCT, les sociétés d'économie mixte locales peuvent être créées « pour réaliser des opérations d'aménagement, de construction, pour exploiter des services publics à caractère industriel ou commercial, ou pour toute autre activité d'intérêt général ». Les activités d'intérêt général supposent néanmoins que l'activité exercée par la SEM ait un lien direct avec le champ de compétence de la collectivité actionnaire comme le Conseil d'Etat a eu l'occasion de le rappeler dans son arrêt du 10 octobre 1994, Préfet de la Moselle c/Commune d'Amnéville. La création d'une SEM ne permet pas d'accroître les compétences d'intervention économiques des collectivités territoriales. Lorsque l'objet social inclut plusieurs activités, celles-ci doivent être complémentaires.

La société d'économie mixte locale n'a pas pour seul objet la maximisation du résultat, sa raison d'être reste liée à la satisfaction d'un besoin d'intérêt général dans le respect du principe de liberté de commerce et d'industrie tel que défini *supra*.

B - Des sociétés qui doivent concilier intérêt général et intérêt financier

Les SEM sont soumises au régime juridique des sociétés anonymes[53]. La Société anonyme est une société de capitaux par actions à responsabilité limitée dont le fonctionnement est régi par le Code du commerce.

Comme toute entreprise, les sociétés d'économie mixte sont des unités économiques reposant sur une organisation préétablie. Elles fonctionnent autour de moyens de production ou de distribution dans un but lucratif. Comme toutes les autres sociétés commerciales ou civiles, la SEM se créée sur la base d'un contrat par lequel plusieurs personnes conviennent d'affecter à une entreprise commune des biens (sommes numéraire ou en nature) ou leur industrie (compétences...) en vue de partager le bénéfice ou de profiter de l'économie qui pourra en résulter[54]. Le contrat de société doit respecter des règles spécifiques notamment la pluralité d'associés, la nécessité de faire des apports, la participation aux résultats de l'exploitation et l'affectio societatis (défini comme la volonté implicite de tous les associés de collaborer ensemble sur un pied d'égalité à la poursuite de l'œuvre commune).

En vertu de l'article 1833 du code civil, « toute société doit avoir un objet licite et être constituée dans l'intérêt commun des associés ». La Société constituée n'en possède pas moins un intérêt social propre qui transcende celui des associés. L'intérêt social ou affectio societatis

---

[53] Cf. Loi n°66-537 du 24 juillet 1966 sur les sociétés commerciales

[54] Cf. article 1832 et suivant du Code civil

domine le fonctionnement de la société et sa violation peut être poursuivie : sur le plan pénal pour abus de bien social ou abus de crédit social, sur le plan fiscal, au titre de l'acte anormal de gestion. Le non-respect de l'intérêt social peut également être invoqué lorsque les associés agissent ou s'abstiennent, et vont à l'encontre de l'intérêt social, on parle alors d'abus de majorité ou abus de minorité.

Les sociétés d'économie mixte sont des entreprises publiques locales. Le régime juridique des SEM prévoit donc des règles particulières de fonctionnement et des dérogations au code du commerce (en matière de capital, représentation et responsabilité civile). Pour autant « elles doivent être gérées comme des entreprises, produisant des biens et des services à destination d'un marché concurrentiel, produire des résultats et distribuer des dividendes à leurs actionnaires publics et privés, gages de bonne gestion ».[55]

L'économie mixte est en quelque sorte un « outil de précision », dont il est impératif que toutes les conditions, juridiques, économiques, humaines soient réunies pour que cette entreprise remplisse ses missions d'intérêt général. Elle possède des atouts reconnus par les élus par rapport aux autres modes de gestion, qui expliquent sans doute l'attention des parlementaires à son égard : « l'attente des élus, comme des actionnaires opérateurs de SEM potentielles est forte, que ce soit dans les domaines de l'eau, des déchets, des transports, de l'énergie, du haut débit ou encore des opérations de rénovation urbaine [56]».

Par rapport à une entreprise privée délégataire de services publics, l'économie mixte garantit aux collectivités territoriales :

- la prise en compte effective de l'intérêt général dans les objectifs de l'entreprise,
- le contrôle direct et réel de la collectivité comme actionnaire, mais également comme cocontractante *via* les obligations de communication fixées par le droit des sociétés et par le droit public[57],

[55] SEM mode d'emploi, FNSEM, 2000

[56] Cf. P.Morel-A-l'Huissier lors de la séance du 16/04/2014 de discussion générale sur la proposition de loi n°1630 tendant à créer des SEMOP

[57] Cf. article L. 1411-3 du code général des collectivités territoriales (CGCT) relatif à la reddition des comptes et du rapport d'activité par délégation de service public et contrôle d'un commissaire aux comptes.

- une gestion d'entreprise souple, car soumise au droit des sociétés et au droit privé (comptabilité commerciale, personnel de droit privé, rapidité des circuits des décisions), contrairement à celle des EPIC ou des régies personnalisées,
- un ancrage territorial à travers son actionnariat,
- un effet d'entraînement de l'investissement public dans le cadre de partenariat public privé
- une souplesse d'intervention tout en garantissant la maîtrise de l'outil.

La principale contrainte réside dans l'exclusion du champ d'application du *" in house "* en raison de la présence d'actionnaires privés au sein des Sociétés d'économie mixte.

Les Sociétés relevant de l'économie mixte ne sont donc pas des entreprises comme les autres. Partenaires de la collectivité territoriale, elles doivent sans cesse concilier l'intervention publique dans une visée entrepreneuriale avec le principe de liberté de commerce et de l'industrie. Leurs réponses ne peuvent être standardisées, elles sont toujours ajustées à la réalité des enjeux locaux tels que fixés par les élus.

***

L'économie mixte est un mode de gestion des services publics qui doit être choisi en connaissance de cause, pour ses performances et les services qu'elle peut rendre et non pour ses facilités. « Plus qu'un régime juridique, c'est un état d'esprit à acquérir[58] » pour organiser un partenariat au service d'un projet à concrétiser.

La dynamique de l'économie mixte régionale s'inscrit dans ce contexte juridique. Ancrées dans leur territoire, les sociétés relevant de l'économie mixte sont le reflet des territoires qui les voient naître et se développer. Elles sont naturellement soumises à des tropismes locaux que la fusion des anciens territoires régionaux Languedoc-Roussillon et Midi-Pyrénées met en exergue. Les réformes et mutations territoriales interrogent cette dynamique. La fusion des régions peut conduire à la repenser. Pour cela, il est nécessaire de questionner la dynamique de l'économique mixte de la région Occitanie. Au regard des structures existantes, il s'agit de tenter de

[58] Fédération des SEML, Au service des collectivités locales, 1980 – cité par J.Darold, p.162.

comprendre les raisons qui ont prévalu à leur émergence, leur développement. Comment et pourquoi se sont-elles maintenues ? En somme, quel est l'état de la dynamique de l'économie mixte régionale aujourd'hui, au regard de son activité, sa gouvernance ? L'état de l'économie mixte régionale est-elle en mesure de contribuer à l'attractivité et à la compétitivité du territoire, qui est sa principale finalité ?

Chapitre 2 - Structurer et accompagner la mise en œuvre des projets d'intérêts nationaux ou locaux dans une vision de long terme : axe de développement prégnant dans le territoire de l'ex-région Languedoc-Roussillon

A la différence des autres entreprises privées, les sociétés relevant de l'économie mixte ne donnent pas la priorité à la création de valeurs financières et à la rentabilité à court terme. Leur finalité est à moyen et long terme le développement et l'attractivité des territoires.

Lorsque l'on étudie de manière globale les 117 EPL (SEM, SPL) que compte la région Occitanie au 30/06/2016, on est frappé par deux constats :

- la présence sur l'ex-territoire Languedoc-Roussillon d'une plus forte proportion d'EPL d'aménagement par rapport à l'ex-région Midi-Pyrénées plus marquée par les EPL de services et de gestion,
- une dynamique de l'économie mixte en mutation sous l'effet de la conjoncture, avec une augmentation des défaillances et des liquidations de structures dans l'ex territoire de la région Midi-Pyrénées. Au moins 9 SEM sont en liquidation dans la région Occitanie : la SEM Gers, la SEM 12, la SEMATEG (82), la SEM LDA (46), la SEM du Min de Toulouse, SEM d'abattoir de Saint Affrique (12), la SAGA (SEM d'aménagement et de gestion d'Argelès -66), la SOGATHERM (société gardoise de thermalisme), la SEM Perpignan Cables. Plus des 2/3 sont des SEM issues de l'ancienne région Midi-Pyrénées majoritairement dédiées à des activités d'aménagement.

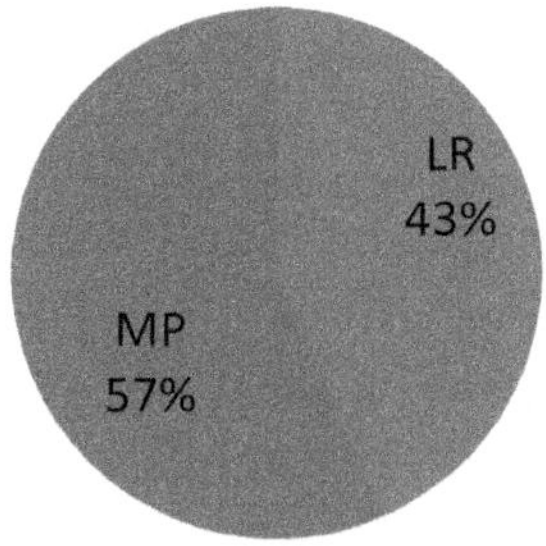

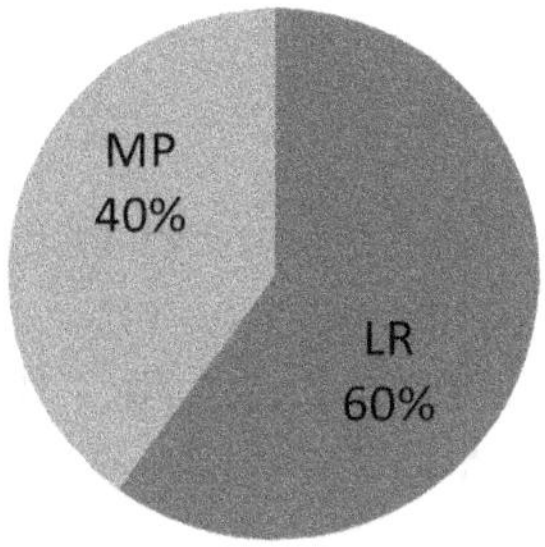

Au vu de ces éléments, il semblerait que la dynamique de construction et de pratique de l'économie mixte diverge selon que l'on se place d'un côté ou de l'autre du seuil de Naurouze.

Pour tenter d'expliquer ces différences, il nous est apparu intéressant de nous interroger sur les raisons qui ont conduit à la création de ces sociétés. Pour quel projet d'intérêt général ont-elles été créées ? Dans quelle perspective de court, moyen ou long terme ? Dans quelle mesure l'impulsion initiale influe-t-elle sur leur devenir ?

Le panorama des sociétés d'économie mixte de la région permet de distinguer deux types d'impulsion : une impulsion nationale (section 1) et une impulsion locale sous-tendue par une vision et un projet stratégiques politiquement portés (section 2).

Section 1 - L'intervention dans le capital d'une société suscitée par une impulsion nationale

La dynamique de l'économie mixte régionale reste marquée par les SEM créées dans les années 60 sous l'impulsion de l'Etat. 11% des SEM de la région Occitanie ont été créées avant 1983. C'est particulièrement le cas des SEM d'aménagement, dont la création de 50% d'entre elles remonte aux années 60 et 70. A cette époque, l'économie mixte répondait aux attentes de l'Etat et des collectivités territoriales, demandeuses d'aménagement et de développement. « L'économie mixte a ainsi permis aux élus de passer de relations de vassaux à celle de partenaires de l'Etat »[59]. Ces SEM ont joué en

[59] LP. Leroy, collaborateur de F.Bloch-Lainé, cité par J.Darold, p.101, ouvrage précité

quelque sorte un rôle de médiation accompagnant le développement et l'aménagement des territoires. Elles marquent encore par leur empreinte le paysage régional, d'où l'attachement et la difficulté de certains élus à les faire évoluer ou disparaître dans de nouveaux outils mutualisés.

Conçues pour structurer et accompagner un projet de long terme, elles ont su évoluer et s'adapter pour maintenir leur activité et leur raison d'être. On peut distinguer trois séries de raisons qui ont prévalu à la création des SEM de la région Occitanie dans les années 60-70 :

- construire pour rééquilibrer le territoire ;
- gérer la ressource en eau et aménager l'espace pour favoriser l'augmentation de la production agricole ;
- réguler et faciliter les marchés d'approvisionnement.

A – Construire : le plan Racine et les SEM d'aménagement du littoral

La « Mission Interministérielle d'Aménagement Touristique du Littoral du Languedoc-Roussillon »[60] dite Mission Racine du nom de son responsable Pierre Racine, est l'un des projets d'aménagement touristiques et urbanistiques les plus importants réalisés en France et en Europe dans la période dite des « 30 glorieuses ». L'objectif de cette mission interministérielle est de construire, en 20 ans, selon un plan d'aménagement approuvé par Olivier Guichard, délégué à l'aménagement du territoire pour la D.A.T.A.R., les stations balnéaires et les infrastructures nécessaires au développement d'une économie touristique qui fait alors défaut sur cette partie du territoire national. Six « unités touristiques » sont planifiées sur les départements des Pyrénées-Orientales (Saint-Cyprien et Le Barcarès), de l'Aude

[60] Cf. Décret n°63-580 du 18 juin 1963 portant création de la Mission Interministérielle d'Aménagement Touristique du Littoral du Languedoc-Roussillon, destinée à donner à la côte méditerranéenne française un pôle touristique susceptible d'attirer et de fixer les touristes en provenance du Nord de l'Europe et de la France entière pour concurrencer l'Espagne et la Côte d'Azur. La mission Racine est dotée de 3 milliards de Francs et doit créer 500 000 lits touristiques. La construction de ports de plaisance est également planifiée. Près de 1 million de vacanciers sont attendus dans ce que certains appelleront la Floride ou la Californie française. La mission intègre des équipes d'architectes chargées de réaliser chacune des unités touristiques : Georges Candilis réalisera Leucate-Le Barcarès ; Jean Lecouteur le Cap d'Agde ; Raymond Gleize et Edouard Hartané Gruissan. Un sixième projet, à l'embouchure de l'Aude, ne sera pas réalisé et remplacé par l'aménagement de Saint-Cyprien. Jean Balladur se verra confier La Grande Motte.

(Leucate et Gruissan), l'Hérault (le Cap d'Agde et La Grande Motte), le Gard (Port Camargue). Ces unités doivent s'étendre sur 180 km de littoral. Chacune est séparée par une zone naturelle inconstructible.

Pour réaliser ces opérations d'aménagement, plusieurs sociétés d'économie mixte[61] sont alors créées :

- le 12 juin 1964 : à l'initiative du Conseil Général de l'Hérault est créée la Société d'Aménagement du Département de l'Hérault (S.A.D.H.) qui réalise la station de la Grande Motte et Canon Plage,
- la SEM du Bitterois – Béziers (SEBLI) créée en 1963 pour aménager le Cap d'Agde,
- la SEM de Port la Nouvelle qui est devenue, en 2012, la SEM ALENIS suite à fusion absorption avec la SEM d'équipement et d'aménagement de l'Aude (SEMEAA) pour réaliser Port-Leucate et Gruissan,
- la SEM d'aménagement du département des Pyrénées Orientales (SEMETA) pour l'aménagement de Port Barcarès

Détenues majoritairement par les départements, ces SEM associent actionnaires publics et privés (Caisse des Dépôts, Crédit foncier, CCI). Elles instaurent alors une association et un partenariat étroit pour l'aménagement de ces territoires. La légitimité de la formule de la SEM, toujours d'actualité, repose ici[62] sur le triptyque :

- professionnalisme des opérateurs d'aménagement,
- médiation entre les intérêts locaux et centraux avec une capacité de fédérer Communes, Départements et Etat sur des projets initiés par l'Etat,
- aventure humaine avec l'association de personnalités soucieuses de l'aboutissement d'objectifs partagés.

C'est sans doute pour ces raisons que ces SEM, portées par un projet de longs termes se sont maintenues pendant plus de 40 ans au point d'apparaître comme des institutions locales. Toutefois, comme l'indiquait la Chambre régionale des comptes dans son rapport sur la SEMETA en 2010, « la continuité de la société ne peut être assurée que par… un volume d'activité pour compenser le déficit structurel lié

---

[61] Dans le Gard, la CCI de Nîmes réalisa l'aménagement de Port Camargue, tandis que la Caisse des Dépôts constitua une société commerciale pour réaliser la station de Saint Cyprien Plage

[62] J.Darold, p.116, ouvrage précité

à la baisse de ses rémunérations de concessionnaires. En 2009, la SEM n'avait plus d'activité et ne comptait plus qu'une salariée »[63].

Conçues pour répondre à un projet structurant de long terme, ces Sociétés n'en restent pas moins des outils qui devront sans doute évoluer pour tenir compte des nouvelles compétences de la Région Occitanie. Le lancement du plan littoral 21 offre une deuxième vie à l'aménagement des stations du littoral. Il implique l'établissement de nouvelles relations contractuelles avec la région, dans un contexte budgétaire qui pousse à la rationalisation et à la mutualisation des outils.

B – Gérer la ressources en eau et aménager l'espace rural : les SAR BRL et CACG

Créées à la fin des années 50 sur l'initiative de l'Etat[64], les Sociétés d'aménagement régional ou société de mise en valeur des régions sont des sociétés d'économie mixte qui opèrent dans la gestion de l'eau avec un mandat d'aménagement du territoire. Elles trouvent leur origine dans la loi du 24 mai 1951. Celle-ci prévoit que « lorsque la mise en valeur de régions déterminées nécessite la réalisation de travaux concernant plusieurs départements ministériels et mettant en œuvre diverses sources de financement, l'étude, l'exécution et l'exploitation ultérieure des ouvrages peuvent faire l'objet d'une concession unique consentie par décret à une SEM, EPIC… »[65].

L'Etat s'est progressivement désengagé au profit des régions, donnant des structures originales d'économie mixte, dont le capital est majoritairement détenu par les collectivités territoriales aux côtés de partenaires privés comme la Caisse des Dépôts, les Caisses régionales du Crédit agricole ou les Chambres d'agriculture. La région Occitanie compte deux SAR :

- le groupe BRL issu de l'évolution de la Compagnie nationale d'aménagement de la région du Bas Rhône et du Languedoc, détenu à

[63] CRC, Rapport d'observation définitive n°106-063 du 8/02/2010 -SEMETA – Exercices 2002-2008.
[64] Décret n°253 du 3 février 1955 créant la Compagnie nationale d'aménagement de la région Bas Rhône et du Languedoc dont le siège social est à Nîmes et décret de 1960 pour la CACG, basée à Tarbes.
[65] Loi n°592 du 24 mai 1951 relative aux comptes spéciaux du Trésor pour l'année 1951 – citée par M. Prieur, p.257 dans son ouvrage précité.

75,6% par des collectivités territoriales dont la Région Occitanie à hauteur de 50%

- la Compagnie d'aménagement des coteaux de Gascogne (CACG) dont le capital est détenu majoritairement (58%) par différents départements (Gers, Tarn, Tarn et Garonne, Haute-Garonne, Hautes-Pyrénées, Ariège, Lot, Landes, Lot et Garonne, Pyrénées Atlantique, Dordogne) et la Région Occitanie à hauteur de 7, 3% devant la Région nouvelle Aquitaine[66] (3%).

Les SAR conduisent la politique de grands travaux d'aménagement du territoire. Elles sont chargées[67] d'une mission générale de maîtrise de l'eau et de développement rural.

Elles ont joué et jouent encore un rôle majeur dans la réalisation des investissements nécessaires à l'irrigation dans la région Occitanie. Elles gèrent barrages et prises d'eau en rivière, stations de pompage, canaux et conduites d'eau, réseaux d'irrigation.

Pour développer leur activité, chacune des deux SAR de la région Occitanie a développé sa dynamique propre d'équilibre économique. La CACG a diversifié ses activités (conseil, expérimentation, agro-alimentaire, aménagement économique) à partir des années 90, alors que BRL est devenu un groupe centrant son activité directe ou via des filiales sur les missions de conception et de gestion des aménagements hydrauliques, la protection de l'environnement, l'aménagement du littoral et une importante activité d'ingénierie-conseil à l'international.

Créées pour accompagner et structurer le développement rural et la maîtrise de l'eau, ces sociétés ont fait évoluer leur activité en fonction des besoins économiques locaux, dans une perspective d'aménagement des territoires et une vision de long terme.

C – Réguler et faciliter les échanges : le cas particulier des Marchés d'Intérêt National

Les MIN relèvent à la fois d'un service public administratif et d'un service public industriel et commercial. Ils trouvent leur origine dans

[66] Depuis la cessation d'activité de la Compagnie d'aménagement de la région aquitaine en 2000.

[67] cf. article 2 des statuts de la CACG ; celle-ci a pour « objet principal de concourir à l'aménagement, à l'équipement et au développement économique des régions Midi-Pyrénées et Aquitaine. Cet objet comporte d'une part une mission générale de maîtrise de l'eau (...) d'autre part une mission de développement des zones rurales (...) ».

la loi du 11 juillet 1953 portant redressement économique, et dont le statut a été codifié par l'ordonnance du 22 septembre 1968. Ils sont définis par le code de commerce comme « des services publics de gestion de marchés, dont l'accès est réservé aux producteurs et aux commerçants, qui contribuent à l'organisation et à la productivité des circuits de distribution des produits agricoles et alimentaires, à l'animation de la concurrence dans ces secteurs économiques et à la sécurité alimentaire des populations ».

Leur création procède d'une opération dite de « classement » par décret en Conseil d'Etat en vue d'une régularisation économique des cours ; le marché est un service public local et la collectivité en est l'autorité délégante.

Pour assurer leur gestion et construction, les collectivités territoriales se sont majoritairement tournées vers la création de sociétés d'économie mixte, au capital souvent insignifiant au regard des investissements portés. La structure SEM a été privilégiée (15 des 18 MIN français), car elle permettait d'associer les professionnels du secteur, les collectivités territoriales donneuses d'ordre et les organismes prêteurs (Caisse régionale de crédit agricole ou Caisse des Dépôts) dont le niveau de détentions pouvait représenter jusqu'à 20% du capital (22% du MIN Toulouse et 26% du MIN de Montpellier). Toutefois, comme le reconnaissait Michel Prieur[68] en 1969, ces sociétés sont plus des sociétés anonymes de personnes publiques que de véritables SEM. Ce sont des sociétés qui permettent d'externaliser des dettes pour les collectivités. En contrepartie, les collectivités interviennent en subventions d'investissement et assurent la prise en charge des annuités en cas de mise en jeu des garanties d'emprunts contractés.

La région Occitanie compte aujourd'hui deux marchés d'intérêt national : à Toulouse[69] et Montpellier[70], créés au milieu des années 60 et gérés par deux sociétés d'économie mixte : la SEMINT à Toulouse et la SOMIMON MERCADIS, délégataires de service public à la fois

---

[68] M.Prieur, p.245, ouvrage précité.

[69] Décret n° 64-853 du 21 août 1964 portant classement du marché-gare de Toulouse comme marché d'intérêt national [archive], JORF no 196 du 23 août 1964

[70] Décret n° 65-434 du 8 juin 1965 portant classement du marché-gare de Montpellier comme marché d'intérêt national [archive], JORF no 132 du 10 juin 1965

pour la gestion et la construction-extension du Marché (cf. Halle aux fleurs construite par la SEM MINT en 2015).

Structure atypique dans le paysage de l'économie mixte, ce type de SEM est un héritage de l'histoire. Elles devraient progressivement disparaître sous l'effet, d'une part de la création en périphérie des métropoles, de plateformes multimodales, portées par des opérateurs privés, et d'autre part, de décisions locales visant à reprendre en main de la gestion directe de ces sociétés comme a pu le faire Toulouse métropole en avril 2016 pour la SEM MINT. L'outil SEM n'en conserve pas moins un intérêt pour ce type de service public. Pour les élus, la SEM constitue un moyen d'associer les professionnels de l'agro-alimentaire à la gestion d'une plateforme de services que, ni la régie, ni la délégation de service public à un opérateur totalement privé, ne pourra leur offrir. La SEM offre aux élus une visibilité et des moyens d'action auprès des professionnels (notamment en matière de soutien tarifaire pour la location de leur lieu de stockage) qui expliquent le choix de certains élus de maintenir ce type d'outil.

Section 2 - L'intervention dans le capital d'une société destinée à accompagner un projet stratégique local

« Les hommes et les femmes qui font l'histoire de l'économie mixte ont pour dénominateurs communs une passion pour l'action publique, un sens aigu de l'intérêt général et une volonté d'entreprendre[71] » dans une vision de long terme de leur territoire. L'intervention dans le capital d'une SEM est le fruit d'une histoire et d'une volonté. Elle est la concrétisation de choix d'élus pour accompagner le développement d'un territoire ou la structuration d'un service public. L'« *intuitu personae* » demeure une composante importante dans le monde de l'économie mixte. Elle est révélatrice du projet politique des élus locaux, de leur approche de leur territoire et de son développement. Le projet politique local est un préalable à l'action maîtrisée qui trouve à se concrétiser dans la création d'une entreprise publique locale comme la SEM. Ce projet politique peut viser différents objectifs :

[71] Avant-propos co-signé par JP.Schosteck, Pdt Fédération des SEM et A.de Romanet, DG de la Caisse des Dépôts dans le livret « L'essentiel à savoir quand on est SEM » - fdsem - 2008

- Construire la ville,
- Equiper le territoire,
- S'ancrer dans le territoire,
- Favoriser l'attractivité et mutualiser les énergies.

A – Construire la ville : l'utilisation conjointe de la SERM et de la TAM au service du projet urbain

Montpellier a été « la belle oubliée de la DATAR dans l'élaboration du schéma régional des métropole d'équilibre »[72]. Avec 90 000 habitants environ à la fin des années 50, Montpellier ne se distinguait pas des autres grandes villes du Languedoc-Roussillon (Perpignan ou Nîmes). Après les élections municipales de 1977, une nouvelle équipe municipale conduite par Georges Frêche arrive aux affaires. Avec son adjoint à l'urbanisme, le géographe Raymond Dugrand, le nouveau maire de Montpellier va élaborer un projet urbain avec la volonté affirmée de transformer Montpellier, " petite ville de province " en capitale européenne.

Montpellier est l'exemple type des villes dans lesquelles les élus locaux ont voulu inscrire le développement de leur ville dans une culture de projet. Le projet urbain va bien au-delà de l'édification d'un nouveau quartier. Il s'appuie sur des architectes reconnus internationalement pour faire parler du projet et entretenir le dynamisme de la métropole. « La vraie grandeur d'une ville dépend moins des dimensions de son territoire que de la puissance des idées qui s'y développent, de l'esprit qui y souffle ».[73]

Ce projet n'est possible que par une maîtrise foncière volontariste mise en place par le maire et son adjoint *via* l'optimisation de la Société d'équipement de la région montpelliéraine (SERM) créée en 1961, mais également la création de la SEM TAM (Transport de l'agglomération Montpelliéraine). Aménagement et mobilité vont de pair.

Lles négociations directes entre propriétaires et promoteurs prennent fin. Après avoir stoppé l'extension vers le nord et le nord-ouest, la ville achète des terrains vers l'est, les revend à la SERM, laquelle établit l'aménagement des zones, avant de revendre les lots aux

---

[72] JP.Volle – Territoires de métropolisation, Urbanisme n°26 – Sept.2005, p.49
[73] G.Freche.Montpellier, métropole du sud, Fayard 2001, cité par J.Darold.

promoteurs au travers d'un cahier des charges contraignant. La SERM assure le respect d'un plan d'urbanisation, la mixité, la création d'espaces publics et d'équipements, de zones de stationnement, la largeur des voiries, la mutualisation des réseaux de chaleur et de froid, etc...

Dotée d'un capital social de presque 6M€ détenu à 68% par les collectivités territoriales (ville de Montpellier à 41,38% et Montpellier Métropole à 27,6%) et neuf actionnaires publics (dont la Caisse des Dépôts à 18% et la Caisse d'épargne à 7%), la SERM participe à la concrétisation du projet urbain sous toutes ses dimensions que ce soit en matière de politiques d'urbanisme, de mobilité, de développement économique et culturelles. A la fois constructeur, aménageur et gestionnaire, la SERM a su diversifier ses modes d'intervention. Elle a été :

- concessionnaire de zone d'aménagement en matière d'habitat, d'activité (elle assure la charge de plus de 80 opérations d'aménagement),
- mandataire de multiples investissements publics (musée Fabre, la serre amazonienne,...),
- maître d'ouvrage d'équipement public comme l'aquarium Mare Nostrum, usine de méthanisation Amétyst... mais aussi d'opérations propres d'immobilier économique,
- gestionnaire d'un réseau de chaleur.

La SEM TAM est créée, en 1978, juste après l'arrivée de Georges Freche à la mairie de Montpellier. Elle permet de reprendre le contrôle sur la politique des transports qui avait été confiée à une entreprise privée par son prédécesseur. La SEM cumule l'avantage du statut privé avec celui du pilotage politique direct. Son capital est détenu à 55,1% par l'agglomération et la ville de Montpellier. Les autres actionnaires sont Transdev (20%), la CDC (11,5%). Elle est titulaire :

- Des contrats de DSP avec l'Agglomération de Montpellier pour l'exploitation des réseaux de transports, mais également des parkings relais,
- Des contrats avec la Ville de Montpellier pour la gestion de 8 parkings en ouvrage souterrain ou aérien, la gestion du stationnement payant sur voirie (15 000 places, 700 horodateurs),
- Des mandats de MOD pour les extensions de réseaux.

La maîtrise de la SEM par les collectivités et sa transparence de gestion permettent facilement l'élargissement des missions aux nouveaux enjeux urbains. Cette culture du projet de ville, pensé par les élus locaux, a conduit à un positionnement diversifié des outils qui ont été utilisés pour le concrétiser. Le modèle et la viabilité économique de la SEM en ont été confortés. Comme le relève la Chambre régionale des comptes dans son rapport d'observation du 20 septembre 2011 sur la SERM, « la société participe au développement urbain, économique et social de la ville de Montpellier et de son agglomération, ...par une activité planifiée selon des orientations précisément déterminées, diversifiée et en forte croissance ».[74]

B – Equiper le territoire : l'exemple de Thémélia

Lexicalement, le terme équiper désigne « l'action de pourvoir à ce qui est nécessaire à une activité ». Par analogie, équiper un territoire signifie pourvoir le territoire du nécessaire pour faciliter son développement.

Dans les années 60, l'équipement du territoire était du ressort de l'Etat. C'est l'Etat qui avait impulsé, par exemple, la création de la Société d'équipement de la région Montpelliéraine (SERM) créée en 1961, la Société d'équipement pour le développement de la Lozère (SELO dédiée aux équipements touristiques) créée en 1962, la Société d'équipement et d'aménagement de l'Aude (SEMEAA), la Société d'équipement du Gard (SEGA), créée en 1968... toutes créées en vertu de l'article 78-01 de l'ancien code de l'urbanisme issu du décret de 1954[75] relatif à « l'aménagement de zones d'habitation ou zones industrielles nécessitant des travaux d'équipements ».

La loi du 7 juillet 1983 a eu pour effet de soumettre le régime juridique particulier des SEM au droit commun des sociétés. A l'issue de son adoption, cinq des huit collectivités départementales de

[74] CRC de Languedoc-Roussillon, Rapport d'observations définitives n°116/834 du 20/09/2011 – SERM – exercices 2003 et suivants

[75] Décret n°1121 du 10/11/1954 « l'aménagement d'agglomération nouvelle et de zones d'habitations ou de zones industrielles peut être réalisé par des établissements publics ou concédés à des SEM dont plus de 50% du capital est détenu par des personnes morales de droit public et dont les statuts comportent des clauses types fixées par décret en Conseil d'Etat », par extension il a été considéré que l'aménagement d'agglomération nouvelles et de zones d'habitation inclut la création de zones touristique, balnéaire ou hivernale.

l'ancienne région Midi-Pyrénées se sont dotées de SEM pour équiper, développer et valoriser leur territoire, à l'exception des départements de Haute-Garonne, Hautes-Pyrénées et Ariège :

- SEMEAT (SEM d'équipement et d'aménagement du Tarn) créée en 1988 suite à la transformation de la SEMEAC (Sem d'équipement et d'aménagement de Castres créée en 1983), devenue SEM 81 en 1991 et Thémélia en avril 2016
- SEM d'aménagement du Tarn et Garonne (SEMATEG) créé en 1987
- SEM Gers créée en 1988
- SEM 12 créée en 1990
- La SEM Lot Développement Aménagement (LDA) créée en 2006.

Quinze ans après leur création, une seule de ces cinq structures est encore en activité et en phase de développement, la SEM Thémélia[76]. Depuis 2013, quatre de ces cinq structures ont été mises en liquidation[77].

Pour essayer d'en comprendre les raisons, il est intéressant de revenir aux fondements de l'objet social des sociétés d'équipement. « Ces sociétés agissent à la place de la collectivité territoriale. Il ne s'agit pas de suppléer la carence de l'initiative privée. Les travaux des sociétés d'équipement relèvent normalement de la collectivité territoriale (travaux d'infrastructure, équipement collectif) et impliquent que la collectivité territoriale soit au centre de l'opération [78]», autrement dit, un portage politique et économique de la société par l'actionnaire majoritaire, qui est très souvent un Conseil départemental dans les Sociétés d'équipement. C'est vraisemblablement là que réside une des principales raisons de la pérennité de la Société Thémélia, dans la qualité du portage, assuré

[76] Créée en 1982, en premier lieu à Castres, la SEMEAC est devenue la SEMEAT (pour le Tarn) avec l'entrée au capital de la Ville d'Albi en 1988. C'est en 1991 que le conseil d'administration propose au conseil général du Tarn et à l'OPDHLM de la transformer en SEM avec huit actionnaires. Au fil du temps, les partenariats privés et publics étoffent la structure. En 1995, c'est au tour du groupe Pierre Fabre et du Crédit local de France de rejoindre le conseil. Puis en 2007, l'intégration des EPCI du Tarn. Elle compte aujourd'hui 18 actionnaires (dont 64,63% de collectivités locales et 35,37% d'investisseurs privés). Elle vient de prendre le nom de Thémélia en avril 2016.

[77] SEM LDA en liquidation depuis sept.2013, SEM Gers en liquidation depuis juillet 2014, SEM 12 en liquidation depuis déc.2015, SEMATEG en liquidation depuis juin 2016.

[78] M. Prieur, p.193, ouvrage précité.

sur le long terme par la constance de la présidence de la SEM assurée par le Président du département.

La seconde raison qui a permis à Thémélia, ex SEM 81, de traverser les aléas de la conjoncture est à rechercher dans la diversité de ses modes d'intervention (concessions, mandats, opérations propres) et son environnement concurrentiel. Comme le relevait déjà la Chambre régionale des comptes dans son rapport d'observations définitives[79] en 2005 « la diversité de sa clientèle… accrédite l'idée d'un positionnement commercial viable, s'appuyant sur un savoir-faire réel, qui devrait permettre à la société de lui assurer une activité pérenne et un fonctionnement autonome ». L'analyse rétrospective du chiffre d'affaires montre ainsi que la SEM a pour principaux donneurs d'ordres le Département à hauteur de 20% du chiffre d'affaires, la Communauté d'agglomération de Castres pour 10% et 20% par les autres EPCI, le reste du chiffre d'affaires soit 40% est issu d'opérations propres (20% du chiffre d'affaires), mais également de prestations assurées pour le compte de donneur d'ordres privés (de l'ordre de 20%). C'est cette diversification des modes d'intervention et des domaines d'activité qui ont permis à la SEM de maintenir son activité et assurer sa viabilité sur le long terme.

Enfin, sa pérennité réside dans la capacité de sa gouvernance à anticiper pour adapter sa stratégie aux réformes et mutations territoriales en cours. C'est pour cela qu'elle a souhaité procéder dès le début 2016 à des modifications statutaires pour élargir son périmètre d'intervention à l'ensemble du territoire régional et non plus seulement au département du Tarn.

C - S'ancrer dans le territoire : COGEMIP et LRA

Avec les lois de décentralisation et plus particulièrement la loi du 6 janvier 1986[80], la région devient une collectivité territoriale de plein exercice, abandonnant le statut juridique d'établissement public dans lequel elle était cantonnée depuis 1972. Parmi les compétences qui lui sont transférées, la loi de 1986 fixe une nouvelle répartition des compétences en matière d'enseignement public : les locaux de l'enseignement élémentaire et préélémentaire relèvent de la commune,

[79] CRC Midi-Pyrénées – BO4 147 01 SEM 81 sur les exercices comptables 1997-2001.

[80] Loi n° 86-16 du 6 janvier 1986 relative à l'organisation des régions modifiant la loi n°72-619 du 5 juillet 1972.

les collèges du département, les lycées et certains établissements spécialisés de la région. C'est dans ce contexte que la Région Midi-Pyrénées, présidée à compter de 1988 par Marc Censi[81], créée la Société de construction et de gestion Midi-Pyrénées (COGEMIP) en septembre 1989. Cette société, dont le capital est majoritairement détenu par le Conseil régional Midi Pyrénées (84,7%)[82], a initialement pour objet[83] d'assurer la maîtrise d'ouvrage déléguée d'opérations d'investissement et la gestion du patrimoine des lycées et des organismes de formation. Elle est en quelque sorte la « cheville ouvrière » destinée à remplir les objectifs fixés par le Programme Régional d'Intervention dans les Lycées (PRIL) sur la période 1989-1993.

Pendant plus de vingt ans, la Société intervient principalement comme mandataire au profit de la Région pour la construction et la rénovation des 150 lycées publics répartis sur les 8 départements de la région Midi-Pyrénées, mais aussi au titre :

- du programme « Université 2000 », politiquement porté par le Président Marc Censi, pour la construction d'équipements dans les antennes universitaires d'Albi, Tarbes, Figeac, Rodez, Cahors, Montauban à compter du milieu des années 90,
- de la maîtrise d'ouvrage déléguée pour la rénovation et la restructuration de l'ensemble immobilier du Pic du Midi de Bigorre porté par le Syndicat mixte ouvert de valorisation dont la région est membre.

Tout au long de cette période, elle est un outil opérationnel au service de l'institution régionale et de ses politiques d'aménagement et d'équipement. Elle est son bras armé qui permet au conseil régional de s'ancrer sur son territoire.

A compter de 2010, la COGEMIP est fragilisée par la baisse de son chiffre d'affaires, lié au ralentissement des opérations de construction de lycées, et la création de la SPL MPC (Midi-Py Construction). Le Conseil régional de Midi-Pyrénées, qui en reste le principal donneur

[81] Marc Censi – Président du Conseil régional de Midi-Pyrénées de 1988 à 1998.

[82] Les autres actionnaires sont la Caisse des Dépôts avec 4,96%, la Société d'aide au financement du développement industriel 4,96% et la Caisse d'épargne à 4,96%.

[83] L'article 2 des statuts de la COGEMIP stipule qu'elle a pour objet « de procéder à l'étude et à la construction sur tout terrain d'équipements publics ou privés destinés à la vente ou à la location ».

d'ordres à plus de 80% décide alors de réorienter la COGEMIP vers la promotion des énergies renouvelables avec la création d'une filiale à 66%, la SAS MPEI (Midi Pyrénées Energie) créée en 2013. La COGEMIP *via* MPEI devient ainsi l'outil du conseil régional pour mettre en œuvre le Plan Midi-Pyrénées énergie voulu par Martin Malvy[84], Président du conseil régional. La SAS MPEI permet d'isoler les opérations propres à risque pour la SEM tout en nouant des partenariats sur des projets d'envergure. Malgré cela, l'activité de la structure mère COGEMIP ralentit en l'absence de perspective de nouvelles activités.

L'approche de l'ex région Languedoc Roussillon[85] est différente. La création de la Sem Languedoc Roussillon Aménagement est plus tardive. LRA est créée en 1997 sous la Présidence de Jacques Blanc[86]. Elle est dotée d'un capital de 4,5M€ répartis autour de 3 actionnaires principaux : Région Languedoc-Roussillon (67,47%) ; Caisse des Dépôts et Consignations (24,62%) et Caisse d'Epargne Languedoc-Roussillon (7,78%).

Elle est au départ spécialisée dans la construction et la rénovation de lycées à l'image de sa voisine COGEMIP. Toutefois, à compter de l'arrivée en 2004 de Georges Frêche à la présidence de la Région, la SEM LRA amorce une diversification d'activités dans le développement économique qui va s'accroître à compter de 2008. Inspiré de la SERM, le président du Conseil régional en fait un outil d'aménagement et de développement économique. LRA participe ainsi à l'aménagement des 18 parcs régionaux d'activités (PRAE) planifiés par la Région. « L'ambition est de mettre en place sur l'ensemble du territoire de nouveaux sites capables d'attirer des entreprises nationales, voire internationales, de doper l'économie régionale et de créer des emplois »[87]. La démarche est innovante : plus de 1 000 hectares de terrain sont achetés par la Région qui s'est associée avec les collectivités locales concernées, créant un syndicat mixte pour chacun des parcs prévus. Languedoc Roussillon Aménagement a pour mission d'étudier, d'aménager et commercialiser ces parcs. Ces zones d'activités sont

---

[84] Martin Malvy, Président du Conseil régional Midi Pyrénées de 1998 à 2016.

[85] Répartition du capital LRA autour de 3 actionnaires principaux : Région Languedoc-Roussillon (67,47 %) ; Caisse des Dépôts et Consignations (24,62 %) ; Caisse d'Epargne Languedoc-Roussillon (7,78 %).

[86] Jacques Blanc, Président du Conseil régional de Languedoc Roussillon de 1986 à 2004.

[87] Christophe Pérez, directeur général de Languedoc Roussillon Aménagement.

conçues comme des opérations globales d'aménagement. Dans chacune de ces zones, la SEM LRA *via* sa SAS Patrimoniale y développe également des opérations propres immobilières. Celles-ci contribuent à lancer la dynamique d'activité et favoriser l'implantation des premières entreprises en leur offrant des locaux en location ou à la vente. Il s'agit en quelque sorte d'initier le parcours résidentiel de l'entreprise, en proposant aux entreprises une première implantation en location et la possibilité par la suite de se développer *via* la construction de leurs propres bâtiments sur la même zone d'activité.

D – Favoriser l'attractivité et mutualiser les énergies : la SEM N'PY

Le projet stratégique ne concerne pas seulement l'aménagement. Il passe aussi par le développement de services qui peuvent constituer un projet structurant pour le territoire. Tel est le cas de la SEM Nouvelle Pyrénées, plus connue sous le nom de « N'PY ». Celle-ci a été créée en décembre 2004, à l'initiative notamment de Michel Pélieu, alors Président de la SEM d'aménagement de Peyragudes (SEMAP), et devenu depuis Président du Conseil départemental des Hautes-Pyrénées. Cette SEM a pour objet de contribuer au développement des stations de sports d'hiver du massif pyrénéen[88]. Son objet est de favoriser, d'une part, l'augmentation de leurs recettes, grâce à des actions de communication et à la commercialisation *via* internet de forfaits de remontées mécaniques, et d'autre part, la diminution de leurs dépenses en mutualisant leurs besoins.

La SEM est conçue dès le départ comme un outil destiné à « participer au rayonnement et au développement des stations… du massif pyrénéen, dans le respect des contextes socio-économiques locaux, tout en préservant la spécificité de chacune des stations en :

- élaborant des stratégies de développement des stations et notamment en réfléchissant à l'évolution des modes de gestion,
- mettant en place des plans d'action communs aux différentes stations ainsi que les échanges d'idées et de réflexion… permettre une meilleur cohésion,
- développant et commercialisant les produits « N'Py »… ».[89]

[88] Elle regroupe les stations de Peyragudes, Piau, Grand Tourmalet, Cauteret, Luz Ardiden, Gourette, la Pierre St Martin, la Rhune.
[89] Article 2 des statuts de la SEM N'Py.

« L'action de la SEM [s'avère] bénéfique pour les stations de ski adhérentes. En dynamisant leur gestion, la SEM contribue à leur redonner des marges de manœuvre financières » comme le relève la Chambre régionale des comptes dans son rapport de novembre 2013. Elle « recommande à la SEM d'ouvrir et d'élargir, autant que faire se peut, son capital et son activité aux autres stations ».[90]

Forte de ce succès de mutualisation reconnu, la SEM poursuit son développement en structurant une activité bénéfique pour le développement de ses collectivités adhérentes. En 2012, elle s'est dotée d'une place de marché qui permet de promouvoir l'achat des produits groupés à partir d'un site internet. Comme cette nouvelle activité a pris de l'ampleur, la SEM a souhaité séparer les activités propres au service des domaines skiables (échange de bonnes pratiques, mobilisation collective des moyens, formation des personnels, groupement des commandes...) de l'activité commerciale N'Py Résa. Les actionnaires de la SEM ont donc créé la SAS N'Py Résa. La création de cette SAS facilite l'entrée au capital de nouveaux actionnaires comme la Caisse des Dépôts à hauteur de 7% dans la SEM, PG Invest (structure de capital risque du Crédit Agricole) et SAFIDI. D'autres développements sont envisagés pour soutenir l'activité des stations de sports d'hiver des Pyrénées notamment en matière de restructuration de l'offre d'hébergement.

***

Ces études de cas démontrent que la réussite de la société d'économie mixte est avant tout liée à son positionnement et à son objet social. En premier lieu, son succès est fonction de la considération que les élus lui portent, de la vision stratégique qu'ils ont pour leur territoire et de la volonté d'utiliser cet instrument de manière privilégiée par rapport aux autres instruments privés ou publics. En second lieu, plus la visée sera ambitieuse, et politiquement portée, plus la SEM aura de chances de voir son modèle économique tenir dans la durée. C'est peut-être là que réside l'une des clefs de réussite de la grande majorité des sociétés d'économie mixte de l'ex territoire régional de Languedoc-Roussillon où cette vision du développement est plus prégnante.

[90] CRC Midi-Pyrénées – Rapport d'observations définitives sur la gestion de la SEM N'PY – novembre 2013 Ref/DO 13 259 01.

Chapitre 3
Répondre à la défaillance de l'initiative privée : pivot de la dynamique de l'économie mixte de l'ex région Midi-Pyrénées et dans les territoires à dominante rurale

Les lois de décentralisation de 1982 ont créé un véritable « appel d'air » pour l'économie mixte. Partout, en France, le nombre de SEM a doublé. « Les élus locaux dans l'enthousiasme de ces libertés nouvelles sont animés de la volonté d'entreprendre »[91]. Cette évolution est effective dans tous les domaines[92]. Mais elle est particulièrement sensible dans celui des SEM de services et de gestion qui sont nombreuses dans la région Occitanie (66% des EPL de la région contre un ratio de 50% des EPL au niveau national).

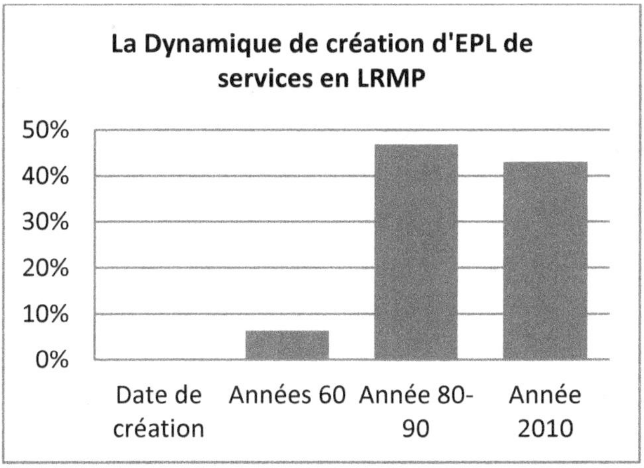

Presque la moitié des EPL de services et de gestion de la région Occitanie, actuellement en activité, ont été créées dans les années 80-

[91] J.Darold, p170, ouvrage précité.

[92] Ces domaines d'intervention ont par ailleurs été élargis depuis 2000 : la loi n°2004-575 du 21/06/2004 pour la confiance dans l'économie numérique autorise les collectivités territoriales à exercer des compétences d'opérateurs de réseaux de télécommunication et à en confier la gestion à des SEM, de même en matière de télévision locale en vertu de la loi n°2004-669 du 9/07/2004. La loi du 13/08/2004 relative aux libertés et responsabilités locales a également étendu les possibilités d'intervention des SEM dans le domaine des infrastructures de transport, l'entretien et la gestion des aérodromes, et de ports, en matière de gestion et de valorisation du patrimoine.

90. La tendance est à peu près la même pour les EPL d'aménagement. Elle dépasse les 60% pour les quelques SEM immobilières[93]. Contrairement aux EPL d'aménagement plus fortement représentées dans l'ex territoire Languedoc-Roussillon, les EPL de services et de gestion se retrouvent présentes dans tous les départements de la région Occitanie, plus particulièrement dans l'ex territoire de Midi-Pyrénées (57% des EPL).

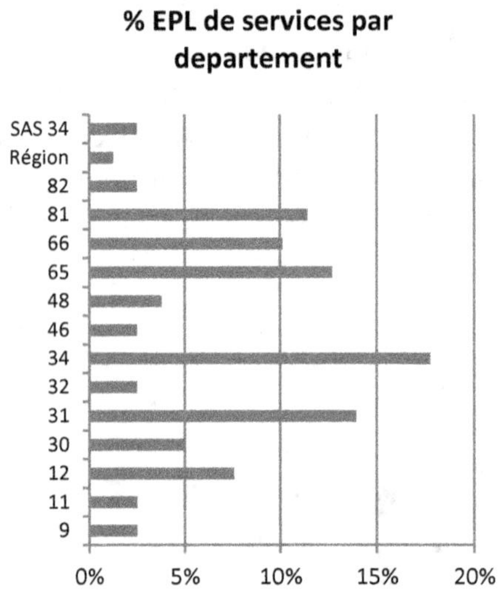

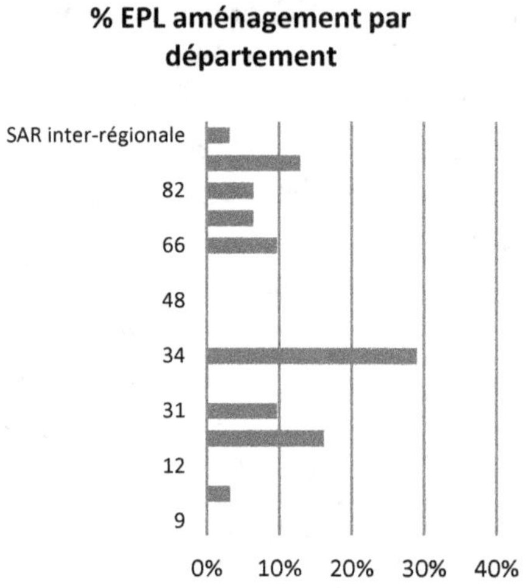

[93] Les SEM immobilières régionales représentent 7% des EPL contre 17% au niveau national.

Secteurs	Nbr EPL	%
aéroport	1	1,4%
Ports de plaisance	5	6,8%
remontées mécaniques	4	5,5%
Circuit auto	2	2,7%
MIN et plateforme	2	2,7%
Abattoirs	5	6,8%
Centre funéraire	5	6,8%
Services transports	4	5,5%
Tri des déchets	3	4,1%
Distribution énergie	3	4,1%
Gestion réseaux (eau, TIC)	7	9,6%
Culture, tourisme	15	20,5%
Thermes	6	8,2%
Centrale de réservation	1	1,4%
Services à la personne	4	5,5%
Pépinière d'entreprise	2	2,7%
Attractivité	2	2,7%
Club sportif	1	1,4%
Production d'énergie	1	1,4%

Ces EPL de services et gestion exercent une quarantaine de métiers différents, qui couvrent tant la gestion des services à la population (33%) que la gestion d'infrastructures locales (19%).

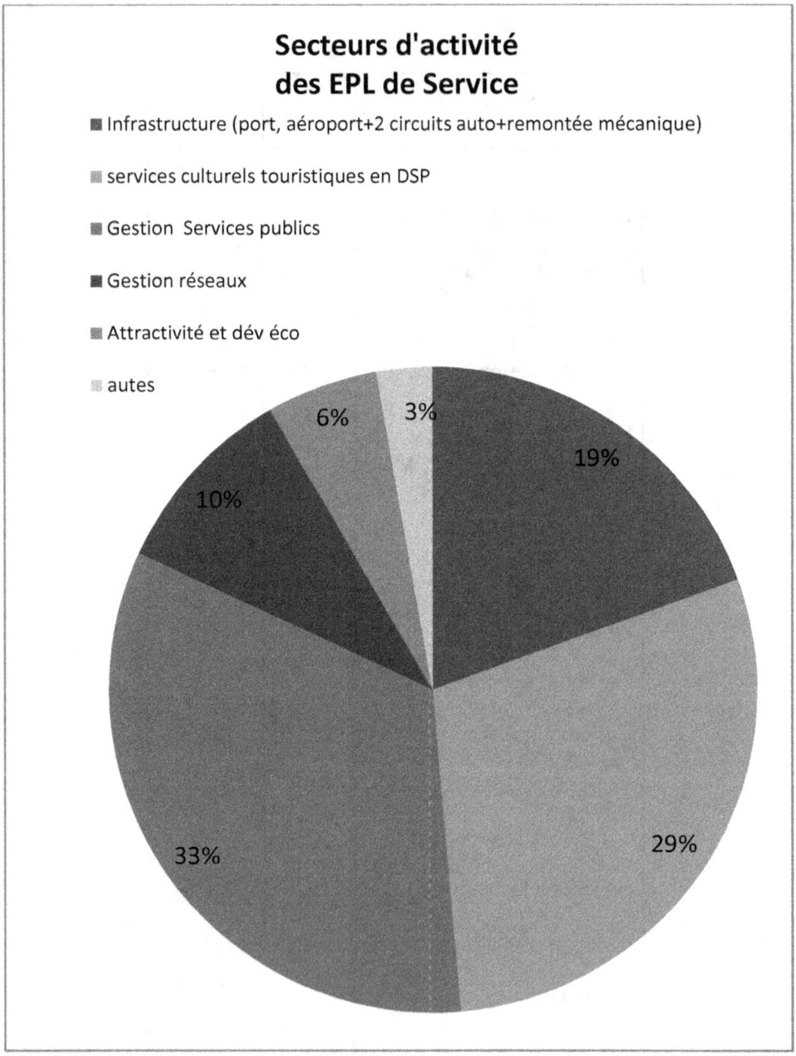

L'analyse de ces SEM de gestion et service met en évidence :

- une surreprésentation des EPL dédiées à la gestion d'équipements touristiques dans la région, avec 29% d'EPL dédiées à ce secteur contre une proportion de 23% au niveau national,
- Une surreprésentation des EPL dédiées à la gestion d'infrastructure et mobilité (19% des EPL contre 6% au niveau national),
- Une surreprésentation des EPL dédiées aux services à la personne (5,5% contre 2% au niveau national),

- Une sous-représentation des EPL dédiées au développement économique et à l'attractivité (6% des EPL contre 10% au niveau national).

Avec la décentralisation et le transfert croissant de compétences qui en découlent les SEM ont le droit d'exercer toutes les compétences d'intérêt général, élargies à toutes les activités complémentaires de leurs activités principales.

Contrairement à la géographie urbaine de l'ex territoire Languedoc-Roussillon caractérisé par une organisation territoriale en « chapelet de villes moyennes », l'ex territoire Midi-Pyrénées est polarisé sur Toulouse : « Toulouse et le désert midi-pyrénéen » pourrait-on dire pour paraphraser le titre de l'ouvrage de Jean-François Gravier publié en 1947[94]. En milieu rural, l'intervention du secteur privé est très souvent défaillante pour des questions de taille critique, de risque et de viabilité économique. La nature ayant horreur du vide, les collectivités territoriales sont nécessairement amenées à trouver des solutions aux problèmes et aux enjeux à relever. L'explication à cette surreprésentation des EPL de services et de gestion dans l'ex territoire midi-pyrénéen ne résiderait-elle pas dans cette défaillance du secteur privé ? Si oui, en quoi, cette défaillance imprègne-t-elle ce territoire ? Qu'en est-il de l'économie mixte dans la capitale régionale ? Fait-elle exception à la logique d'intervention de son territoire périphérique ? Le même phénomène n'existe-t-il pas dans l'ex territoire Languedoc-Roussillon ? Ces territoires se distinguent-ils vraiment ?

Pour pouvoir cerner ces questions, nous tenterons d'apprécier les modalités d'intervention des collectivités territoriales dans trois secteurs différents à travers une série d'études de cas :

- dans le secteur de la gestion des équipements publics,
- dans le secteur de l'aménagement à Toulouse,
- dans les secteurs émergents.

[94] J-F. Gravier, Paris et le désert français, éd.1947, qui repose sur l'idée d'un déséquilibre entre Paris et la province et qui a ainsi été au centre des politiques d'aménagement du territoire menées au cours des années 1950 et 1960, avec la création des métropoles d'équilibres.

Section 1 – L'intervention dans le secteur de la gestion des équipements publics

« Le but d'une SEM est de rendre service aux collectivités locales. Elles ne permettent pas de tout faire. Mais par leur intermédiaire, les collectivités peuvent agir en fonction des caractéristiques du terrain tout en bénéficiant du dynamisme de l'entreprise de droit privé ».[95]

Compte tenu de la difficulté d'attirer des entreprises ou des grands groupes privés sur leur territoire, les nouveaux maires et présidents d'exécutifs issus des élections de 1977 et 1983 voient dans l'outil SEM, reconfiguré par les lois de décentralisation, un outil d'intervention susceptible de favoriser le développement de leur territoire. Pour apprécier les raisons qui ont prévalu à la création de ces SEM de gestion d'équipements publics, nous examinerons, à la lumière des rapports de la Chambre régionale des comptes de l'ex Région Midi-Pyrénées[96], trois secteurs d'activité :

- les remontées mécaniques,
- les équipements touristiques,
- les SEM de niche : abattoirs, pompes funèbres, EHPAD, circuit automobile…

A - Les SEM de remontées mécaniques

Dans le sillage des SEM créées dans les Alpes pour le développement et la gestion des domaines skiables de communes de moyenne altitude, des collectivités territoriales de la région Occitanie se lancent dès 1988 dans la création d'outils du même type. Il s'agit d'organiser les domaines skiables à défaut de pouvoir compter sur l'intérêt de la Compagnie des Alpes.

La région Occitanie compte 4 SEM de remontée mécanique en 2016 : 3 dans le département des Hautes Pyrénées (SEMAP, SEM Aragnouet Engaly, SEM Pont d'Espagne), et 1 dans l'Ariège (SAVASEM). Une SEM est en cours de création à Luchon.

---

[95] P.Girod, 40 ans de sociétés d'économie mixte en France, Economica, 1988, p.296.

[96] Les rapports de CRC consultés couvrent la période 2000-2016. La CRC Midi-Pyrénées s'est particulièrement distinguée par de nombreux rapports sur les SEM de gestion, contrairement à la CRC de Languedoc-Roussillon, plus orientée vers les SEM d'aménagement.

Créée initialement sous la dénomination de SEMSPA en 1988, la SEM d'aménagement de Peyragudes (SEMAP) est en charge de la gestion et de l'exploitation de la station de Peyragudes[97], née en 1988 de la fusion des stations des Agudes et de Peyresourde, sur l'impulsion notamment de Michel Pélieu, alors maire de Loudenvielle. La SEM assure le développement des équipements du domaine skiable et l'exploitation des remontées mécaniques au travers de conventions de concession ainsi que la gestion, la promotion et les prestations de services liées à ces activités.

La SAVASEM [98]a, quant à elle, été créée en 2004. Elle est chargée de l'exploitation des stations de ski d'Ax les 3 Domaines et d'Ascou-Pailhères dans le cadre d'une convention d'affermage pour les stations de la commune d'Ax et d'une régie intéressée pour la station d'Ascou-Pailhères.

Dans les deux cas, les actionnaires publics détiennent une part prépondérante du capital social :

- 79% contre 21% à des actionnaires privés pour la SEMAP. La Chambre régionale des comptes met toutefois en doute cette répartition au regard de la qualité de l'association pour l'expansion et la promotion de la station (APED) qui apparaît comme un démembrement de deux collectivités publiques (Syndicat mixte des Agudes et Communauté de communes de la Vallée du Louron). La CRC estime que cette association, qui détient 7,6% du capital du collège privé, est « susceptible d'apparaître comme une structure permettant de contourner le dispositif législatif exigeant une participation minimale de l'actionnariat privé à hauteur de 15% »[99].
- 81% contre 19% des actionnaires privés pour la SAVASEM.

D'autre part, l'actionnariat privé de la SAVASEM et de la SEMAP est composé par :

- des établissements bancaires avec une très faible participation (5,10% et 3,37%)

[97] Le domaine skiable de la station de Peyragudes est situé entre 1600 et 2400 m. Il est constitué de 60 km de pistes et de 17 remontées mécaniques.
[98] CRC Midi-Pyrénées, Rapport d'observations définitives sur la gestion de la SAVASEM – exercices 2008 et suivants, Ref JO14 120 01.
[99] CRC Midi Pyrénées, Rapport d'observations définitives sur la gestion de la SEMAP-exercices 2008 et suivants. Ref.JO15 155 01.

- la Société SAFIDI (4,73% et 9,7%), filiale d'EDF, destinée à participer au développement des collectivités territoriales dans lesquelles EDF a des intérêts de production d'électricité.

Cette composition de capital se distingue des SEM de remontées mécaniques des Alpes où la participation privée est supérieure, avec par exemple la participation de la Société française des hôtels de montagne (SFHM) dans la SEM de Mégève à 23%.

Conçue pour développer et pallier l'absence de délégataires privés, ces SEM se caractérisent par :

- des périmètres d'activité à clarifier. La CRC relève ainsi dans son rapport de 2015 que l'activité de la maison de Peyragudes consiste pour partie dans l'exercice des missions d'intérêt général de service public administratif confiées à un office de tourisme. Elle relève encore que l'activité de gestion locative immobilière au profit de particuliers pourrait être jugée contraire au principe d'égale concurrence entre opérateurs « dès lors qu'il n'est pas certain que la SEM ne bénéficie pas des avantages découlant des moyens et des ressources propres procurés par son activité de gestionnaire de service public »,
- la prise de risques financiers, liés au développement d'activités périphériques par les délégants. Cela peut les conduire à les éloigner de leur cœur d'activité comme le relève la CRC pour la SAVASEM. Elle rappelle, dans le cas d'espèce, que « lorsque l'objet de sociétés d'économie mixte locales inclut plusieurs activités, celles-ci doivent être complémentaires » et être appréciées à la lumière des règles générales d'intervention des collectivités dans le domaine économique (exercice d'une activité d'intérêt général et défaillance de l'initiative privée pour l'activité considérée).

Le modèle de l'économie mixte en la matière est complexe. Il est ici lié à la pugnacité d'élus locaux qui se sont faits forts de convaincre des partenaires privés de rentrer dans une société dont la viabilité économique n'est pas certaine. C'est sans doute une des raisons du faible nombre de SEM dans la chaîne des Pyrénées contrairement à la chaîne alpine. Le projet de SEM de remontées mécaniques à Luchon en est l'illustration, au point d'être qualifiée d'Arlésienne. Si la création de cette SEM a été annoncée début 2016 avec la participation d'actionnaires comme SIGAB, l'ESF, la Caisse d'Epargne, EDF ou encore les Villages Clubs du Soleil, ses statuts n'ont pas encore été enregistrés.

L'économie mixte peut être un mode de gestion approprié à ce type d'équipement, il n'en demeure pas moins, qu'il a besoin d'un environnement économique stabilisé pour se développer. Comme le relève la Cour des comptes dans son rapport public annuel paru en 2015, « les stations de ski doivent faire face à une érosion continue de leur fréquentation dans un environnement contraint. Bien que contrastées, selon leur taille et leur notoriété, leurs situations budgétaires et financières sont souvent tendues et les finances publiques locales fortement sollicitées »[100]. L'économie mixte peut être une solution d'accompagnement et de développement dans la mesure où elle s'inscrit dans un projet de territoire conçu à la bonne échelle. Celui-ci impliquera nécessairement des arbitrages sur les stations à maintenir en activité et des regroupements d'acteurs autour d'outils structurants.

B - Les SEM d'équipements touristiques

Le secteur du tourisme représente en 2016 au niveau national près d'un quart des EPL soit 283 EPL dont 227 SEM. En région Occitanie, ce secteur est surreprésenté avec 29% des EPL dont 18 SEM, 1 SAS (filiale de la SERM pour la gestion de l'Aquarium Mare Nostrum) et 2 SPL (SPL Balnéa dans le 65 et la SPLETH qui gère les termes de Balaruc les Bains). A ce panorama, pourraient être ajoutées 2 des 8 SEM immobilières de la région Occitanie situées toutes deux dans les Hautes Pyrénées : la SEM de l'Accueil (54% Ville de Lourdes, 40% Association diocésaine, 6% répartis entre PG Invest (CRCA), Sorepar, Franpart (Soc Gen) et BPO) créée en 1995 pour porter les structures d'accueil des pèlerinages à Lourdes, et la SEMIP de Peyragudes, créée en 1999, entre la Communauté de communes de la vallée du Louron et l'exploitant France Location pour porter les résidences de ski de la station de Peyragudes.

La situation régionale contraste cependant avec la forte croissance que connaît ce secteur au niveau national. Alors que depuis 2010, une soixantaine de structures ont été créées dans tous les champs d'intervention en France métropolitaine, seulement deux EPL ont été créées dans la région Occitanie (au regard des informations dont nous

[100] Cour des comptes, Rapport public annuel 2015 – février 2015, p.323 et suivantes.

disposons) et une SEM a été mise en liquidation, la Société Tarbes SEM Parc Expo en mars 2014, créée en 1998.

Les deux créations d'EPL de ces cinq dernières années correspondent à :

- la SPL des Thermes de Cauterêts créée en février 2016,
- la SEM So Toulouse en février 2016 qui regroupe l'Office de tourisme de Toulouse, l'agence Invest in Toulouse et la SEM So Toulouse Convention Bureau (créée en 2009). Son capital comprend une forte proportion d'actionnaires privés (43% du capital dont 13% détenu par la CCI, 3 établissements bancaires ou apparentés, et l'Aéroport Toulouse Blagnac). Ce modèle contraste avec le choix d'autres villes comme Nantes avec « Voyages à Nantes » ou Rennes avec « Destinations Rennes » qui ont privilégié le modèle SPL avec des créations qui remontent à 2010 et 2013.

12 des 18 SEM actuelles de la région Occitanie ont été créées dans les années 90, 3 sont antérieures à 1990 : la SELO (Société d'équipement de la Lozère, qui cumule des activités de promotion touristique, la gestion des thermes de Bagnols les Bains, et de la Chaldette avec du portage d'immobilier et d'aménagement) créée en 1962, la SEMTTAX (SEM Thermale et Touristique d'Ax les Thermes) créée en 1985 et la SEM SEGEL SEAQUARIUM (qui assure la gestion en DSP de l'Aquarium du Grau du Roi) créée en 1989.

Le développement et la place de l'économie mixte dans le secteur touristique régional sont le reflet du poids de ce secteur dans l'économie régionale de l'Occitanie : 13 milliards de recettes touristiques par an, 87.500 emplois (4ème région de France), 15,5 millions de nuitées et 2.037 hôtels (4ème région au niveau de la capacité hôtelière), 166.000 curistes. Les collectivités de la région Occitanie ont sur ce point très tôt pris conscience de l'importance de ce secteur pour l'attractivité du territoire comme en témoigne la création, dès 1985, de la SEM Sud de France développement qui assure la promotion de la destination Languedoc Roussillon en dehors des frontières nationales.

Si le nombre de rapports d'observations réalisés par les Chambres régionales des comptes de Midi-Pyrénées, et Languedoc-Roussillon, sur les EPL Tourisme est relativement faible, il est néanmoins intéressant de relever les remarques et recommandations qu'elles peuvent émettre à propos de deux sociétés : la SEM Albi Expos et la SEM Cité des insectes.

- A propos de la SEM Albi Expos, créée en 1993, le rapport de la Chambre régionale des comptes porte une appréciation sur la pérennité de l'activité de cette société. Détenue majoritairement par les collectivités publiques (80% du capital), et plusieurs petits actionnaires privés (CCI, Chambre des métiers, Unions des commerçants, Banque populaire, Caisse d'épargne, circuit auto du séquestre, ...), la SEM Albi-Expos présente un potentiel de développement limité. « La marge de progression de l'activité [est] réduite du fait de la limitation de l'espace disponible et du caractère fortement saisonnier de ce type d'activités. De même le développement de nouvelles manifestations, notamment salons thématiques, est limité par la concurrence du milieu associatif (très compétitif en termes de coûts, grâce aux économies sur les charges de personnel) »[101]. Alors que la SEM réalisait en 2002 un chiffre d'affaires de 698K€, elle réalise un chiffre d'affaires en 2014 quasi identique qui s'élève à 787K€.
- A propos de la SEM Cité des insectes Micropolis, créée en 1999 à l'initiative du syndicat mixte Jean-Henri Fabre (78% du capital aux cotés de 7 actionnaires privés dont la participation de chacun d'entre eux ne dépasse pas 5% du capital), la Chambre estime que l'équilibre initial de la délégation a été largement démenti par les faits. Le point d'équilibre de la DSP contractée et renouvelée en 2011 (sans aucune offre concurrente) se situe à un niveau bien supérieur à la fréquentation réelle observée. Si la situation financière de la SEM est confortable (avec la présentation d'un résultat net toujours excédentaire), « elle n'est équilibrée que grâce aux importants transferts (subventions pour contraintes de service public qui représente 40% des produits d'exploitation - loyers) consentis par le Syndicat mixte. La construction juridique retenue pour déterminer la subvention d'équilibre s'écarte d'une part du schéma prévu par l'article L.2224-1 du CGCT qui exige que les contraintes de service public soient définies et valorisées précisément et d'autre part de

[101] CRC Midi-Pyrénées, Rapport d'observations définitives, SEM Albi-Expos, 2005 – Ref JL5 021 01.

l'article 1411-2 du CGCT qui exige que les bases de calcul de la redevance soient précisées »[102].

Sans pour autant généraliser ces remarques à l'ensemble des structures d'économie mixte, l'on perçoit néanmoins la fragilité du modèle économique de ces sociétés. L'atteinte du point d'équilibre suppose la réalisation d'un chiffre d'affaires minimal qui repose sur l'atteinte d'une taille critique suffisante. Celle-ci peut provenir :

- d'un bon positionnement de l'équipement dans une zone touristique attractive qui permettra d'assurer une fréquentation suffisante,
- d'une mutualisation d'équipements et de leur gestion pour lisser les coûts fixes inhérents à la gestion et à la promotion de ces équipements.

A défaut, le mode de gestion en économie mixte a vocation à être équilibré par des subsides publics ; le modèle de gestion en SPL serait alors plus approprié.

C - Les SEM de « niche »

Au niveau national, la région Occitanie se distingue par le développement d'EPL de « niche » avec 12 créations recensées durant ces 10 dernières années sur les 14 EPL de niche de la région (dont 11 SEM).

Ces EPL de « niche » correspondent à des secteurs spécifiques comme :

- le secteur des abattoirs : à Montauban, Villefranche-de-Rouergue, Saint Affrique, Tarbes et celui du Gévaudan exploités sous la forme de SEM avec les professionnels du secteur, associés au capital. Les SEM régionales représentent 36% des EPL d'abattoir recensées au niveau national.
- les services funéraires (Pompes funèbres ou Crématorium)[103] d'Albi, Castelnaudary, Bézier, Montpellier, Perpignan exploités pour 4 d'entre eux sous la forme de SEM et 1 SPL (Albi). Ces EPL

---

[102] CRC Midi-Pyrénées, Rapport d'observations définitives, SEM Cité des insectes, exercice 2009 et suivants, Ref JO15 040 01.

[103] Depuis la loi du 8 janvier 1993, le monopole communal en matière de service de pompes funèbres a été supprimé. Le service extérieur des pompes funèbres est devenu une mission de service public qui peut désormais être assurée par toute régie, entreprise, association habilitée, dans un contexte concurrentiel. Les communes et leurs groupements sont seuls compétents pour la création et la gestion des crématoriums.

régionaux représentent 25% de la vingtaine d'EPL nationaux positionnés sur cette activité.

- Les services à la personne : 4 Sociétés
    - 2 créées avant 2010 (la SEM MAPAD des communes de Seriès et L'Albarède dans le Tarn et la SEM Occitane Restauration à Béziers créée en 2005)
    - 2 EPL récentes : la SPL « Les petits loups du Gévaudan » créée en octobre 2015 à Marvejols pour gérer un EHPAD et la SEM Lot aide à domicile créée en 2010. Ces sociétés régionales représentent 25% des EPL nationaux positionnées sur ce même secteur d'activité.
    - Auxquelles pourrait être ajoutée la SEM immobilière Belle visite, de Saint Gély du Fesc (34) créée pour porter l'immobilier d'un EHPAD géré par le CCAS de la Ville.

On peut ainsi constater que :

- la création des SEM de niche est majoritairement d'initiative communale ou intercommunale (à l'exception de la SEM Lot aide à domicile),

Ces sociétés trouvent un terreau plus favorable dans les zones rurales que dans les zones urbaines, à l'exception des services funéraires, plus fortement représentés dans les grandes collectivités de l'ex territoire régional de Languedoc-Roussillon. La Chambre régionale des comptes de Midi-Pyrénées a été amenée à analyser la gestion de deux de ces sociétés ces dernières années : la SEM Saint Affrique d'abattage et découpe[104], et la SEM Lot aide à domicile[105]. Sans pour autant généraliser les conclusions qui y sont portées, il est intéressant d'analyser les remarques de la Chambre.

A propos de la SEM Abattoir et découpe de Saint Affrique, la Chambre relève que sa création obéit à l'objectif de préserver la viabilité des petits élevages ovins locaux afin d'assurer la pérennité de l'ensemble de la filière suite à l'abandon de l'activité par un opérateur privé. Elle estime toutefois que « ce lien n'est nullement étayé par une

---

[104] CRC Midi-Pyrénées, Rapport d'observations définitives sur la gestion de la communauté de communes de Saint Affrique (partie relative à la reprise de l'abattoir), exercices 2007 et suivants, Ref JO13 206 02.

[105] CRC Midi-Pyrénées, Rapport d'observations définitives sur la gestion de la SEM Lot aide à domicile, exercices 2010 à 2013, Ref JO14 318 01.

analyse économique probante. La seule reprise de l'activité d'abattage par une SEM n'apparaît pas de nature à faire redevenir une exploitation qui a été déficitaire aussi bien en régie municipale que gérée par un opérateur privé ». Au regard du risque financier majeur pour la collectivité et de l'absence de véritable perspective de retour de l'exploitation à l'équilibre, elle recommande de renoncer à la SEM.

A propos de la SEM Lot aide à domicile. La création de cette SEM en 2010 répond à la « déstructuration » constatée du tissu associatif en charge du maintien à domicile : déficit récurent des associations, épuisement des bénévoles à gérer les structures, refus de l'ADMR d'évoluer dans sa structure suite à l'audit départemental réalisé en 2009. La forme de la SEM dans le secteur de l'aide à domicile est unique en France[106]. Le Conseil départemental détient 82% du capital social, les dix-huit autres pour cent sont répartis auprès de deux banques (Caisse d'épargne, BPO), la mutuelle Via santé UDSMA et les 22 anciens opérateurs de l'aide à domicile, pour lesquels la Chambre régionale s'interroge sur leur adhésion. « Le transfert de leur activité et de leur personnel à la SEM aurait dû les conduire à cesser leur activité ». La Chambre ne remet pas en cause le modèle économique qui a prévalu à la création de cette SEM. L'utilité de cet outil repose sur la mutualisation d'une myriade de structures associatives et privées qui ne pouvaient trouver un modèle économique viable sur un territoire très rural. L'activité nécessite d'être appréhendée à la bonne échelle. La structure SEM permet un fonctionnement souple du personnel et de son recrutement qui évite l'intégration dans la fonction publique territoriale comme cela aurait été le cas dans l'hypothèse de création d'une régie autonome.

Ces « SEM de niche » très présentes dans la région Occitanie, et plus particulièrement dans ses départements ruraux, pourraient être en quelque sorte assimilées à des « SEM pompiers » que les collectivités utilisent pour résorber une situation ponctuelle, suite à la défaillance de l'initiative privée. Dans les deux cas, il s'agit de trouver une solution rapide et pragmatique à une situation donnée. Le danger pour les élus réside dans la précipitation mise à constituer un outil qui

[106] Les gestions de SAAD relèvent souvent de forme associative, publique (CCAS/CIAS) ou commerciale (entreprise). Les prestations des SAAD s'inscrivent dans un projet individualisé d'aide et d'accompagnement à partir d'une évaluation globale des besoins de la personne.

pourrait ne pas s'avérer adapté, sur le long terme, à cette situation. La viabilité économique doit être appréhendée pour permettre d'assurer la pérennité de la structure sur le long terme. Là, réside toute la différence entre la SEM Abattoir et découpe de Saint Affrique et la SEM Lot aide à domicile.

Section 2 – L'intervention dans le secteur de l'aménagement

Contrairement à l'aménagement de la Ville de Montpellier conçu et mis en œuvre en étroit partenariat avec un opérateur privilégié, la Société d'équipement de la région montpelliéraine (la SERM), l'aménagement de la ville de Toulouse et de sa métropole ne s'est pas construit autour d'un outil unique, mais au « coup par coup ». L'outil dédié à l'aménagement d'ensemble de la ville est récent.

La SEM OPPIDEA a été créée le 1er janvier 2011. Elle résulte de la fusion de trois outils municipaux agissant sur 3 collectivités :

- La Sem d'équipement de Toulouse Midi-Pyrénées (SETOMIP)[107], créée comme la SERM en 1956,
- La SEM de Colomiers créée en 1966,
- La SEM Blagnac - Constellation créée en 1998.

En 2010, le Grand Toulouse décide de créer deux outils complémentaires reliés par un GIE :

- la SEM Oppidea pour la réalisation des opérations d'aménagement courantes, aux compétences renforcées, créée à l'échelle de l'Agglomération ; cette SEM d'aménagement a pour objet social « d'assurer l'étude, la réalisation et la commercialisation de tous projets se rapportant au développement local, en matière d'aménagement urbain ou en matière économique »,
- la Société Publique Locale d'Aménagement Europolia (66% Toulouse Métropole et 34% région Midi-Pyrénées) dédiée à la réalisation des grands projets à rayonnement métropolitain : « Parc des Expositions » et « Projet Matabiau ».

[107] La Société d'équipement Toulouse Midi-Pyrénées a réalisé depuis le début des années 60 toutes les grandes opérations d'urbanisme de la métropole toulousaine : quartier Saint-Georges, Empalot, ZUP du Mirail, et, plus récemment, la ZAC Borderouge ou Aéroconstellation qui accueille l'usine de montage de l'airbus A380. Mais la société d'économie mixte inscrivait également ses interventions dans une dimension régionale jusqu'au début des années 1990.

Pour créer cette nouvelle SEM au capital diversifié (66% Collectivités territoriales et 34% de privés[108]), Toulouse Métropole invoque la nécessité de « garantir la pérennité de ces outils d'aménagement en renforçant leurs compétences et leurs moyens, pour valoriser leur compétitivité et leur efficacité ». Mais au final, il s'agit bien de donner une vision d'ensemble à la ville, permettre de rendre plus cohérent et plus lisible le travail d'aménagement à l'échelle du Grand Toulouse, « accompagner le développement harmonieux de l'agglomération »[109], réguler et prioriser l'urbanisation, en somme impulser une nouvelle ambition urbaine[110].

Toutefois, six ans après la création de cette société d'aménagement, les résultats escomptés ne sont pas encore au rendez-vous. Une nouvelle stratégie est en cours de définition, suite à l'alternance et l'arrivée d'un nouveau directeur général. L'histoire se répéterait-elle ?

Pour comprendre la logique d'aménagement de l'agglomération toulousaine, il est en effet utile de se replonger dans l'histoire de la construction de la ville de ces cinquante dernières années. Au début

---

108 Collectivités locales (66%) dont : Grand-Toulouse (51%), Ville de Toulouse (5%), Blagnac (5%), Colomiers (5%) ; 34% d'actionnaires privés dont CDC (14%), Caisse d'Epargne (5%) , SAFIDI (2,12%).

109 Rapport d'activité OPPIDEA 2013.

110 L'article 2 des statuts de la Société prévoit que «La Société a pour objet d'assurer l'étude, la réalisation et la commercialisation de tous projets se rapportant au développement local, en matière d'aménagement urbain ou en matière économique. A ce titre, elle pourra notamment : 1) procéder à l'étude et à tous actes nécessaires à la réalisation des actions ou opérations d'aménagement au sens du Code de l'urbanisme, qui ont, notamment, pour objet de mettre en œuvre un projet urbain, une politique locale de l'habitat, d'organiser le maintien, l'extension ou l'accueil des activités économiques ou de service, de réaliser des équipements collectifs, de lutter contre l'insalubrité, de permettre le renouvellement urbain, de sauvegarder ou de mettre en valeur le patrimoine bâti ou non bâti et les espaces naturels ; 2) procéder à l'étude, à la construction, l'aménagement, sur tous terrains, d'immeubles à usage d'habitation, de bureaux ou de locaux d'activités ou de services destinés à la vente ou à la location, ou d'immeubles et équipements réalisés pour compte de tiers ; conduire, dans le cadre des dispositions du Code de la construction et de l'habitation, toutes opérations concourant à la réalisation des opérations programmées d'amélioration de l'habitat ; 3) entreprendre toutes actions foncières préalables ou nécessaires à la réalisation des opérations sus-indiquées ; 4) procéder à l'exploitation, la gestion, l'entretien et à la mise en valeur par tout moyen des ouvrages, immeubles et équipements réalisés, acquis ou mis à disposition ; procéder à titre accessoire dans le cadre d'opérations de renouvellement urbain à l'attribution et la gestion des logements locatifs sociaux au sens du Code de la construction et de l'habitation ».

des années 1960, Toulouse est une ville d'environ 300 000 habitants pour une superficie équivalente à celle de Paris, soit 11 943 hectares. Elle connaît un déficit de logements, aggravé par le fort taux de croissance démographique qu'elle enregistre : + 14% entre 1962 et 1968. Elle connaît un développement qui appelle inévitablement une adaptation de ses structures et de son cadre aux exigences de la modernité. C'est dans ce contexte que naît le projet de la ZUP du Mirail porté par le maire de Toulouse, Louis Bazerque (SFIO) élu en 1958 et l'architecte Candilis. Il s'agit de construire la composante de la « Toulouse du futur », maîtriser la croissance par une opération d'urbanisme dirigée de grande envergure, susceptible de rééquilibrer sur la rive gauche le développement urbain de la ville.

Le projet est mis en œuvre par la SETOMIP (Ville de Toulouse 70% et 8% Conseil régional) créée en 1956, outil au service de l'aménagement de l'agglomération toulousaine, mais également de la région Midi-Pyrénées. Le projet est confronté à des contradictions vives : maîtriser l'urbanisation ou laisser les propriétaires fonciers profiter de la rente foncière urbaine. Pour réussir, le projet du Mirail aurait dû concentrer l'essentiel de l'urbanisation. Or, le Mirail a suscité de la part des promoteurs privés méfiance et désintérêt, en raison d'une charge foncière trop élevée, d'un plan-masse qui n'autorisait pas un découpage en programmes inférieurs à 100 logements, d'une obligation de participer aux équipements...

Deux raisons expliquent l'échec de ce projet d'urbanisme. En premier lieu, la désaffection de la promotion privée a fragilisé le projet. Non seulement la collectivité n'est pas parvenue à l'époque à impliquer les opérateurs privés dans la réalisation du Mirail, mais, pour répondre aux intérêts de la petite propriété foncière, elle a accepté d'ouvrir à l'urbanisation le reste du territoire communal par l'affectation de droits à construire. Les promoteurs toulousains ont donc pu bâtir en dehors du Mirail, entre 1959 et 1968, près de 44 000 logements. En second lieu, la Ville de Toulouse et la SETOMIP ont été confrontées à la concurrence d'un projet de ville porté par une commune de la périphérie toulousaine jouxtant le territoire de la ville de Toulouse, celle de Colomiers. Alex Raymond (SFIO), maire de Colomiers, a fait le pari pour sa commune, qui accueille sur son territoire une industrie aéronautique déjà promise à un bel avenir, de créer, dès 1963, non pas une cité-dortoir, mais une vraie ville avec tous ses attributs pour loger 30 000 personnes. Il opte d'emblée pour une tout autre logique. Il décide de créer une SEM dédiée, la SEM de Colomiers, qui conduit l'opération, en organisant ce qui a fait défaut au Mirail, un système de maîtrise publique. La SEM de Colomiers gère l'ensemble de la chaîne depuis l'achat du foncier jusqu'à la gestion locative, contrairement à la SETOMIP. Au projet du Mirail fortement médiatisé, mais contesté et malmené, le maire de Colomiers oppose un projet discret et maîtrisé qui reste un bel exemple de municipalisme foncier efficient.

Le pari du Mirail apparaît comme irréaliste, d'autant que sa réussite dépendait en grande partie d'un contrôle drastique de l'urbanisation sur le territoire dans l'agglomération toulousaine, mais également sur le propre territoire de la commune de Toulouse (les programmes concurrents mieux situés comme le quartier Saint Georges, les allées Jean Jaurès, Jolimont sont lancés au même moment que le projet du Mirail). Au final, le projet d'urbanisme n'a pas été priorisé et n'a pas bénéficié d'une continuité dans le portage politique. Le contenu du projet est remis en cause après l'élection, en 1971, de Pierre Baudis, ancien 1er adjoint aux affaires sociales de Louis Bazerque. « Le Mirail est un satellite sans âme imposé d'autorité aux portes d'une cité souriante. Il est urgent de rentabiliser le Mirail... À une opération de prestige il faut substituer une œuvre à taille humaine. La construction du Mirail doit être poursuivie, il convient de briser le cercle vicieux en attirant la promotion privée de telle façon que le Mirail soit une osmose entre Aubervilliers et Neuilly... »[111]. Pour ce faire, Pierre Baudis instaurera une sorte de contrat avec les promoteurs : ils n'obtiendront d'autorisation à construire dans la ville que s'ils acceptent d'intervenir au Mirail.

L'histoire de l'urbanisation de l'agglomération toulousaine correspond, en quelque sorte, à une juxtaposition d'opérations d'aménagement et de lotissements sans projet d'ensemble, où l'économie mixte est certes utilisée, mais pas forcément de manière optimisée ni efficiente.

L'utilisation de l'économie mixte au service de l'urbanisme à Toulouse est également marquée par une conception « au coup par coup ». Nous pouvons en prendre pour preuve, la création, au début

---

[111] Pierre Baudis, campagne électorale 1971, cité par MC Jaillet et M.Zendjebil, Le Mirail, un projet de quasi ville nouvelle au destin de grand ensemble, Histoire urbaine 2006/3 (n°17), Société française d'histoire urbaine, p.186 et suiv.

des années 2000, de deux nouvelles SEM d'aménagement, dans l'urgence et en vue de répondre à un problème posé :

- La SEM Blagnac Constellation,
- La SEM Renouvellement urbain (SEMRU)

Créé en 1999, la SEM Blagnac Constellation (devenue depuis la SEM Constellation) répond à un besoin : « mettre les moyens qu'il faut pour permettre l'installation de l'Airbus A 380 à Toulouse ». Elle est la traduction de la signature du protocole d'accord signé en septembre 1999 entre Martin Malvy, Président du Conseil régional Midi-Pyrénées, Dominique Baudis, Président du Grand Toulouse, Pierre Izard, Président du Département, et l'Etat. Elle a pour vocation principale l'aménagement de Z.A.C (qui déclinent le programme Constellation de 500ha notamment au travers des Z.A.C Andromède et Monges Croix du Sud) et la réalisation d'équipements publics, pour le compte des collectivités territoriales de l'agglomération toulousaine[112].

Présidé par Bernard Keller, maire de Blagnac, et vice-président du Grand Toulouse, la SEM Constellation se positionne « sur la qualité urbaine, en mettant l'accent notamment sur la qualité architecturale, l'organisation des déplacements piétons et vélos, la qualité environnementale et plus généralement le développement durable (gestion de l'eau, économie d'énergie...), la mixité sociale et la sécurité des espaces publics » . Se présentant comme « un outil d'aménagement urbain » valorisant les notions de « souplesse et d'efficacité », son offre couvre l'ensemble du processus d'un projet d'aménagement : la conception, la maîtrise du montage, la réalisation. Le programme Constellation représente pour elle l'opportunité de concrétiser son ambition qualitative et de marquer sa singularité vis-à-vis de la SETOMIP. Pour maintenir son chiffre d'affaires, la SETOMIP est alors obligée de :

- diversifier son activité en recherchant de nouveaux donneurs d'ordres (cf. intervention directe en tant que promoteur pour la construction de deux gendarmeries à Nailloux et Castanet, et d'une pépinière d'entreprises sur le site de Bordelongue à Toulouse ; conduite

---

[112] Y.Ferguson, Le programme Constellation, L'Europe des projets architecturaux et urbains, POPSU, UM2, 2008, 251p.

d'opération de deux chantiers majeurs pour le compte des Hôpitaux de Toulouse),

- se positionner sur des marchés en dehors de l'agglomération et du département de la Haute-Garonne, en concurrence d'autres outils d'aménagement comme la SEM 81 ou la SEM 12 (cf. candidature en 2007 pour une opération de restructuration urbaine dans le centre ancien de Rodez, réalisation en 2005 en mandat d'études d'aménagement d'une ZAC de logements à Castres, mission d'Assistance à maîtrise d'ouvrage auprès de la ville de Castres pour la réalisation d'une gendarmerie dans le cadre d'un bail emphytéotique administratif).

Mise en place fin 2001, à la suite de l'explosion d'AZF, la SEM Renouvellement urbain (Semru) est "destinée aux opérations de renouvellement urbain sur les copropriétés privées" des quartiers du Mirail, Bagatelle... qui correspondent au grand projet de ville de Toulouse (GPV). Si dans le discours, les interventions de cette SEM, s'inscrivent dans une démarche globale (audit de patrimoine, diagnostic technique, gestion technique ou locative, assistance à maîtrise d'ouvrage et à maîtrise d'œuvre, ingénierie financière, mais aussi accompagnement social et relogement, acquisitions de logements, démolitions, etc.), son intervention reste segmentée et limitée à la résorption du problème des copropriétés privées dans les quartiers en renouvellement urbain, alors même qu'elle aurait pu constituer un outil d'aménagement d'ensemble à l'échelle de l'agglomération sous réserve d'une bonne articulation avec un projet global d'urbanisme. C'est sans doute là l'une des raisons qui a prévalu à son absorption seulement cinq ans après sa création à la SETOMIP, avant de disparaître dans la SEM Oppidea.

Si les villes de Toulouse, Colomiers et Blagnac ont su se doter d'outils d'économie mixte pour accompagner des projets d'urbanisme, ces outils ont été utilisés de manière fragmentée, sans articulation les uns avec les autres, surfant sur la dynamique de la croissance démographique, dans un contexte de concurrence des territoires. Les promoteurs privés ont su tirer profit de cette situation. La SEM Oppidéa tente aujourd'hui de résorber cette conception de l'économie mixte « au coup par coup », pour lui conférer plus de cohérence.

La SEM ne doit pas être un aménageur à « challenger » avec les aménageurs privés (Bouygues, Nexity...), auquel cas, quelle serait alors sa légitimité ? Sa spécificité réside dans sa capacité, induite par son positionnement, à mettre en dialogue l'ensemble des acteurs de la construction de la ville (publics et privés) au regard des enjeux posés : être le réceptacle de la politique tracée par les élus, la concrétiser au travers d'interventions et règlements d'urbanisme qu'elle sera amenée à imposer et à faire respecter aux promoteurs. Loin d'être un simple instrument au service d'une collectivité, la SEM est le vecteur de transformation et de concrétisation des projets politiques des élus locaux.

En somme, la SEM doit agir comme si tout dépendait d'elle, en sachant qu'en réalité tout dépend de son donneur d'ordres, à savoir dans le cas présent Toulouse métropole. Elle est l'humble collaboratrice de la collectivité, qui répond à la commande publique et en attend un soutien inconsidéré pour pouvoir déployer des résultats probants. Se convertir à une nouvelle manière d'appréhender la ville est un travail qui prendra nécessairement du temps, mais c'est à cette seule condition qu'elle pourra démontrer toute sa légitimité.

Section 3 - L'intervention dans des secteurs émergents : L'énergie et les réseaux

Le positionnement des SEM sur le marché de l'énergie, de l'environnement et des réseaux est relativement récent. C'est un secteur à la croissance avérée avec l'implication de plus en plus marquée des collectivités territoriales sur les problématiques :

- production d'ENR
- réseaux haut débit
- tri des déchets
- gestion de l'eau

La dynamique est toutefois moins forte dans la région Occitanie. Alors que les EPL positionnés sur ce secteur représentent 14% des EPL nationaux, ils ne représentent que 7% de l'ensemble des EPL de la région Occitanie.

On distingue notamment :

- 3 SEM dédiées à l'aménagement, l'exploitation de Réseaux d'intérêt public haut débit :

- 2 dans le Tarn : Intermédiasud créée en 1997, pionnière en France dans le déploiement d'un réseau en fibre optique ouvert à tous les opérateurs, et E Tera créée en 2000. Elles réalisent chacune un chiffre d'affaires de l'ordre de 6M€/an. A l'origine dédiées à l'étude, la réalisation et la gestion d'infrastructures de télécommunications, elles se sont diversifiées : Intermédiasud sur le développement de services numériques et la cyber sécurité sur le territoire national, E Tera sur des services de cloud computing,
- la SEM Conflent Fenouillèdes communications (SCFC Sournia) créée en 1988 avec un chiffre d'affaires de 20.500€ en 2015, spécialisée dans le secteur d'activité des télécommunications filaires. Pour mémoire, la SEM Perpignan Cable créée en 1988 est aujourd'hui en liquidation.

- 4 Sociétés sur le secteur de la production ou distribution d'énergie :

  - les SEM ESL Energies Services Lannemezan (créée en 1993), la SEM ENE O (Energies Services Occitans) basée à Carmaux, créée en 2007 suite à la transformation d'anciennes régies municipales. Elles réalisent toutes deux un chiffre d'affaires de l'ordre de 10M€/an, dans le secteur de la distribution d'électricité et gaz. Elles relèvent du statut d'entreprises locales de distribution.
  - la SEM Bois énergie dans l'Aude (SEMBE), créée en 2009 (CA de 350K€).
  - la SAS Midi-Pyrénées Energie Investissement créée en 2010, filiale de la COGEMIP à 63% et qui réalise un chiffre d'affaires de l'ordre de 200K€/an,

- 2 EPL dédiées à la gestion de l'eau et affiliées au même syndicat, le Syndicat des Eaux de la Barousse et du Comminge :

  - la SEM PSP (Pyrénées, Services publics) créée en 1991 en charge du service d'eau potable du syndicat (11M€ de chiffre d'affaires) pour les communes adhérentes des départements des Hautes-Pyrénées et Haute-Garonne
  - la SPL EBS (Eaux Barrousse Comminges Save) en 2010 en charge du réseau d'assainissement pour les communes adhérentes et du service d'eau potable pour les communes du département du Gers,

- 2 EPL chargées de la gestion du tri des ordures ménagères :

  - la SPL Trigone créée en 2012 par le SICTOM du Gers

- o la SEM de Production énergétique renouvelable (SEMPER) créée en 2014 par le SICTOM de Pézenas- Agde (48%) avec le Conseil Général de l'Hérault (5%) et l'industriel QUADRAN (41%) ont décidé de regrouper leurs efforts pour répondre aux objectifs du plan départemental de prévention et de gestion des déchets non dangereux et de se positionner sur le développement des énergies renouvelables.
- o La SEM Energie locale d'Occitanie (ELO) est actuellement en projet dans l'Aude. Elle est portée par le Syndicat audois d'énergie (SYADEN 85% du capital) pour accompagner le projet de parc coopératif photovoltaïque de Narbonne (12MWc sur 40ha).

La dynamique de ces sociétés est plus prégnante en milieu rural qu'en milieu urbain. 72% de ces sociétés sont d'ailleurs issues de l'ex-région Midi-Pyrénées. Leur raison d'être tient aux trois objectifs qu'elles poursuivent :

- Pallier l'absence ou la défaillance de l'initiative privée,
- Conserver le leadership et le contrôle par la collectivité publique,
- Associer des savoir-faire techniques et des compétences issues du privé.

A - Pallier l'absence ou la défaillance de l'initiative privée

Dans le livre blanc[113] coédité avec la Fédération des EPL en 2010, Intermédiasud justifie l'intervention des collectivités dans ce secteur émergent par l'apparition d'une fracture numérique. Il met en avant la nécessité d'équiper les entreprises et les sites à la vocation économique, dans un souci de compétitivité des territoires. « Dans la course à la performance, à la compétitivité et l'innovation, l'arrivée de la fibre optique dans les entreprises de toutes tailles est éminemment stratégique pour la France. Le très haut débit pour tous est très séduisant, mais nécessite un investissement de l'ordre de 30 à 40 milliards d'euros. Or nos entreprises ne peuvent attendre davantage sous peine de perdre pied dans la compétition mondiale liée à l'économie numérique ». Si les opérateurs privés ont démarré le déploiement de réseaux très haut débit en fibre optique dans les zones denses et rentables, au début des années 2000, en l'absence de plans

[113] Livre blanc « Le très haut débit pour les entreprises, un défi pour la France et les collectivités territoriales » - Intermédiasud Fédé EPL – 2010.

d'équipement impulsés par l'Etat, il était à craindre que certains territoires soient marginalisés.

B - Conserver le leadership et le contrôle par la collectivité publique

La Sem offre un partenariat public-privé pérenne tout en permettant aux collectivités locales de conserver le leadership et le contrôle. Les élus favorisent le statut SEM pour les activités énergétiques nécessitant des investissements lourds.

De manière corollaire, la SPL est le statut privilégié sur le cycle de l'eau, pour répondre à la volonté des élus de reprendre en main leurs services publics et la gouvernance de leurs opérateurs. L'objectif de la collectivité est souvent de garder le contrôle d'une ressource considérée avant tout comme un bien public. La création de la SPL EBS a ainsi été motivée par le risque d'une mainmise par une entreprise privée suite à l'expiration du contrat de délégation de la Sem PSP qui impliquait une mise en concurrence pour son renouvellement. « La Spl permettra de conserver la connaissance du réseau, de garder une transparence totale de sa gestion et le lien avec les abonnés »[114]. Un choix d'autant plus facile que le syndicat a fait ses preuves au cours des dernières années, comme en témoigne le dernier rapport de la Chambre régionale des comptes sur la gestion du réseau des années 2000 à 2008. Parmi les points positifs mis en avant : la qualité du service rendu aux usagers, le prix de l'eau et de l'assainissement, la gestion des achats par le Syndicat ou encore sa situation financière. Les tarifs de l'eau n'ont pas connu d'augmentation depuis 2005 et ceux de l'assainissement depuis 2006.

C - Associer des savoir-faire techniques et des compétences issues du privé

Le modèle SEM permet enfin d'associer les savoir-faire et le dynamisme du privé à la culture de l'intérêt général, par un recrutement de compétence adaptée contrairement au fonctionnement en EPIC ou en régie autonome. Pour les projets complexes ou innovants – notamment ceux qui touchent aux nouvelles technologies, à l'environnement ou à l'énergie – qui impliquent une forte

[114] Sandrine Boisard, directrice SPL EBS, cité dans « Les Eaux de la Barousse jouent la carte de la mutualisation », article Fédé EPL 28/02/2011.

implication capitalistique, le modèle de l'économie mixte apparaît comme le seul en mesure de répondre à cette demande. La profusion et la complexité nécessitent une véritable expertise qui requiert de sortir des cadres d'emplois traditionnels de la sphère publique.

D - Perspectives

La dynamique de création de ces sociétés devrait se poursuivre dans les secteurs de la transition énergétique et écologique (production d'énergie et tri des déchets). La loi sur la transition énergétique de 2015 permet aux sociétés engagées dans ce secteur d'envisager un développement accru de leur activité : méthanisation, éolien, solaire, efficacité énergétique.

Les SEM qui ont la culture de l'intérêt général et du développement du territoire sont les outils idoines *a fortiori* pour développer l'investissement participatif dans des opérations d'intérêt local comme l'illustre le projet de création de la SEM ELO dans l'Aude.

Le développement des SEM de réseaux TIC risque en revanche de fléchir. Le mouvement initié début 2000 *via* Intermédiasud et E-Tera, dans un réel souci d'équipement et d'attractivité du territoire, est aujourd'hui rattrapé par la politique nationale, portée par le Fonds national pour la Société numérique. Ces sociétés ont été créées en réponse à un besoin local suite à une carence de l'initiative privée ; elles sont aujourd'hui amenées à diversifier leurs activités aux franges de leurs cœurs de métier sur un marché toujours plus concurrentiel. Elles se rapprochent progressivement d'une entreprise *lambda* détenue majoritairement par des capitaux publics sous réserve que l'activité exercée constitue un complément normal, et non plus nécessaire.

Avec l'approfondissement de la décentralisation, le champ de l'économie mixte s'est diversifié. Les SEM ont été positionnées par les collectivités territoriales sur des champs d'intervention nouveaux. Elles se sont vu reconnaître par la jurisprudence la faculté d'exercer des activités économiques sur un marché concurrentiel, à la condition que cette activité réponde à un intérêt général, et ce même s'il n'y a pas de carence de l'initiative privée. Cette jurisprudence fondée sur l'arrêt du Conseil d'Etat du 5 juillet 2010, Syndicat national des agences de voyages c/ SEM Reims Evènements[115], se fonde sur plusieurs éléments :

- la carence de l'initiative privée n'est pas une condition nécessaire à l'intervention d'une SEM sur un marché,
- les activités touristiques exercées par la SEM constituent une offre complémentaire au profit de son activité principale,
- une initiative privée défaillante sur le segment particulier des offres globales sur le marché qu'elle occupe,
- l'exercice d'une activité incontestablement complémentaire à l'activité principale de la SEM,
- l'absence d'atteinte à la concurrence, qui ne met pas la SEM dans une situation d'abus de position dominante.

Sans trop s'avancer, on peut affirmer que l'économie mixte a encore devant elle un vaste horizon de développement que ces secteurs émergents ne font qu'esquisser.

***

La SEM est un mode de gestion qui est majoritairement utilisé dans les territoires ruraux de la région Occitanie, et plus particulièrement sa composante midi-pyrénéenne, pour pallier à la défaillance ou au manque d'intérêt des opérateurs privés pour ces territoires. Les collectivités n'ont pas d'autres solutions que d'initier par elle- mêmes les instruments qui leur permettront de développer ou de maintenir leur territoire attractif.

L'économie mixte a souvent été perçue comme la solution pour éviter de fonctionner en régie ou EPIC comme l'illustre le développement de l'économie mixte dans le domaine des services à la personne ; les élus locaux de ces territoires ont privilégié jusqu'à présent le modèle de l'économie mixte qui facilite le recrutement de profils diversifiés, issus de la sphère privée, plus adaptés à la gestion d'équipements touristiques, d'intérêt local, à forte retombée économique pour le territoire. La conception de l'économie mixte dans la métropole

[115] CE 5/07/2010, Syndicat national des agences de voyages c/ SEM Reims Evènements, n°308564. Le Conseil d'Etat fonde son raisonnement sur la distinction entre activité principale et activité annexe, basée sur la jurisprudence « Ordre des avocats au Barreau de Paris », ce qui le conduit à assouplir les conditions d'exercice de ces activités par ces sociétés d'économie mixte.

toulousaine, dans le secteur de l'aménagement, est à l'image de son hinterland. Au final, celui-ci a déteint sur la pratique de l'économie mixte dans la métropole. L'aménagement urbain y a été opéré au « coup par coup », dans un objectif de réponse à un problème et non dans une optique de structuration d'un projet et d'une vision d'ensemble.

L'économie mixte régionale est influencée à la fois par son histoire et sa géographie. Dans l'ex-territoire de la région Midi-Pyrénées, l'économie mixte est un instrument, un outil qui répond à un problème que l'élu doit résoudre. Les propos de Martin Malvy, Président de la région Midi-Pyrénées et de la Communauté de communes de Figeac, sur les SEM sont éclairants sur cette conception : « si par sa réactivité et sa capacité à apporter des modes de gestion modernes, adaptés aux exigences des collectivités, la SEM apparaît comme l'outil le plus performant pour que celles-ci gardent la maîtrise des projets, auxquels elles participent financièrement, nul doute qu'il mérite d'être utilisé »[116]. Elle contraste tout du moins avec la position de Georges Frêche, alors Président de la région Languedoc Roussillon pour qui : « d'une manière générale, les SEM permettent, grâce à un cadre plus souple, d'avoir des réponses mieux adaptées et plus réactives en fonction des projets ».

L'économie mixte n'est utile que si elle constitue un instrument privilégié au service de la collectivité, qui la reconnaît comme telle, sans pour autant être « une sorte d'alchimie qui permettrait de transformer des projets boiteux en réalisation mirifique »[117]. La société d'économie mixte est un partenaire qui se différencie :

- des entreprises privées en raison de sa meilleure capacité à prendre en compte l'intérêt général (en raison de la présence d'élus administrateurs et Président des Conseils d'administration) et par sa plus grand faculté à résister à des préoccupations de profits immédiats pour rechercher un équilibre financier à moyen terme,
- des entreprises publiques locales (régies autonome, personnalisée ou EPIC) par une plus grande souplesse et une plus grande rapidité d'action pour conduire des opérations importantes ou complexes,

---

[116] Citation extraite de « l'essentiel à savoir quand on est SEM » - fédération des SEM, 2007, p.21

[117] JF.Bizet, Les Sociétés d'économie mixte locales, Economica, 1991, p.237

- des autres organismes publics (OPHLM, SPL ...) par l'association du capital public et privé dans des champs nouveaux que la société peut investiguer en dehors du territoire de ses actionnaires.

Derrière ces différences de conception portées par l'ex Languedoc-Roussillon et l'ex Midi-Pyrénées, quelle est la pratique de l'économie mixte ? Comment les collectivités assurent la gouvernance de ces sociétés ? Derrière des tropismes territoriaux, la pratique de l'économie mixte n'est-elle pas assez semblable dans les deux composantes de la région Occitanie ?

Titre 2
Une pratique de l'économie mixte qui tend à se rapprocher entre les deux anciennes entités de la région Occitanie

On désigne par le terme « pratique », l'application, l'usage des règles et des principes par opposition à la « théorie » qui en est la connaissance raisonnée. Il en ressort que la pratique ne répond pas toujours à la théorie.

La pratique de l'économie mixte est « riche d'enseignements sur les finalités et la légitimité de l'actionnariat public. Les sociétés d'économie mixte renvoient à des interrogations similaires à celles que peut susciter l'ouverture du capital des entreprises nationales. Elles posent la question de l'ambivalence entre la société commerciale et la personne publique[118] ».

Régi par la loi du 7 juillet 1983, codifié à l'article L.1522-1 du CGCT, le dispositif de l'économie mixte s'est trouvé affecté par l'application du principe d'égalité entre opérateurs économiques qui est devenue de plus en plus stricte sous l'influence du droit de l'Union européenne, mais également du fait des évolutions législatives (création et généralisation des SPLA en 2010). Au nom du principe d'égalité entre opérateurs économiques, le modèle de l'économie mixte s'est progressivement banalisé[119]. Il est devenu une alternative à un mode de gestion parmi d'autres. L'économie mixte a muté, s'est adaptée pour continuer à exister. (Chapitre 1).

Ces évolutions juridiques ont eu des répercussions sur les relations SEM – collectivités territoriales. Les conditions d'application de plus en plus strictes de mise en concurrence ont entraîné des incertitudes juridiques et une précarisation du modèle de ces sociétés.

---

[118] J.Marchand, Recherche sur le régime des actions et participations financières publiques, p.26.

[119] En 2008, la Fédération des Sem devient la Fédération des Entreprises publiques locales pour pouvoir accueillir les entreprises appelées à constituer la gamme des Epl (Spla puis Spl) avec le label « Servir le public ».

Quel a été l'impact de la banalisation du statut des SEM sur la gouvernance de ces sociétés qui se rapprochent de plus en plus du droit commun ? Comment les SEM se sont-elles organisées pour conserver leur spécificité ? L'ont-elles gardée ? Si oui, dans quelles conditions ? Quel en a été l'impact sur l'actionnariat privé ? A quel prix ? (Chapitre 2).

L'analyse de la pratique de l'économie mixte se fondera notamment sur les rapports disponibles d'observations définitives des Chambres régionales des comptes de l'ex Région Midi-Pyrénées et de l'ex Languedoc-Roussillon. Aux termes de l'article L.211-8 du Code des juridictions financières[120], les Chambres régionales des comptes sont chargées de « l'examen de la gestion [qui] porte sur la régularité des actes de gestion, sur l'économie des moyens mis en œuvre et sur l'évaluation des résultats atteints par rapport aux objectifs fixés par l'assemblée délibérante ou par l'organe délibérant ». Cet examen porte sur la pratique de l'économie mixte, non sur l'opportunité de ces objectifs qui ont prévalu à la constitution de la société. N'en déplaise aux élus, qui dans leur courrier de réponse aux observations provisoires font souvent mention de leur étonnement sur le fait que « la majeure partie de votre rapport porte sur la simple analyse comptable de la SEM… alors qu'il paraîtrait logique que cet aspect comptable soit complété par une analyse de l'importance que représente cette structure dans le soutien à l'aménagement du territoire »[121].

Derrière l'analyse de l'expérience de l'économie mixte, nous essayerons de déceler si les tropismes territoriaux distingués dans le Titre 1 influent sur la pratique de l'économie mixte régionale.

---

[120] Vérification des comptes et contrôle de gestion des SEM introduits par la loi n°88-13 du 5 janvier 1988 d'amélioration de la décentralisation. La CRC procède à ces contrôles de sa propre initiative dans le cadre de son activité normale et régulière de contrôle des structures, caractérisées par une participation financière publique ou sur demande motivée du préfet.

[121] Courrier en date du 27 mai 2003 de Jean Puech, Président du Conseil général de l'Aveyron, au Président de la CRC de Midi-Pyrénées à propos des observations formulées sur la SEM 12.

Chapitre 1
Une tendance à la satellisation de l'économie mixte sous l'effet des évolutions juridiques

Si la dynamique de création est toujours vive, la pratique de l'économie mixte depuis les lois de décentralisation de 1983 a fortement évolué spécialement dans le secteur de l'aménagement. Alors que les EPL d'aménagement ont longtemps joué le rôle de « bras armé des collectivités », on constate aujourd'hui une forte érosion de l'influence des SEM et SPL de ce secteur[122].

Cette évolution résulte de la conjonction d'un double mouvement :

- l'application de règles de mise en concurrence de plus en plus strictes, renforcée par la transposition du droit de l'Union européenne en droit interne (Section 1),
- la diversification des types d'entreprises publiques locales soumises au droit des sociétés avec la création, à titre expérimental, en 2006 des sociétés publiques locales d'aménagement, généralisées en 2010 avec la création du statut des SPL (Section 2).

Section 1 – L'influence de l'application du droit de la concurrence sur le régime juridique des entreprises publiques locales

Le modèle de l'économie mixte ne repose pas sur une « logique d'entreprise propre » comme une société anonyme classique. « Sa raison d'être repose entièrement et exclusivement sur les missions qu'elle est en mesure d'accomplir en fonction des attentes des collectivités et de sa capacité à les accompagner »[123]. L'application de plus en plus généralisée du droit de la concurrence a conduit à faire évoluer la pratique de l'économie mixte.

A – L'application du droit de la concurrence aux sociétés d'économie mixte n'est pas récente

Elle remonte à la loi dite « Sapin » du 29 janvier 1993 relative à la prévention de la corruption et de la transparence de la vie

---

[122] Etude SEMAPHORES sur la SEMATEG – Plan d'évolution stratégique – avril 2016.
[123] J.Darold, p.182, ouvrage précité.

économique[124] dont le champ d'application a été renforcé par la censure du Conseil constitutionnel[125] dans sa décision n°92-316 DC du 20 janvier 1993. Cette loi comporte plusieurs dispositions destinées à améliorer la transparence des activités des SEM.

Certains contrats conclus par les SEM, pour l'exécution ou les besoins du service public, sont soumis à des principes de publicité et de mise en concurrence inspirés du Code des marchés publics au même titre que les sociétés privées fermières ou concessionnaires de services publics. Les SEM qui exercent une prérogative de puissance publique doivent établir chaque année un rapport sur les conditions d'exercice de cette prérogative, transmis à la collectivité. La soumission à la concurrence de SEM peut pourtant être discutée pour deux raisons :

- ces sociétés ont été expressément créées pour exploiter le service qui fait l'objet de l'appel à concurrence,
- « les garanties professionnelles et financières » sont appréciées à l'aune de la nature et la qualité de leur actionnariat.

De manière corollaire, la jurisprudence du Conseil d'Etat[126] des années 90, considère que si les collectivités territoriales peuvent participer librement au capital des SEM et souscrire à d'éventuelles augmentations de capital, elles ne peuvent accorder légalement

---

[124] Loi n° 93-122 du 29 janvier 1993 relative à la prévention de la corruption et à la transparence de la vie économique et des procédures publiques, qui fait suite au rapport de Robert Bouchery sur la prévention de la corruption. Le rapport ne limitait pas ses investigations aux SEM qui furent à l'origine de très peu de malversations et de procès, mais certains d'entre eux furent très médiatisés comme celui de la SEM Arlis à Villenave d'Ornon (33).

[125] Le Conseil constitutionnel censure les dispositions de la loi qui exemptaient les sociétés dont le capital était directement ou indirectement détenu majoritairement par les collectivités territoriales délégante à la seule condition que l'activité déléguée figure expressément dans leurs statuts, au motif qu'elles méconnaissaient le principe d'égalité. Le Conseil a considéré que ces dispositions ne pouvaient se justifier « ni par les caractéristiques spécifiques du statut des sociétés en cause, ni pas la nature de leurs activités,... ».

[126] CE 17/01/1994 Préfet des Alpes de Hautes-Provence c/ Commune d'Allos, n° *a propos* du soutien apporté par la commune à la société d'économie mixte de la Foux d'Allos (S.E.F.A.), créée en 1988, chargée de l'exploitation, de l'entretien et de la construction de remontées mécaniques de la station de ski de la Foux d'Allos ; le Conseil d'Etat distingue d'une part les participations à des augmentations de capital et d'autre part les aides directes et indirectes. Dans le cas présent, les augmentations de capital envisagées étaient entachées d'erreur manifeste d'appréciation et s'assimilaient à des aides directes au regard de la situation financière de la SEM.

d'aides directes ou indirectes à ces sociétés qu'en respectant les conditions sur les aides des collectivités territoriales aux entreprises privées fixées par les lois[127] du 7 janvier et 2 mars 1982. La loi du 2 janvier 2002 a clarifié les relations financières entre les SEM et les collectivités territoriales[128]. Elle a élargi la marge de manœuvre financière des SEM.

Outre la possibilité de procéder à des apports en capital, les collectivités locales et leurs groupements sont désormais autorisés à allouer librement des apports en compte courant d'associés aux SEM dont ils sont actionnaires, en application de l'article L. 1522-4 du CGCT. Les modalités et les conditions dans lesquelles ces concours financiers sont accordés sont déterminées par l'article L. 1522-5 nouveau du CGCT.

B – Sous l'effet du droit de l'Union européenne, l'application du droit de la concurrence a eu des répercussions majeures sur la pratique de l'économie mixte

« L'aménagement dit « à la française », où une SEM intervient pour le compte d'une collectivité et aux risques de cette dernière, a dû reculer devant l'irruption des principes du droit communautaire »[129].

La concession d'aménagement est un contrat peu réglementé en droit français. Son régime juridique est fixé aux articles L.300-4 et suivants du Code de l'urbanisme : « l'Etat et les collectivités territoriales... peuvent concéder la réalisation des opérations d'aménagement prévues par le présent code à toute personne y ayant vocation... ». Le concessionnaire se voit transférer la maîtrise d'ouvrage de la réalisation de l'opération qui consiste à acquérir du foncier, le viabiliser et le revendre afin de permettre la réalisation d'opérations

[127] loi n° 82-6 du 7 janvier 1982 approuvant le plan intérimaire 1982-1983 et loi n° 83-213 du 2 mars 1982 relative aux droits et libertés des communes, des départements et des régions.

[128] Loi n° 2002-1 du 2 janvier 2002 tendant à moderniser le statut des sociétés d'économie mixte locales. Ce texte vise en premier lieu à faire évoluer l'organisation des relations financières entre les SEML et les collectivités territoriales. Elle augmente notamment le plafond de leur participation, qui passe de 80% à 85% du capital social (article L. 1522-2 du CGCT). Un deuxième ensemble de dispositions précise et clarifie le statut des représentants élus des collectivités territoriales et de leurs groupements au sein du conseil d'administration ou de surveillance de ces sociétés, notamment en vue de leur assurer une meilleure sécurité juridique.

[129] JF. Bizet, Entreprises Publiques locales, p.160.

immobilières et la construction d'équipements. Le contrat d'aménagement n'était alors soumis ni aux procédures de passation des délégations de service public (DSP), ni au code des marchés publics, ni à aucune autre forme de mise en concurrence obligatoire. Il était conclu *intuitu personae*, ce qui permettait aux collectivités de contracter librement avec leur SEM.

A la fin des années 90, ce régime juridique a fait l'objet de nombreux « avertissements » de la part des juridictions communautaires et nationales. Pour y remédier, le législateur a décidé d'instaurer le régime juridique de la convention publique d'aménagement par la loi SRU du 13 décembre 2000. Cette loi prévoyait que « les dispositions du chapitre IV du titre II de la loi n° 93-122 du 29 janvier 1993 relative à la prévention de la corruption et à la transparence de la vie économique et des procédures publiques ne sont pas applicables aux concessions ou conventions établies en application du présent article d'exclure formellement de l'article L. 300-4 du code de l'urbanisme ».

Cependant, la Commission européenne a remis en cause le caractère juridique de cette convention publique d'aménagement[130] et son exclusion du champ de la concurrence. Elle a considéré qu'elle devait être assimilée soit à une concession de travaux, soit à un marché de travaux ou un marché de services.

Dans son arrêt du 7 décembre 2000, C-324/98, Telaustria et Telefonadress, la Cour de justice de l'Union européenne impose le respect pour tout contrat, même exclu de l'application des différentes directives communautaires, d'être conclu dans un cadre transparent garant du respect du principe de non-discrimination. Ce cadre transparent suppose lui-même l'organisation par le pouvoir adjudicateur d'un degré de publicité adéquat permettant à tout soumissionnaire potentiel de candidater. Se fondant sur la jurisprudence de la Cour de justice de l'Union européenne, la jurisprudence administrative française a considéré qu'une convention publique d'aménagement, bien que ne constituant ni un marché public, ni une délégation de service public « n'en est pas pour autant exclue du champ d'application des règles fondamentales posées

---

[130] Mise en demeure notifiée le 18 juillet 2001, suivie d'un avis motivé du 4 février 2004 constituant un préalable à la saisine de la Cour de justice des Communautés européennes (CJCE).

par le traité de l'Union... propres à assurer l'égalité d'accès à ces contrats[131] ».

Le modèle de l'économie mixte a du s'adapter. La loi du 20 juillet 2005[132] a eu pour effet de revenir à la concession d'aménagement. Elle ouvre la capacité à toute personne publique ou privée d'être concessionnaire d'aménagement. L'attribution des concessions est soumise à une procédure de publicité prévoyant la présentation de plusieurs offres concurrentes. Elle est complétée par le décret n°2006-959 du 31 juillet 2006 qui est venu inscrire dans le code de l'urbanisme, en transposition de la directive n°2004-18 du 31/03/2004 une procédure de mise en concurrence pour le choix de l'opérateur d'aménagement.

La jurisprudence issue du droit de l'Union a une interprétation stricte de l'application des règles de publicité et mise en concurrence telles qu'énoncées dans la directive 93/37/CEE. Une convention par laquelle un premier pouvoir adjudicateur confie à un second pouvoir adjudicateur la réalisation d'un ouvrage doit être considérée comme constituant un marché de travaux publics au sens de la directive. Quand bien même une concession d'aménagement serait conclue entre une société d'économie mixte et son actionnaire public, les règles de publicité et mise en concurrence s'appliquent à une convention d'aménagement. Le modèle de l'économie mixte en matière d'aménagement n'y fait pas exception[133].

Indirectement, la réforme de 2005 se traduit également par un transfert du risque financier de l'opération des collectivités territoriales à leur cocontractant et donc aux actionnaires. « Jusqu'à présent... le risque de l'opération était implicitement porté par la collectivité sur la base de bilans prévisionnels et d'un échange entre concédant et concessionnaire. La possible participation financière pouvait, au vu des conditions économiques du marché immobilier, évoluer soit à la baisse, soit à la hausse ». A compter de 2005, les SEM supportent désormais un risque financier qu'elles doivent anticiper lors de la

---

[131] CAA de Bordeaux 9/11/2004, SEM Sodegis c/ Commune de Cilaos, n° 01BX00381.

[132] Loi n°2005-809 du 20/07/2005 relative aux concessions d'aménagement.

[133] Cf Arrêt Auroux CJCE 17/01/2007, affaire C-220/05 Auroux, faisant suite à une question préjudicielle du Tribunal Administratif de Lyon.

contractualisation, car le contrat doit préciser dès le départ si une participation de la collectivité est prévue.

« Les règles de mise en concurrence imposées par le droit communautaire dérivé et, plus largement, les libertés de prestation de services et d'établissement contribuent à banaliser les relations juridiques susceptibles de s'établir entre une collectivité et une société d'économie mixte. Le maintien de relations privilégiées enter la personne publique et ce que l'on appelait traditionnellement son « satellite » n'est plus admis qu'avec une extrême réticence[134] ».

C'est pour dépasser ces obligations de mise en concurrence des concessionnaires d'aménagements que le législateur a institué la SPLA, et par la suite, les sociétés publiques locales.

Section 2 L'impact de la création des SPL par la loi du 28 mai 2010 sur la conception de l'économie mixte

Le régime juridique des sociétés publiques locales a été conçu en réaction à la double contradiction qui frappe l'économie mixte :

- D'une part, l'économie mixte constitue un mode de gestion des services publics moderne qui préfigure l'essor du régime des partenariats publics-privés,
- D'autre part, des lacunes et des rigidités issues du droit français, intensifiées par le droit communautaire qui handicapent l'optimisation du modèle de l'économie mixte.

En 2005, la France était l'un des seuls pays de l'Union européenne à avoir encadré la participation des collectivités territoriales au capital des sociétés anonymes de telle sorte que celles-ci ne pouvaient être ni actionnaires minoritaires, ni les uniques actionnaires de ces sociétés anonymes publiques. Le législateur a donc progressivement introduit et généralisé un nouveau mode de gestion des services publics au travers de la création des sociétés publiques locales.

[134] G. Eckert, « les sociétés d'économie mixte, bilan et perspectives. La problématique communautaire », RFDA 2005, p.959 cité par J. Marchand dans l'ouvrage précité, p.26.

A - La création des SPLA en vertu de la Loi ENL[135]

La société publique locale d'aménagement est introduite en droit français par la loi portant Engagement national pour le logement de juillet 2006. Les collectivités territoriales et leurs groupements peuvent créer, dans le cadre des compétences qui leur sont attribuées par la loi, des sociétés publiques locales d'aménagement dont elles détiennent la totalité du capital.

La SPLA est définie à l'article 327-1 du code de l'urbanisme comme une « société compétente pour réaliser toute opération d'aménagement au sens du présent code [...] réaliser les opérations de requalification de copropriétés dégradées prévues à l'article L. 741-1 du code de la construction et de l'habitation... Elle peut exercer, par délégation de ses titulaires, les droits de préemption et de priorité définis par le présent code et agir par voie d'expropriation dans les conditions fixées par des conventions conclues avec l'un de leurs membres »[136]. La SPLA agit exclusivement pour le compte de ses actionnaires et sur le territoire des collectivités territoriales et des groupements de collectivités territoriales qui en sont membres. Elle revêt la forme de société anonyme régie par le livre II du code de commerce.

Au départ, créé à titre expérimental pour une durée de cinq ans, le régime juridique est pérennisé et simplifié par la loi de mobilisation pour le logement et la lutte contre l'exclusion[137] du 25 mars 2009, puis renforcé par la loi du 28 mai 2010 qui institue la SPL à objets multiples.

La création de la SPLA est en ligne directe avec la jurisprudence de la Cour de justice des communautés européennes qui reconnaît la possibilité de recourir à la notion de « contrat intégré », autrement dit « in house » pour s'extraire de l'application des directives relatives à la commande publique. Cette voie étroite offerte par la jurisprudence européenne est dégagée par les arrêts « Teckal » du 18 novembre 1999

[135] Loi n° 2006-872 du 13 juillet 2006 portant engagement national pour le logement.

[136] Article L327-1 du Code de l'urbanisme, modifié par l'ordonnance°2015-1127 du 10 septembre 2015 - art.2.

[137] La loi du 25 mars 2009 a pérennisé les SPLA en précisant que ces dernières avaient pour objet exclusif la réalisation d'opérations d'aménagement telles que définies par les articles L.300-1 à L.318-9 du Code de l'urbanisme et par la jurisprudence qui s'y attache. Cette loi a réduit le nombre d'actionnaires publics de sept à deux au minimum.

et « Stadt Halle » du 11 janvier 2005. Un contrat entre une collectivité et une société publique peut être dispensé de mise en concurrence au motif qu'« une participation, fût-elle minoritaire, d'une entreprise privée dans le capital d'une société à laquelle participe également la collectivité locale en cause exclut en tout état de cause que cette dernière puisse exercer sur cette société un contrôle analogue à celui qu'elle exerce sur ses propres services ». En d'autres termes, la cour définit par défaut la notion de contrat « in house », « lorsque, à la fois la collectivité... exerce un contrôle analogue... et que la société réalise l'essentiel de son activité avec la ou les collectivités qui la détiennent ».

L'analyse du critère de contrôle analogue fait dépendre l'existence du « in house » de l'exercice « d'un contrôle permettant à l'autorité publique concédante d'influencer les décisions de ladite entité. Il doit s'agir d'une possibilité d'influence déterminante tant sur les objectifs stratégiques que sur les décisions importantes ».

La SPLA permet ainsi aux collectivités territoriales de bénéficier de la possibilité offerte par le droit communautaire d'exonérer tout satellite d'une collectivité du respect des règles de publicité et de mise en concurrence, dès lors que leur relation répond à ces deux critères.

Pourtant, le législateur n'a pu que constater l'engouement très modéré des collectivités territoriales pour ce type de structures (sept créations entre 2006 et 2010), vraisemblablement en raison des nombreuses incertitudes[138] relatives à l'exonération des procédures de publicité et de mise en concurrence, en l'absence de jurisprudence.

---

[138] CJCE 13/10/20005, Parking Brixen GmbH, affaire C-458/03. Le « contrôle analogue » doit permettre à l'autorité publique d'influencer de façon déterminante les décisions de la société, par exemple en désignant la majorité des membres du conseil d'administration de la société. L'arrêt est relatif à l'attribution d'une concession de gestion de parking entre une commune et une société de droit privé à capitaux initialement totalement publics puis mixtes. La transformation de la société publique en société anonyme (avec élargissement de capital, soumise à l'obligation d'ouverture à court terme de son capital à d'autres capitaux, extension de compétence territoriale et un conseil d'administration disposant de pouvoirs considérables) enlève la qualification de « in house » dans la mesure où la condition du « contrôle analogue » n'est pas remplie.

B - La loi du 28 mai 2010 pour le développement des sociétés publiques locales[139]

Cette loi consacre définitivement l'existence des SPLA. Elle étend leur champ de compétences et leur confère de nouvelles prérogatives[140]. La SPL a un champ de compétence très vaste, déterminé par l'article L.1531-1 du CGCT. Elle peut ainsi être chargée de réaliser des opérations d'aménagement au sens de l'article L.300-1 du code de l'urbanisme, des opérations de construction ou exploiter des services publics à caractère industriel ou commercial ou toutes autres activités d'intérêt général. « Ces sociétés exercent leurs activités exclusivement pour le compte de leurs actionnaires et sur le territoire des collectivités territoriales et des groupements de collectivités qui en sont membres [141]». Contrairement aux sociétés d'économie mixte, les SPL et SPLA ne peuvent pas intervenir pour le compte de personnes publiques ou privées non actionnaires ou sur un territoire extérieur à celui de leurs actionnaires et ce, même si elles respectent les règles de la commande publique et même si l'intervention est faite à titre accessoire[142]. Le principal atout de ces nouvelles structures est de ne pas à être soumises, pour la passation des contrats, aux règles de publicité et de mise en concurrence en vertu de la théorie des relations « in house », quel que soit leur domaine d'intervention. Ceci permet donc d'accélérer la mise en place d'un projet en exonérant les collectivités territoriales de la procédure de mise en concurrence pour l'attribution d'un contrat public.

« Alors qu'au niveau étatique, les entreprises ouvrent de plus en plus leur capital aux actionnaires privés (pour devenir des entreprises à participations publiques), les SPL reposent sur un actionnariat entièrement public. Elles témoignent d'une doctrine vigoureuse des

[139] Loi n°2010-559 du 28 mai 2010.

[140] Les SPLA se voient reconnaître le droit de réaliser des études préalables, procéder à toute acquisition ou cession d'immeubles en application des articles L.221-1 et L.221-2 du Code de l'Urbanisme, procéder à toute opération de construction ou de réhabilitation immobilière en vue de la réalisation des objectifs énoncés à l'article L.300-1 ou procéder à toute acquisition et cession de baux commerciaux, de fonds de commerce ou de fonds artisanaux dans les conditions prévues au chapitre IV du tire Ier du livre II du code de l'urbanisme.

[141] CGCT article L.1531-1 al.3 sur les SPL et Code de l'urbanisme, art.L.327-1 al.4 sur les SPLA.

[142] Circulaire du ministre de l'intérieur du 29/04/2011 relative au régime juridique des SPL et SPLA NOR: N°COT/B/11/08052/C.

capitaux de la sphère publique [143]». Ce type de société permet aux collectivités territoriales d'avoir sous la main de véritables opérateurs dont elles sont actionnaires et auxquels elles peuvent confier des missions sans concurrence ni publicité. « La société publique locale est un outil de portage de projet, un outil de coopération fonctionnelle[144] ».

« Pour autant, la création des SPL était-elle vraiment nécessaire ? Rien n'est moins sûr [145]». « Si l'on a cru discerner dans ce nouveau mode de gestion la carrure et la complexité d'un vaisseau de ligne, l'armature du dispositif pourrait bien correspondre… à celle d'une modeste frégate[146] ». Passé le mouvement de création de SPL, la dynamique s'essouffle. Dans la région Occitanie, seulement 13% des entreprises publiques locales sont des SPL, majoritairement issues de la transformation ou de la duplication de SEM d'aménagement (63% de l'ensemble des SPL de la région) dans les années 2010-2012.

Six ans après la généralisation de ce nouveau mode juridique de gestion des services publics, force est de constater que les SPL n'ont pas compromis l'existence et le développement de l'économie mixte. Elles ont néanmoins participé à l'évolution de sa pratique. Par l'instauration de ce régime juridique en droit français, le législateur a contribué à mettre en lumière l'ambivalence inhérente de la gouvernance des sociétés d'économie mixte, qui implique l'ajustement permanent entre la société commerciale et la personne publique, dans sa gouvernance.

---

[143] J.Marchand, ouvrage précité, p.27.

[144] J.Carles, La société publique locale, un outil adapté à l'évolution des missions de service public local, RFDA, n°6, janv.2013, p.1099.

[145] U.Ngampio-Obélé-Bélé, Des SEM aux SPL, le courrier juridique des finances et de l'industrie n°68, 2ème trimestre 2012.

[146] K-H.Voizard, les SPL : un bateau à la dérive ? Pouvoirs locaux, oct.2014, n°102, p.105-113.

Chapitre 2
Une gouvernance fragilisée par l'ambiguïté de l'application du droit des sociétés à l'économie mixte

La notion de gouvernance, longtemps tombée en désuétude, réapparaît dans les années 1980 pour désigner le gouvernement des entreprises, dans l'expression « corporate governance ». Elle désigne un mode de gestion de l'entreprise fondé sur une articulation entre le pouvoir des actionnaires et celui de la direction. Les principes de gouvernement d'entreprise trouvent leur fondement dans la divergence entre actionnaires et dirigeants. Dans beaucoup d'entreprises, l'éparpillement du capital et l'affaiblissement du rôle joué par les actionnaires favorisent l'émergence de dirigeants mus par des objectifs parfois éloignés de « *l'affectio societatis* ». Le capital de la société, détenu par une multitude d'actionnaires, permet l'émergence du pouvoir des dirigeants. Les principes de gouvernement d'entreprise tentent de pallier à cette confiscation du pouvoir des actionnaires.

Sous l'effet du contexte européen, le législateur a « instauré un cadre légal et réglementaire permettant la mise en place d'une bonne gouvernance des entreprises à participation publiques… la primauté du droit, la transparence et l'obligation de rendre compte, l'efficience et l'efficacité, l'éthique et la bonne conduite »[147]. Ces principes ont été formalisés dans la loi du 15 mai 2001 relative aux nouvelles régulations économiques[148] (NRE).

Pour analyser la gouvernance des sociétés d'économie mixte, nous distinguerons l'approche managériale de l'approche financière. La gouvernance managériale ne se résume pas à étudier la façon dont les dirigeants gouvernent ces sociétés – ce qui conduirait à confondre la gouvernance avec le management, mais comment elles sont gouvernées, comment se définit la stratégie de ces sociétés en association avec leurs actionnaires.

Les sociétés d'économie mixte de la Région Occitanie se caractérisent majoritairement par une gouvernance fragilisée. La stabilité et la proximité politique avec leur actionnaire de référence sont en recul.

---

[147] J. Marchand, ouvrage précité, p.287.

[148] Loi n°2001-420 du 15 mai 2001 relative aux nouvelles régulations économiques modifiant entre autres l'article L.225-35 du Code du commerce.

Elle ne laisse pas pour autant la place à l'actionnariat privé émietté (Section 1). Il en découle une gouvernance financière qui a du mal à se repenser et qui a tendance à se positionner sur des opérations propres risquées (Section 2).

Section 1 - Stabilité et proximité : deux caractéristiques des entreprises publiques locales en recul

En leur qualité de sociétés anonymes, les SEM répondent aux règles de droit commun définies par le Code du commerce. Leur capital est divisé en actions et constitué entre des associés qui ne supportent les pertes qu'à concurrence de leurs apports.

En décidant de créer une société d'économie mixte, une collectivité territoriale lui confie des activités par voie contractuelle dont elle conserve la maîtrise grâce à leur emprise institutionnelle. La collectivité territoriale n'est pas un actionnaire comme les autres dans une société d'économie mixte. De par son statut et son implication dans la création de la société, elle est là, tout autant, pour définir la stratégie que pour lui assurer un niveau d'activité suffisant lui permettant d'assurer sa viabilité économique.

A la lumière des rapports d'observations définitives des Chambres régionales des comptes de l'ex région Midi-Pyrénées et de l'ex-région Languedoc-Roussillon, il ressort que les sociétés d'économie mixte de ces territoires sont affectées par un soutien de plus en plus distendu de leur actionnaire majoritaire (A) qui laisse peu de place à l'actionnariat privé (B).

A - Un soutien des actionnaires majoritaires de plus en plus distendu

La société d'économie mixte tire sa légitimité par rapport aux autres sociétés commerciales, non de son statut juridique, mais de sa capacité à remplir une mission d'intérêt général à un moment donné, en fonction des projets stratégiques de la collectivité territoriale qui l'a créée. Son modèle repose sur le principe de participation majoritaire des collectivités territoriales à leur capital, tel que le prévoient les articles L.1522-1 et L.1522-2 du Code général des collectivités territoriales : « Les collectivités territoriales et leurs groupements détiennent, séparément ou à plusieurs, plus de la moitié du capital de ces sociétés et des voix dans les organes délibérants…

La participation des actionnaires autres que les collectivités territoriales et leurs groupements ne peut être inférieure à 15% du capital social »[149].

L'économie mixte a une « légitimité temporelle[150] » qui évolue au fil du temps en fonction de la commande de la collectivité. De par son essence, elle induit une proximité avec la collectivité territoriale actionnaire. Sa légitimité ne lui est pas octroyée par des textes de loi, mais par la place qu'elle occupe dans le système local. Elle est placée de la manière la plus spéciale auprès des collectivités territoriales, actionnaires de référence. Une SEM qui n'aurait plus de relations avec ses collectivités perdrait de ce fait sa légitimité et sa raison d'être. Elle est une entreprise de développement local.

Comme entreprise, la société d'économie mixte est assimilée à « une corporation privée qui a un statut fonctionnel public »[151]. Une corporation est un groupement de personnes, stables et homogènes, doté de la personnalité juridique afin de pourvoir à la satisfaction de ses intérêts collectifs. A ce titre, le devenir de la société dépend de l'implication du Président du Conseil d'administration, souvent Président directeur général, à œuvrer pour son développement.

Le rôle du Conseil d'administration est fondamental dans la conduite de l'activité d'une société. L'article L.225-35 du code de commerce dispose en effet que « le conseil d'administration détermine les orientations de l'activité de la société et veille à leur mise en œuvre... il se saisit de toute question intéressant la bonne marche de la société et règle par ses délibérations les affaires qui la concernent ». Plus le Président sera impliqué sur une durée longue, plus forte sera la gouvernance de la SEM. Elle bénéficiera à la fois de la proximité avec l'élu décideur de la collectivité, et de la stabilité qui lui conférera un horizon de long terme. On peut citer pour exemple : la SEM 81 et la SEM E Tera, présidées par Thierry Carcenac depuis le milieu des années 90 (Président du Conseil départemental 81 depuis 1992), qui inscrit ces SEM dans la durée et la stabilité ; Michel Pélieu (Président du Conseil départemental des Hautes Pyrénées depuis 2008), PDG de

---

[149] Articles L1522-1 et 1522-2 du CGCT, modifiés par l'Ordonnance n°2003-1212 du 18 décembre 2003 - art. 2 JORF 20 décembre 2003.

[150] J.Darold, p.71 ouvrage précité.

[151] G.Durand, Recherche sur la nature de la société d'économie mixte locale, 1994.

la SEM N'PY depuis sa création ; Raymond Dugrand, 1er adjoint à l'urbanisme de Georges Frêche (de 1977 à 2008), PDG de la SERM pendant plus de vingt ans ; idem pour Jacques Limouzy, Président du Conseil de surveillance d'Intermédiasud ; Bernard Keller, maire de Blagnac et Président de la SEM Blagnac Constellation pendant plus de dix ans. La continuité dans la gouvernance est gage de stabilité et de profitabilité pour la société. Sa viabilité économique en est confortée. La permanence dans la composition des conseils d'administration est gage d'une continuité dans les décisions et dans la stratégie.

A l'inverse, l'alternance et les hésitations de stratégie qui peuvent en découler, représentent un facteur d'incertitudes qui peut handicaper ces sociétés. Les SEM ont besoin d'une visibilité à long terme pour pouvoir se projeter et agir sur un marché de plus en plus concurrentiel. Les projets qu'elles portent dépassent très souvent l'horizon d'un seul mandat électif.

Les liens de proximité entre la collectivité territoriale et son outil d'économie mixte sont ténus. La mise en concurrence obligatoire et les obligations de publicité peuvent expliquer une certaine distance, ils ne sauraient pour autant excuser les liens de plus en plus distendus qui se font jour.

L'examen de l'activité de certaines sociétés a donné l'occasion, ces dernières années, à la Chambre régionale des comptes de l'ex Région Languedoc-Roussillon de rappeler que « la faiblesse des moyens de la collectivité territoriale mis au service de la [SEM] constitue une des principales sources de [ses] difficultés financières... ». Dans son rapport d'observations définitives[152] sur la SEM d'Equipement du littoral de Thau (ELIT)[153], la Chambre constate que l'examen des comptes de la société révèle que la collectivité n'a pas joué son rôle d'actionnaire. La société n'a pas disposé d'opérations en nombre suffisant, alors même qu'elle était devenue entièrement dépendante des opérations confiées par ses actionnaires publics. A partir de l'examen des effets de la stratégie retenue par les actionnaires, la Chambre souligne que le collège public du Conseil d'administration a

[152] CRC Languedoc-Roussillon, Rapport d'observations définitives sur la SA ELIT, exercice 1994 et suivants, Ref. n°076/058 du 31/01/2007.

[153] SEM Elit, créée en 1994 sous la dénomination de SAGE par les communes du SIVOM de Frontignan pour valoriser un canton perçu comme détenant une place stratégique au cœur du département de l'Hérault.

été guidé par le principe d'autonomie des actionnaires par rapport à la conception d'une SEM – outil des actionnaires publics. Les collectivités « ne semblent pas avoir pris toute la mesure des évolutions financières critiques de la société… et mis à disposition de la société un volant constant d'activité [en capacité] de maintenir un chiffre d'affaires régulier, compatible avec ses coûts et sa pérennité ».

Dans la même perspective, la Chambre souligne dans son rapport d'observations définitives[154] relatif à la Société d'économie mixte d'études et d'aménagement du département des Pyrénées orientales (SEMETA) que « le cadre juridique de la SEM constitue un organisme adapté aux grands travaux d'aménagement dès lors que ses partenaires peuvent lui assurer une solidité financière satisfaisante…la continuité de la société ne pourra être assurée que par un lien de plus en plus étroit avec les services municipaux ». Cette continuité n'étant pas assurée, elle recommande la dissolution de la Société.

Ce soutien de l'actionnaire public est d'autant plus nécessaire dans un contexte concurrentiel. Comme le relève la Chambre régionale des comptes de l'ex-région Midi-Pyrénées à propos de la Société d'aménagement du Tarn et Garonne (SEMATEG)[155], le contexte d'intervention des outils d'économie mixte a changé. Elles évoluent dans un contexte d'une concurrence de plus en plus vive, observée dans le secteur de l'aménagement en particulier, de la part de bureaux d'ingénierie privés, désireux de diversifier leur activité, sans compter les transferts opérés au profit des SPLA (cf. COGEMIP). Ces opérateurs agissent sur le même périmètre, auprès des mêmes clients, dans le même secteur d'activité. Sans un lien étroit avec les collectivités publiques, corrélé à une gouvernance cohérente qui se manifeste par la proximité de la direction opérationnelle avec son conseil d'administration[156], le devenir de la société d'économie mixte est hypothéqué.

---

[154] CRC Languedoc-Roussillon, Rapport d'observations définitives SEMETA sur les exercices 2002 à 2008, Ref. n°106/063 du 8/02/2010.

[155] CRC Midi-Pyrénées, Rapport d'observations définitives sur la gestion de la SEMATEG, exercices 2009 et suiv. Ref. JO15 251 01, sept. 2015.

[156] La Chambre souligne dans son rapport que la gouvernance de la SEMATEG « est marquée par une certaine distance existant entre le conseil d'administration, qui ne se réunit qu'une fois par an, et la direction ». Créée en 1987 à l'initiative du département, cette société est aujourd'hui en liquidation.

Tout comme la collectivité est responsable de la création d'une SEM, la collectivité territoriale est responsable de sa viabilité économique. Elle est responsable de son maintien, tout comme de sa dissolution et liquidation. Au final, c'est toujours l'élu qui décide. Sans revendiquer pour elle le monopole des actions, la logique de la création implique qu'elle ne soit pas ignorée au moment des choix de contractualisation avec des tiers. Une certaine cohérence dans les choix de la collectivité est indispensable. Elle doit aider la SEM à remplir sa mission. Cela suppose une volonté de l'élu à la fois de créer, maintenir et anticiper les tournants stratégiques à prendre pour préserver sa part de marché.

Pour y parvenir, la SEM peut s'appuyer sur ses actionnaires privés, sous réserve que ces derniers aient été bien choisis au regard de l'activité exercée par la société et que la société leur accorde une place dans la gouvernance de la société.

B - Une gouvernance qui laisse peu de place à l'actionnariat privé

Depuis la loi du 2 janvier 2002, le plafond de participation des collectivités territoriales dans les sociétés d'économie mixte est passé de 80 à 85%. Par voie de conséquence, la participation minimale des actionnaires privées s'en est trouvée réduite. Elle est passée de 20 à 15% du capital. Cette augmentation de la participation publique ne s'est pas pour autant imposée comme une évidence :

- lors des débats parlementaires préalables à l'adoption de la loi du 2 janvier 2002, des amendements parlementaires visaient à élargir les seuils de participation des collectivités : d'une minorité de blocage fixée à 34% elle peut aller jusqu'à 100% ;
- la Cour des comptes[157] a également déploré, à plusieurs reprises dans ses rapports annuels (de 1980, 1984, 1990, 2001), l'insuffisance des capitaux privés dans les sociétés d'économie mixte. Elle a souvent eu l'occasion de faire remarquer que la quasi-totalité des fonds sont d'origine publique « alors que la raison d'être de ces sociétés est précisément d'associer apports publics et privés ». Cette situation est jugée préjudiciable aux SEM qui « en se privant d'un réel partenariat privé doté d'une expérience de gestion, s'engagent dans des opérations mal maîtrisées et prennent des risques financiers dont les

[157] Cour des Comptes, Rapport annuel 1990, partie II consacrée aux collectivités locales et établissements publics territoriaux, remarques réitérées dans le Rapport annuel 2001

conséquences peuvent être lourdes pour le budget des collectivités actionnaires ».

En 2016, au niveau national, l'actionnariat toutes SEM confondues est relativement équilibré :

- en moyenne 63% du capital des sociétés d'économie mixte est détenu par des collectivités territoriales (hors SPL) majoritairement par le bloc communal, les régions ne détenant que 4% de l'actionnariat des SEM,
- la part moyenne des actionnaires privés représentent 37% avec une présence marquée des institutions financières (20%) dont une part prépondérante d'actions détenues par la Caisse des Dépôts

Actionnariat des SEM au niveau national au 1/06/2015

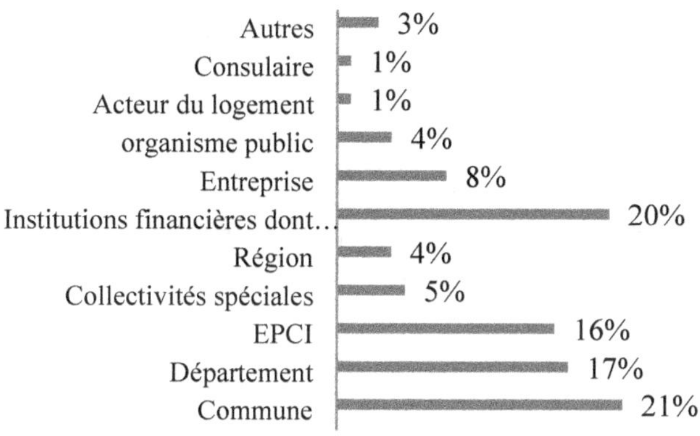

Sources : EPLscope 2015 – Fédération des EPL

Au niveau de la Région Occitanie, la répartition du capital se caractérise par :

- une part prépondérante des actionnaires publics dans la détention du capital supérieure à 75%. Les SEM qui détiennent un actionnariat, que l'on pourrait qualifier d'équilibré, sont plus rares. Elles représentent un peu plus de 23% des SEM de la région Occitanie essentiellement issues du secteur de l'aménagement (41%).

SEM dont la composante publique du capital est inférieure à 75%

SEM	Secteur d'activité	Collège public	Collège privé	Dont 1er actionnaire privé
LRA	Aménagement	67%	33%	CDC 24,6%
SERM	Aménagement	71%	29%	CDC 18%
TAM	Transport	55%	45%	Groupe CDC 31% dont 20% Transdev
Roussillon Aménagmt	Aménagement	72%	28%	CDC 15%
Alenis	Aménagement	65%	35%	CCI 18,5%
SEBLI	Aménagement	70%	30%	CDC 11,7%
SAT (30)	Aménagement	72%	28%	CDC 14%
SEMPER	Energie	59%	41%	Quadran 41%
CACG	Aménagement	68%	32%	CRCA 16%
N'PY	Tourisme	68%	32%	CRCA 14%
Oppidéa	Aménagement	66%	34%	CDC 17%
SEMECEL	Tourisme	69%	31%	Airbus Group 14%
SEMIDIAS	Dév.économique	71%	29%	Airbus Group 20%
SEMEST	Tourisme	66%	34%	CDC 17%
So Toulouse	Tourisme	57%	43%	CCI 13%
SEM TM Montauban	Transport	61%	39%	Transdev 34%
SEM Forum de Revel	Immobilier	56%	34%	<6%
Thémélia	Aménagement	62%	38%	CDC 14%
Intermedia sud	Réseaux	51%	49%	Fondation Pierre Fabre 15,5%
SEM de l'Accueil	Immobilier	58%	42%	Association diocésaine 34%
SEM SOLVEROC (funiculaire rocamadour)	Tourisme	51%	45%	Association diocésaine

- des actionnaires privés dispersés parmi lesquels se distingue la Caisse des Dépôts. Cette institution financière détient des participations très variables selon les sociétés : d'une participation symbolique de 2,17% dans la société Sogatherm à une participation de 24,6% dans la SEM Languedoc Roussillon Aménagement. L'analyse de son portefeuille laisse apparaître toutefois une concentration sur les secteurs suivant :
    - o l'aménagement : elle est ainsi actionnaire de 45% des SEM d'aménagement de la Région soit 14 sociétés dont 9 situées sur le territoire de l'ex Région Languedoc-Roussillon et 5 sur celui de l'ex Midi-Pyrénées,
    - o l'immobilier qui représente un faible nombre de SEM dans la Région, mais dans lesquelles la Caisse des Dépôts est présente dans 25% d'entre elles, voire une proportion supérieure si l'on y ajoute les filiales immobilières de SEM d'aménagement (SAS patrimoniale Languedoc Roussillon filiale LRA, et les filiales de la SERM).
    - o la présence de la Caisse des Dépôts est en revanche faible dans les SEM de services et gestion, dans lesquelles elle ne participe au capital que de 19% d'entre elles et dans des proportions mesurées.

Parmi les autres actionnaires privés des SEM de la région Occitanie, on peut remarquer :

- o des prises de participations relativement importantes des établissements bancaires : les Caisses régionales du Crédit agricole (soit directement soit via la filiale PG Invest) et les Caisses régionales des Caisses d'épargne (SOREPAR) qui font exception à des participations anecdotiques dans les SEM d'autres régions. D'autres établissements bancaires sont actionnaires des SEM de la région Occitanie, de manière plus modeste, la Banque populaire, le Crédit Mutuel, le Crédit Coopératif, le Crédit maritime
- o au niveau des Consulaires : les Chambres de commerces et d'industrie, et les Chambres des métiers et de l'artisanat,
- o ponctuellement des grandes Entreprises : Airbus Group, Pierre Fabre, RAGT, SAFIDI (filiale de développement local d'EDF), Quadran,
- o des participations croisées de SEM (BRL, SEMAP, SERM)
- o des participations anecdotiques d'OPHLM

La grande majorité des sociétés d'économie mixte de la région Occitanie présentent un actionnariat privé émietté avec des actionnaires privés souvent « dormants ». Les rapports des Chambres régionales des comptes de l'ex Région Midi-Pyrénées et de l'ex Région Languedoc-Roussillon reviennent à plusieurs reprises sur cet actionnariat éclaté. Elle regrette très souvent la surreprésentation des actionnaires publics dans les sociétés d'économie mixte de la région.

Cette surreprésentation se traduit souvent par une répartition déséquilibrée des postes d'administrateurs au sein du conseil d'administration. Le rapport d'observations définitives du 8 janvier 2015 sur la SEM du Bitterois et de son littoral (SEBLI)[158] est l'occasion pour la Chambre de rappeler le respect des règles de répartition des sièges d'administrateurs entre les actionnaires privés et les actionnaires publics telles que fixées par l'article L.1524-5 du CGCT : « dans une proportion au plus égale à celle du capital détenu par l'ensemble des collectivités territoriales... les statuts fixent le nombre de sièges dont ils disposent au conseil d'administration... ». Elle souligne que les règles de représentation fixées par la Société dans ses statuts doivent concilier :

- le respect du nombre d'administrateurs des collectivités territoriales par l'Assemblée générale,
- la représentation des collectivités territoriales proportionnelle au capital détenu.

Dans le cas présent, la Chambre constate que ces deux conditions cumulées ont conduit à la surreprésentation des actionnaires publics au sein du conseil d'administration. La volonté d'un des actionnaires de sortir du conseil aurait dû conduire à proposer un siège à un autre administrateur privé ou à recalculer la répartition des sièges à l'aune d'un conseil reconfiguré. Cela aurait abouti à la suppression d'un poste d'administrateur public. La comparaison du ratio de nombre de sièges par rapport au capital détenu permet d'appréhender par différence les rapports de force réels entre les actionnaires au sein de la gouvernance.

Le nombre total d'actionnaires privés est également souligné comme un indicateur de dilution du poids du collège privé dans la

[158] CRC Languedoc Roussillon, Rapport d'observations définitives SEBLI sur les exercices 2008-2013, Ref n°156/0049 du 8/01/2015.

gouvernance. Alors que la part des actionnaires privés représente dans le meilleur des cas 30% de l'actionnariat, le nombre d'actionnaires est trop souvent pléthorique. Cela conduit à une dilution de la représentativité. Dans le cas de la Société ALENIS (Narbonne), le capital privé (35%) est réparti auprès de 10 actionnaires privés dont un peu moins de la moitié (12% du capital) est « détenu par 5 établissements bancaires, qui sont exclusivement prêteurs. L'actionnariat ne comporte aucune société de capital-risque ou de capital développement »[159].

Si l'actionnariat est éclaté, il est parfois « émietté ». Dans son rapport sur la SEM d'aménagement de Peyragudes[160], la Chambre constate que si le plafond légal de détention du capital par les actionnaires publics fixé à 85% est respecté, « cette répartition entre actionnaires publics et privés n'est qu'apparente. Parmi les actionnaires privés figure l'association pour l'expansion et la promotion de la station de Peyragudes (APED) qui dispose de 8% du capital de la SEM. La Chambre considère selon la technique du faisceau d'indice, que cette association, dont les membres du conseil sont tous liés à la SEMAP et dont l'objet social consiste notamment à participer au conseil d'administration de la SEMAP, est une coquille vide. Elle doit être considérée comme un démembrement de structures publiques. L'actionnariat de la SEM contrevient alors à l'article L. 1522-2 du CGCT.

Par ailleurs, la Chambre dans son rapport[161] sur la Société d'aménagement de Carnon Maugio Etang de l'Or (ACMEO), devenue depuis SPL L'or aménagement, s'inquiète de la modification de la composition du collège privé qui a complètement changé par rapport à l'actionnariat privé initial. Dans d'autres cas, la Chambre alerte sur les participations croisées de SEM qui présentent l'inconvénient de créer des imbrications de structures nuisant à la transparence et à la lisibilité de leur activité (cf. Rapport d'observations définitives de la SEM Promaba n°106/018 du 12/01/2010).

---

[159] CRC Languedoc-Roussillon, Rapport d'observations définitives, SEM ALENIS, exercices 2008 à 2014, Ref. n°156/0904 du 14/08/2015.

[160] CRC Midi-Pyrénées, Rapport d'observations définitives SEMAP, exercices 2008 et suivants, Ref. JO15 155 01.

[161] CRC Languedoc-Roussillon, Rapport d'observations définitives, SEM ACMEO, exercices 2002 et suivants, du 17/02/2009.

L'analyse de « l'actionnariat éclaté et émietté » des sociétés d'économie mixte, qui n'est pas forcément propre à la région Occitanie, est révélatrice de la difficulté qu'ont les collectivités à associer et à intéresser des partenaires privés à ces sociétés. L'économie mixte procède de la volonté de l'élu local de créer une entreprise de développement local et d'en assurer la pérennité en lui confiant un volant d'activité suffisant.

Les actionnaires privés, qu'ils relèvent du secteur bancaire, économique ou associatif, sont bien souvent des associés contraints de participer à la société pour différentes raisons qui sont liées à :

- l'intérêt financier du projet au travers des prêts qu'ils pourront mettre en place au profit de la structure à constituer,
- l'intérêt en matière d'image et de visibilité souvent vis-à-vis de la collectivité à l'origine de la création de la société
- l'intérêt de poursuite et de renforcement de l'activité.

Les exemples d'actionnariat privé que l'on pourrait caractérisés comme des « faires-valoir » ne manquent pas :

- la SEM Promodev spécialisée dans le secteur d'activité des hôtels et hébergement dans la Vallée du Louron (65), qui comprend 6 actionnaires privés : Association le renouveau, Association le Val, Association Le Lustou, Ciortf, Esf Val Louron, OPHLM 65,
- la SEM Cité des insectes à Saint Léon (12) spécialisée dans la gestion d'un parc de loisirs, qui comprend 7 actionnaires détenant chacun moins de 5% des parts : la SOREPAR (Caisse d'épargne), le Crédit Agricole, la RAGT, la Soc aveyronnaise de restauration, la Chaîne thermale du soleil, Délagrave éditions, J.Perrin
- la SEMIDIAS (SEM innovation pour le développement industriel aéronautique et scientifique) avec EADS, Université Tls, la Caisse d'épargne, Novalis, la CCI, BP Occitanie, ARTECH
- la SEM Criée aux poissons d'Agde (34) : La coopérative Agathoise, et personnes physiques
- la SEM Albi Expo (81) : CCI, Union des commerçants, BP Occitanie, Caisse d'épargne, circuit auto d'Albi, CMA, Office de tourisme, Fédération des associations
- la SEM bois énergie (11) : Caisse d'épargne, Alogea, Cosylva, Valoridec, Marou Habitat, Dalkia, Inard Bois,
- la SEM SEGEL Seaquarium (30) : CCI, GROUPE NICOLLIN, autres.

Rares sont les actionnaires privés disposant d'une doctrine d'intervention et par là même d'un suivi de leurs participations. L'actionnaire privé Caisse des Dépôts fait ici exception, comme le relève la Cour des comptes dans sa communication sur les participations de la Caisse des Dépôts dans l'économie mixte locale[162] en 2010, diligentée à la demande de la Commission des finances du Sénat. Longtemps « investisseur-soutien » de l'économie mixte, la Caisse des Dépôts s'est positionnée à compter de 2008 comme un « investisseur avisé d'intérêt général » en définissant des critères d'intervention dans les SEML notamment en matière de :

- gouvernance avec un objectif de mise en place de pactes d'actionnaires,
- localisation territoriale : priorité aux projets intercommunaux, départementaux et régionaux avec la volonté de ne pas être présente dans plus de deux structures ayant le même objet sur un même territoire
- rentabilité financière avec des projets qui doivent s'affranchir du mode subventionnel.

A titre indicatif, à ce jour, aucune des sociétés dont la Caisse des Dépôts est actionnaire dans l'ex Région Midi-Pyrénées n'a conclu de pacte d'actionnaire.

La gouvernance managériale influe nécessairement sur la conduite financière de la société et sa viabilité économique. La suite logique d'une gouvernance aux liens distendus avec ses donneurs d'ordres traditionnels, mais aussi avec un actionnariat privé éclaté et émietté, aboutit à une gouvernance financière qui a du mal à se repenser.

Section 2 Une gouvernance financière qui a du mal à se repenser

Comme le souligne Guy Durand, dans sa recherche sur la nature des sociétés d'économie mixte[163], « la SEM est une entreprise publique locale. Son utilisation doit respecter sa vraie nature. Ce « bon usage » de l'économie mixte locale nécessite quelques précautions

[162] Cour des Comptes, Communication à la Commission des finances du Sénat, Les participations de la Caisse des dépôts et consignations dans l'économie mixte locale, n° Ref 59214, 2010.

[163] G.Durand, Ouvrage précité, 1994.

fondamentales : il n'est pas dans la nature de la SEML de servir de simple démembrement à une collectivité publique, car elle est une entreprise. Une fois créée la SEM n'est pas la « bonne à tout faire » de l'activité des collectivités territoriales, car c'est une entreprise... ». En tant qu'entreprise, la SEM doit rechercher, en premier lieu, la performance économique. A la différence de l'établissement public, la SEM ne bénéficie d'aucun monopole local, ni sur le marché de l'aménagement, ni sur celui de la gestion des services publics locaux. En second lieu, la SEM ne bénéficie pas de l'immunité d'exécution accordée aux personnes publiques. Elle est soumise au droit des entreprises en difficulté[164]. En vertu de l'article L. 620-2 du Code de commerce, le redressement et la liquidation judiciaires sont applicables... à toute personne morale de droit privé. « Elle accepte la sanction capitaliste. La SEM est à la fois une entreprise et une entreprise publique ». Cette qualification d'entreprise publique n'entraîne pas l'application d'un régime juridique spécial et homogène, mais elle modifie sensiblement la nature de la personne morale concernée. Cette qualification entraîne pour la SEM des contraintes et des responsabilités.

La pratique de l'économie mixte est parfois tout autre. Si, dans l'exercice de leurs missions, les SEM ont la faculté d'intervenir pour le compte de leurs actionnaires, de tiers non-actionnaires, mais également pour leur propre compte, l'analyse de la situation financière des sociétés d'économie mixte examinées par les Chambres régionales des comptes montre une dépendance financière et contractuelle accrue des sociétés d'économie mixte vis-à-vis de leurs donneurs d'ordres publics. Cette dépendance fragilise leur viabilité économique (A). Elles peuvent être conduites à se positionner sur des opérations propres risquées alors que leur structure capitalistique reste sous capitalisée (B).

---

[164] Agissant selon les règles du droit du commerce, une SEM peut être confrontée à des difficultés structurelles ou conjoncturelles susceptibles de lui voir appliquer des procédures de redressement, de dépôt de bilan, et de mise en liquidation judiciaire. Elle est soumise de plein droit aux dispositions de la loi n°84-148 du 1er mars 1984 relative à la prévention et au règlement amiable des difficultés de entreprises, à la loi n°85-98 du 25 janvier 1985, modifiée par la loi du 10 juin 1994, relative au redressement et à la liquidation judiciaire des entreprises.

A - Une dépendance financière et contractuelle accrue des sociétés à l'égard des collectivités territoriales

Si nous n'avons pu analyser l'évolution du chiffre d'affaires de l'ensemble des sociétés d'économie mixte de la région Occitanie, on peut toutefois constater des chiffres dont nous avons eu connaissance, un tassement généralisé de l'activité des sociétés d'économie mixte, tout particulièrement celles œuvrant dans l'aménagement.

Pro forma[165], ce tassement peut s'expliquer par :

- les effets de la crise économique qui influent sur la commande publique et induisent un fléchissement des opérations de mandats réalisées pour le compte des collectivités territoriales,
- la concurrence de plus en plus vive de promoteurs, d'aménageurs privés, mais aussi des bureaux d'études et architectes qui se lancent dans l'assistance à maîtrise d'ouvrage,
- Le manque de complémentarité et de priorisation entre les projets d'aménagement portés par différentes sociétés d'économie mixte sur des territoires proches géographiquement entraînant une concurrence territoriale préjudiciable à leur développement. Cela est particulièrement vrai dans le territoire de l'ex région Languedoc Roussillon, déjà bien pourvue en sociétés d'économie mixte.
- la fin des grands cycles d'investissement des collectivités territoriales et de leurs aménagements et équipements tout particulièrement dans les territoires ruraux de l'ex région Midi-Pyrénées.

Dans son rapport sur la SEM d'aménagement du Tarn et Garonne[166] - SEMATEG - (société désormais en procédure de liquidation), la Chambre régionale des comptes discerne d'autres causes comme « la prudence manifestée par les collectivités dans un cadre institutionnel devenu évolutif [notamment dans le cadre de conventions publiques d'aménagement conclues désormais aux risques et profits du concédant]. S'y ajouterait l'incidence du calendrier électoral,... avec une pause des investissements ».

[165] Dans la mesure où l'on isole les cas de transferts d'activité opérés entre SEM et SPL créées en complémentarité des SEM d'aménagement.

[166] CRC Midi-Pyrénées, Rapport d'observations définitives sur la gestion de la SEMATEG, exercices 2009 et suivants, Ref. JO15 251 01 du 15/09/2015.

Le tassement de l'activité est renforcé par le nombre limité de clients de certaines sociétés. C'est notamment le cas de la Société d'équipement du Biterrois et de son littoral (SEBLi). Faute de clients suffisants, la SEBLi se retrouve sous la « mainmise » des collectivités publiques en raison d'un manque de diversification. Le fait que la SEBLi soit restée l'opérateur quasi exclusif de la Ville de Béziers et de son agglomération a entraîné une dépendance accrue vis-à-vis de cette collectivité, qui assure 90% de son carnet de commandes. Cette prépondérance confère aux autres collectivités actionnaires le « sentiment d'être moins considérées, moins prioritaires que Béziers ».

Confrontées à cette diminution d'activité et à une dépendance croissante vis-à-vis de certains donneurs d'ordres, les sociétés peuvent être conduites à ne pas vouloir redéfinir le périmètre et le bilan financier des opérations qui leur sont confiées. Elles ont de plus en plus de difficultés à trouver leur point d'équilibre. Elles se lancent alors dans un cercle vicieux problématique pour leur rentabilité économique et leur pérennité.

Pour certaines d'entre elles comme la SEBLI, elles n'ont d'autres recours que faire appel aux participations des collectivités publiques pour équilibrer financièrement les conventions publiques d'aménagement, sous forme d'avance de trésorerie.

Dans des cas très limites qui peuvent relever de la CDBF, la Chambre dénonce des contrats de gérance requalifiables en marché de prestations de services, car conclus sans mise en concurrence. C'est le cas soulevé dans le rapport d'observations définitives sur la SEM de promotion et d'animation du Barcarès (PROMABA). La commune versait à son mandataire une subvention annuelle pour couvrir les dépenses engagées en méconnaissance des règles qui s'imposaient à la commune en matière de commande publique. La Société PROMABA s'est vu notifiée une somme totale de 5 500 000 € due à la commune qui a provoqué sa liquidation, la SEM n'ayant plus ni activité, ni ressources.

Les collectivités territoriales actionnaires majoritaires des SEM ne doivent pas perdre de vue que « dans le cas d'un service public industriel et commercial (SPIC), le cumul de la personnalité privée de la société et du caractère commercial du service doit conduire à l'application maximale du droit privé ». La Chambre régionale des comptes dans son rapport d'observations sur la SEM Promaba en 2010, s'appuie sur l'article 1832 du Code civil pour rappeler que la société est définie comme un contrat institué « en vue de partager le bénéfice ou de profiter de l'économie qui pourra en résulter... les associés s'engagent à contribuer aux pertes ». La Chambre rappelle que « la recherche d'une valeur ajoutée financière, d'un bénéfice ou d'une économie et de l'essence même de la société, et ne pas rechercher un équilibre financier global s'agissant d'un service public industriel et commercial est contraire à la volonté du législateur ».

L'enjeu du maintien tout autant que le développement de nouvelles compétences est devenu nécessaire pour les SEM pour :

- pouvoir faire évoluer et diversifier le modèle économique,
- conserver des capacités réelles de recherche et d'innovation et faire face à des projets de plus en plus complexes,
- maintenir ou renforcer la posture de conseil et pouvoir apporter des solutions plus globales sur des montages innovants qu'ils soient juridiques, techniques ou financiers.

A défaut d'adaptation, certaines sociétés d'économie mixte sont vouées à disparaître. Le mouvement a déjà commencé dans les territoires de l'ex région Midi-Pyrénées : SEM Gers en 2013, SEM Lot développement aménagement en 2014, SEM 12 en 2015. Il devrait gagner les SEM de l'ex région Languedoc Roussillon, qui jusqu'à présent ont trouvé des parades pour s'abstraire de la réorganisation : transformation de SEM en SPL comme la SEM ACMEO qui est devenue la SPL L'or aménagement en 2011, liquidation de la Promaba, Perpignan Cable, par exemple.

La société d'économie mixte a une légitimité temporelle, la disparition de sa viabilité économique doit normalement se traduire par sa liquidation.

B - Le positionnement sur des opérations propres risquées

Pour pouvoir assurer cette viabilité économique, les SEM peuvent réaliser des opérations dont le risque final est supporté sur leurs fonds propres. La SEM comme toute autre société anonyme dispose de la possibilité de satisfaire ses propres objectifs sans avoir été préalablement missionnée par une autre personne morale publique ou privée. Ces opérations sont soumises au contrôle de la Chambre régionale des comptes qui peut être saisie par le représentant de l'Etat de décisions prises par les SEM de s'engager dans de telles opérations (études diverses, construction d'un siège social...). Il s'agit le plus souvent d'opérations immobilières (construction, réhabilitation). La SEM travaille alors selon des formes et des méthodes de droit commun, à la différence des opérations de mandat et de concession.

Toutefois ces opérations ne sauraient représenter un risque inconsidéré pour la société et ses actionnaires qui peuvent être appelés en comblement de passif. La Chambre régionale des comptes, dans le cadre de son examen de gestion des comptes de la Société ALENIS[167] a ainsi eu l'occasion de rappeler que « si les opérations immobilières contribuent à la diversification des actifs, il convient de rester attentif à leur équilibre financier ainsi qu'aux risques provenant de leur faible rentabilité laquelle interdit tout évènement ou retard opérationnel disproportionné ».

Il appartient aux actionnaires de définir clairement les stratégies et objectifs de ces opérations. « Les collectivités actionnaire ont un intérêt direct à les définir clairement ».

Deux SEM de la région ont particulièrement réussi leur diversification : la Société d'équipement de la région montpelliéraine (SERM) et Thémélia (ex SEM 81) en développant des opérations propres au risque maîtrisé en s'appuyant sur des partenariats externes.

La SERM a développé un véritable groupe autour de :

- la SERM, Société mère qui met en œuvre principalement des projets urbains pour le compte de la Ville et de la Métropole et des communes de Montpellier. Elle gère l'aménagement de nouveaux quartiers ou leur renouvellement, la construction d'équipements publics, le développement d'espaces pour l'activité économique ainsi que l'élaboration d'équipements énergétiques depuis leur initiation jusqu'à leur livraison et l'exploitation. Elle est dotée d'un capital de 5,89M€ et réalise un chiffre d'affaires de 90.9M € (2015)
- la SASU Societe Exploitation Aquarium Mare Nostrum (SEAMAN) créée en 2007 pour exploiter l'aquarium Mare Nostrum depuis son

[167] CRC Languedoc-Roussillon, Rapport d'observations définitives SEML ALENIS, exercices 2008 à 2014, n°156/0904 du 14/08/2015

ouverture en décembre 2007. Elle intervient dans le cadre d'une délégation de service public de 8 ans signée avec Montpellier Méditerranée Métropole. Elle compte 45 personnes. Son capital est détenu par la SERM à 100%

- la SAS ENERGIES DU SUD (EDS) créée en 2008 autour de la SERM (36,11%), Caisse des Dépôts et Consignations (33,89%), COGNAC (GDF Suez) (15%), Caisse d'Epargne Languedoc-Roussillon (10%), Dexia (5%). Elle a pour objet d'accompagner les collectivités, les entreprises et les promoteurs engagés dans le développement durable qui souhaitent valoriser les énergies renouvelables ou améliorer leur efficience énergétique. EDS prend en charge la conception, le montage, la réalisation, le financement et l'exploitation des projets.
- La SCI ODYSSEUM, créée en 1999, destinée à Acquisition de terrains, vente, construction, location de biens immobiliers
- la SAS MUTOPIA créée en 2013 avec Midi Foncière 3, dédiée à la promotion immobilière,
- 3 SAS de production d'énergie photovoltaïque en lien avec la SAS Energie du Sud, dédiées chacune à un projet spécifique : Héliotam en 2011, SPMM en 2012 et la SPAC en 2015.

Thémélia, dans une moindre mesure et sur un territoire moins porteur que l'agglomération Montpelliéraine, a su concilier :

- le maintien de ses rémunérations de concessionnaire en diversifiant son champ d'intervention et en explorant des départements limitrophes comme l'Aude,
- la diversification des donneurs d'ordres en s'orientant sur des opérations en mandats pour des montages complexes à destination de donneurs d'ordres publics ou privés (43% de son chiffre d'affaires dont 9% d'entreprises industrielles) ou des opérations propres,
- en prenant une participation de 12% dans la SAS Immobilière de Midi-Pyrénées constituée aux côtés de la Foncière Ceres 30% et de la Caisse des Dépots à 25%.

Ces deux sociétés démontrent que l'économie mixte peut assurer sa propre viabilité économique malgré les contraintes extérieures liées à son écosystème. Cela repose d'une part sur une stratégie claire et définie au bon niveau par des actionnaires publics et privés qui ont conscience de l'intérêt sociétaire, d'autre part, sur l'anticipation de la demande pour se positionner sur les marchés porteurs.

La pratique de l'économie mixte doit en permanence savoir se frayer un chemin entre deux écueils : tout d'abord, considérer que toute son activité doit être liée à la commande publique, lui faisant une confiance aveugle pour intervenir en cas de dérapage, ensuite, « elle ne doit pas non plus encourager les collectivités territoriales à s'engager dans des opérations qu'elles n'ont pas vocation à entreprendre ou que le privé ne veut assumer seul [168]». Cette pratique n'est pas le propre d'un territoire, elle est malheureusement le lot commun de la conduite de l'économie mixte.

***

La dynamique de l'économie mixte dans la Région Occitanie est influencée à la fois par son histoire et sa géographie. Nombreuses sont les collectivités de toute taille qui y ont recours. Elle apparaît souvent comme un mode de gestion adaptable et ajustable à tout type de problématiques locales : que ce soit pour structurer et accompagner la mise en œuvre d'un projet de long terme ou répondre à la défaillance de l'initiative privée comme c'est souvent le cas dans les territoires ruraux de la région Occitanie.

L'appropriation réussie de l'économie mixte par les collectivités territoriales de la Région Occitanie contraste avec son utilisation perfectible. « Les éléments de droit privé apparaissent surtout dominants dans l'organisation de la SEM alors que les manifestations du droit public se révèlent plutôt dans le fonctionnement et l'activité… »[169]. La pratique de l'économie mixte régionale reste néanmoins ambigüe à cause de sa volonté intrinsèque de concilier le fonctionnement d'une société anonyme avec une finalité d'intérêt général. Elle reste une « créature des collectivités territoriales »[170]. L'appréciation de son objet social s'effectue à la lumière des règles générales d'intervention des collectivités territoriales dans le domaine économique.

L'économie mixte est aujourd'hui confrontée à un changement de paradigme :

---

[168] JF.Bizet, ouvrage précité, p.237

[169] J.F Boudet, Les limites de l'approche juridique dans la définition de la SEM, in Regards croisés sur l'économie mixte, p.91

[170] C.Boiteau, cité par J.F Boudet, op.cit.p.92

- dans la constitution du chiffre d'affaires des sociétés, qui sont de plus en plus contraintes à :
    - o rechercher de nouveaux donneurs d'ordres dans un périmètre qui dépasse le périmètre géographique de leurs actionnaires,
    - o se diversifier auprès de donneurs d'ordres privés en mettant en valeur leurs atouts et savoir-faire,
    - o se positionner et monter des opérations propres en association avec des partenaires privés.
- dans leur mode de travail, elles doivent rechercher une productivité suffisante pour rester compétitives en réduisant leurs coûts fixes et en s'ajustant au prix de la concurrence privée,
- dans la composition de leur offre qui doit plus que jamais répondre à la demande. Les SEM doivent se positionner comme apporteur de solutions globales (sur des montages innovants que ce soit aux niveaux juridiques, techniques et financiers), et comme accélérateur de projets.

A l'image de la dynamique territoriale, l'économie mixte est à la croisée des chemins. Banalisée sous l'effet de la création de nouveaux modes de gestion publique (SPL, Contrat de partenariat public privé), elle est contrainte à s'adapter afin de pouvoir conserver des compétences et des capacités réelles dans un contexte de réduction des coûts et des marges. Si la création de la SEM à opération unique en 2014, a revalorisé la formule de l'économie mixte pour les collectivités territoriales et fait taire les cassandres qui prédisaient sa disparition, la dynamique de l'économie mixte de la région Occitanie doit se réinventer. Elle doit rechercher une taille critique financière adaptée aux projets qui lui sont confiés. C'est à la fois à un changement d'échelle et de philosophie de gouvernance à laquelle l'économie mixte est aujourd'hui conviée en se recentrant résolument sur le projet qu'elle a pour mission de réaliser.

Seconde Partie
Une dynamique de l'économie mixte à la croisée des chemins : vers un mode de partenariat entre actionnaires publics-privés, recentré sur le projet ?

La dynamique de l'économie mixte est indissociable de celle de la décentralisation et du lent mouvement d'affirmation des collectivités territoriales. La Fédération des EPL, qui fête en 2016 ses soixante ans d'existence, rappelle cette longue histoire en distinguant rétrospectivement quatre périodes : celle de la genèse (1956-1973), celle de l'affirmation des élus locaux face à l'Etat (1973-1981), celle de l'envol (1982-2001) et celle de la métamorphose (2002-2016).

Des liens indissolubles unissent[171] collectivités territoriales et économie mixte : « le but d'une SEM est de rendre service aux collectivités locales. Elles ne permettent pas de tout faire. Mais, par leur intermédiaire, les collectivités locales peuvent agir en fonction des caractéristiques du terrain tout en bénéficiant du dynamisme de l'entreprise de droit privé [172]». Par essence, l'économie mixte locale a toujours été assimilée par le législateur au support d'une action économique souple pour les collectivités territoriales, un mode de gestion d'un grand nombre d'actions possibles. La dynamique de l'économie mixte s'inscrit toujours dans un contexte économique et financier circonscrit un cadre réglementaire et institutionnel délimité et un territoire donné.

[171] S.Brameret, Les relations des collectivités territoriales avec les SEML, in Pouvoirs locaux, n°90, 11/2011, p.33 et suiv.
[172] P.Girod, 40 ans de Sociétés d'économie mixte en France, Economica, 1988, p.296-297.

Comme nous l'avons vu dans la première partie, l'économie mixte régionale a bénéficié ces dernières années d'un contexte favorable : hausse des dépenses des collectivités plus rapide que la croissance du PIB, faiblesse des taux d'intérêt et de la charge de la dette, dynamisme des recettes des collectivités territoriales, augmentation de l'investissement et de la commande publique dans un objectif de rattrapage économique, d'aménagement et d'infrastructures. Sous l'effet de la crise économique, cette situation a évolué. La réduction des ressources disponibles des collectivités territoriales fait peser des contraintes sur leur capacité à financer de nouveaux projets. Par voie de conséquence, elle hypothèque l'activité des sociétés d'économie mixte locale. Un lent mouvement de transformation de l'économie mixte régionale a commencé à s'opérer depuis cinq ans avec l'augmentation des liquidations de sociétés d'aménagement dans les zones rurales de la région Occitanie et la transformation ponctuelle de SEM en SPL d'aménagement sur le littoral languedocien.

A ce contexte économique et financier s'ajoute la réforme institutionnelle de l'organisation territoriale de la République, initiée à compter de 2010[173] pour rendre plus efficace l'action publique territoriale et « adapter le paysage institutionnel aux défis de notre temps ». Ce mouvement de réformes institutionnelles a abouti aux lois de modernisation de l'action publique territoriale (Maptam)[174] en 2014, de délimitation des régions[175] en janvier 2015 et de nouvelle organisation territoriale de la République (NOTRe)[176] le 7 août 2015. Il répond au constat « d'un paysage institutionnel fragmenté qui a vu s'empiler au fil du temps un très grand nombre de structures

[173] Loi n°2010-1563 du 16 décembre 2010 de réforme des collectivités territoriales qui inscrit l'obligation dans chaque département d'élaborer un schéma départemental de coopération intercommunale, obligeant toutes les communes à être rattachée à un EPCI comptant un seuil minimal de population.

[174] Loi n° 2014-58 du 27 janvier 2014 de modernisation de l'action publique territoriale et d'affirmation des métropoles qui clarifie les compétences et organise la coordination des acteurs territoriaux en définissant notamment des collectivités territoriales chefs de file par modification de l'article L. 1111-9 du CGCT,

[175] Loi n° 2015-29 du 16 janvier 2015 relative à la délimitation des régions, aux élections régionales et départementales et modifiant le calendrier électoral qui modifie l'art. L.4111-1 du CGCT.

[176] Loi n° 2015-991 du 7 août 2015 portant nouvelle organisation territoriale de la République confie de nouvelles compétences aux régions, renforce l'intercommunalité en relevant le seuil des EPCI et redéfinit clairement les compétences attribuées à chaque collectivité territoriale.

administratives intervenant dans la gestion des territoires… et l'enchevêtrement des compétences. … Du fait de la multiplication des acteurs et des législations spéciales, la plupart des compétences sont partagées entre plusieurs collectivités territoriales ou encore entre elles et l'Etat. Les excès de la pratique des financements croisés, qui en est largement le corollaire, ajoutent encore un peu plus à la complexité. Il en résulte une perte d'efficacité pour l'action publique…, un coût élevé pour le contribuable, un manque de lisibilité pour le citoyen et une lassitude des élus locaux de terrain »[177].

Ces contraintes nouvelles affectent nécessairement la dynamique de l'économie mixte régionale. Il s'agit donc de voir comment ces contraintes nouvelles influent sur la dynamique de l'économie mixte régionale ? Quels sont les impacts du nouveau paysage institutionnel sur la composition de l'économie mixte régionale ? Qu'est-ce qui est envisageable, comment et avec quelle collectivité ? Dans quelle mesure cette nouvelle donne territoriale, si elle est bien confirmée par le Conseil constitutionnel, ne constituerait-elle pas, *in fine*, une opportunité, plus qu'une contrainte au moment même où les structures juridiques de l'économie mixte sont remodelées sous l'impulsion du législateur et de nouvelles règles de droit de l'Union européenne ? (Titre I).

La dynamique de l'économie mixte régionale est à la croisée des chemins. Face à la nouvelle donne territoriale, l'économie mixte est amenée à se recomposer, s'ajuster. Nous avons constaté dans la première partie que les collectivités territoriales de la région Occitanie s'étaient totalement approprié l'économie mixte comme un mode de gestion des services publics. Néanmoins, cette dynamique contraste avec une utilisation perfectible. Dans quelle mesure les réformes institutionnelles et juridiques constituent-elles une opportunité pour instaurer une bonne pratique de l'économie mixte dans la région Occitanie ? Quelles sont les conditions d'un recours optimisé à l'économie mixte ? Quels effets pourraient en découler ? Et si, derrière ce recours optimisé, l'enjeu n'était pas tout simplement de comprendre comment instaurer un partenariat public privé institutionnalisé, dont en théorie, la société d'économie mixte est l'archétype ? (Titre II).

---

[177] Exposé des motifs du projet de loi de réforme des collectivités territoriales, NOR : IOCX0922788L/Bleue-1, novembre 2010.

Titre 1 - La loi NOTRe et les réformes juridiques récentes : une opportunité pour structurer une nouvelle dynamique de l'économie mixte régionale

Parmi les textes législatifs adoptés ces deux dernières années, trois textes sont en mesure de modifier en profondeur le paysage de l'économie mixte au niveau national et régional :

- la loi n° 2014-744 du 1er juillet 2014 permettant la création de sociétés d'économie mixte à opération unique (SEMOP),
- la loi n° 2015-991 du 7 août 2015 portant nouvelle organisation territoriale de la République,
- l'ordonnance n° 2015-899 du 23 juillet 2015 relative aux marchés publics et son décret n° 2016-360 du 25 mars 2016.

En apparence, ces trois textes ne traitent pas directement de l'économie mixte, à l'exception de la loi du 1er juillet 2014 portant création des SEMOP. Ils n'en sont pas moins liés les uns aux autres. La conjonction de leur application peut contribuer à la recomposition de la dynamique régionale de l'économie mixte.

La loi NOTRe est en mesure de modifier en profondeur le paysage institutionnel français. Elle procède d'une volonté de recomposition territoriale de la République. Son application influera assurément sur la dynamique de l'économie mixte régionale *a fortiori* dans la Région Occitanie, née de la fusion des anciennes régions Languedoc-Roussillon et Midi-Pyrénées. Outre la recomposition des outils d'économie mixte de ces deux anciennes régions, la loi NOTRe appelle des solutions nouvelles pour assurer le développement des territoires qui la composent. Le paysage régional de l'économie mixte pourrait s'en trouver transformé (Chapitre 1).

Cette recomposition territoriale s'inscrit dans un nouveau contexte réglementaire de la commande publique qui n'a pas encore produit tous ses effets jurisprudentiels, au moment même où sont créées les premières SEM à opération unique issues du nouveau régime juridique introduit par la loi du 1er juillet 2014. La dynamique de l'économie mixte devrait en ressortir raffermie (Chapitre 2).

Chapitre 1 - Les impacts juridique de la loi NOTRe sur l'économie mixte régionale

La loi NOTRe correspond au troisième volet de l'acte III de la décentralisation. Celui-ci s'articule autour de la loi de modernisation de l'action publique territoriale et d'affirmation des métropoles (MAPTAM) du 27 janvier 2014 et de la loi relative à la délimitation des régions du 16 janvier 2015. C'est en application de cette dernière qu'est née la Région Languedoc-Roussillon – Midi-Pyrénées qui a pris le nom de Région OCCITANIE / Pyrénées-Méditerranées, le 24 juin 2016, suite au vote de l'assemblée plénière du Conseil régional. Parallèlement, une nouvelle carte des intercommunalités est en cours de mise en place. Elle sera effective à compter du 1er janvier 2017 après adoption des schémas de coopération intercommunale (SDCI)[178].

La Loi NOTRe prolonge le processus de décentralisation qui a contribué à renforcer les collectivités territoriales dans le fonctionnement de l'économie. Elle comporte trois dispositions majeures :

- le renforcement des régions,
- le renforcement des intercommunalités,
- la limitation des interventions économiques des départements.

La réforme territoriale s'inscrit dans une réflexion sur le rôle des différents échelons institutionnels territoriaux et leur impact sur le fonctionnement de l'économie locale. Un des enjeux de la réforme territoriale est d'adapter la carte territoriale à la géographie de

---

[178] Art.33 et 35 de la Loi NOTRe modifiant l'art.L.5210-1 du CGCT et prévoyant la « constitution d'établissements publics de coopération intercommunale à fiscalité propre regroupant au moins 15 000 habitants ; toutefois, ce seuil est adapté, sans pouvoir être inférieur à 5 000 habitants pour les établissements publics de coopération intercommunale à fiscalité propre ainsi que pour les projets d'établissement public de coopération intercommunale à fiscalité propre : a) dont la densité démographique est inférieure à la moitié de la densité nationale, au sein d'un département dont la densité démographique est inférieure à la densité nationale ; le seuil démographique applicable est alors déterminé en pondérant le nombre de 15 000 habitants par le rapport entre la densité démographique du département auquel appartiennent la majorité des communes du périmètre et la densité nationale ; b) dont la densité démographique est inférieure à 30 % de la densité nationale ».

l'économie pour mieux prendre en compte les externalités et accroître l'efficacité de l'action publique. Il s'agit de « créer des structures territoriales des aires urbaines moins fragmentée… qui aurait un effet positif sur la productivité ». Dans la même perspective, la réforme repose sur la conception que « la région, à condition d'être suffisamment grandes et économiquement cohérentes, semble être l'échelon pertinent pour organiser une stratégie économique et assurer la répartition de l'activité sur son territoire »[179].

Tandis que les métropoles et les intercommunalités semblent être l'échelon approprié pour faciliter les rapports économiques quotidiens, la région, avec son périmètre plus large, se voit confier un rôle moteur dans l'orientation stratégique et dans l'équipement économique du territoire.

La loi NOTRe instaure une nouvelle répartition des compétences adaptée à la géographie de l'économie. Elle insuffle également une nouvelle manière d'articuler les compétences entre échelons pour gagner en efficience. Elle supprime ainsi la clause générale de compétence des régions et des départements, qui ne s'applique désormais qu'aux communes.

La réforme territoriale instaure une nouvelle donne territoriale qui n'est pas sans affecter en profondeur la dynamique de l'économie mixte régionale. Elle appelle la recomposition des sociétés d'économie mixte sous l'effet de la suppression de la clause de compétence générale ou des transferts de compétences opérés des départements à la région ou des communes ou intercommunalités (Section 1).

Les nouvelles cartes régionales, mais aussi intercommunales sont l'occasion de rationaliser les sociétés d'économie mixte existantes. La réforme au final constitue une opportunité pour repenser l'économie mixte à la bonne échelle (Section 2).

---

[179] Lettre Trésor-Eco, une approche économique de la réforme territoriale, n°154, octobre 2015.

Section 1 - La loi Notre et la recomposition de l'économie mixte locale

Avec la suppression de la clause de compétence générale, la loi NOTR a pour objectif de clarifier la répartition des compétences obligatoires et des compétences facultatives, qui prévalait jusqu'à présent. Cette répartition est remplacée par la distinction entre des compétences spécialisées et des compétences partagées, notamment pour ce qui concerne le département et la région.

La Loi NOTRe conduit les collectivités à s'interroger sur leurs nouveaux périmètres d'actions pour délimiter les politiques à conduire tout particulièrement dans le secteur des services publics industriels et commerciaux.

A – Les effets de la loi NOTRe sur les périmètres d'actions des collectivités territoriales

La Loi NOTRe reconnaît la région comme « la collectivité territoriale responsable sur son territoire de la définition des orientations en matière de développement économique[180]... à cette fin la région élabore et adopte un schéma régional de développement économique, d'innovation et d'internationalisation (SRDEII) organisant la complémentarité des actions menées par la région en matière d'aides aux entreprises, avec les actions menées par les collectivités territoriales et leurs groupements » comme le prévoit désormais l'article L.4521-13 du CGCT.

Par ailleurs, la région est désormais la seule collectivité compétente en matière d'aides aux entreprises, y compris en difficulté. Les communes peuvent intervenir sur ce champ de compétence par convention passée avec la région[181].

Elle se voit, en outre, reconnaître des prérogatives renforcées en matière d'aménagement du territoire. Elle élabore un schéma régional

[180] Article 2 de la loi NOTRe modifiant l'art.L.4521-12 du CGCT.

[181] Art.3 de la loi NOTRe modifiant l'art. L. 1511-2.-I du CGCT qui indique « Sous réserve des articles L. 1511-3, L. 1511-7 et L. 1511-8, du titre V du livre II de la deuxième partie et du titre III du livre II de la troisième partie, le conseil régional est seul compétent pour définir les régimes d'aides et pour décider de l'octroi des aides aux entreprises dans la région. Dans le cadre d'une convention passée avec la région, la métropole de Lyon, les communes et leurs groupements peuvent participer au financement des aides et des régimes d'aides mis en place par la région ».

d'aménagement, de développement durable et d'égalité des territoires (SRADDET). Ce schéma intégrateur et prescriptif, codifié à l'article L.4251-1 du CGCT, fixe des objectifs de moyen et de long terme en matière « d'équilibre et d'égalité des territoires, d'implantation des différentes infrastructures d'intérêt régional, de désenclavement des territoires ruraux, d'habitat, de gestion économe de l'espace, d'inter modalité et de développement des transports, de maîtrise et de valorisation de l'énergie, de lutte contre le changement climatique, de pollution de l'air, de protection et de restauration de la biodiversité, de prévention et de gestion des déchets... Le schéma peut fixer des objectifs dans tout autre domaine contribuant à l'aménagement du territoire lorsque la région détient, en application de la loi, une compétence exclusive de planification, de programmation ou d'orientation et que le conseil régional décide de l'exercer dans le cadre de ce schéma, par délibération prévue à l'article L. 4251-4. Dans ce cas, le schéma tient lieu de document sectoriel de planification, de programmation ou d'orientation ». Ce schéma est opposable aux documents locaux de planification (SCOT, PLU, PCAET) suivant un rapport de compatibilité.

Enfin, la réforme territoriale opère des transferts de plusieurs compétences :

- des transferts de compétences départementales aux régions (en vertu de l'article 15, 17 et 22 de la Loi NOTRe) pour :
    - l'ensemble des transports non-urbains et infrastructures afférentes,
    - les ports départementaux sauf demande expresse des départements,
- des transferts de compétences « impératifs *in concreto* » vers les EPCI ou les métropoles (en vertu de la loi MAPTAM) pour :
    - l'eau potable, l'assainissement (EPCI)
    - la distribution d'électricité (métropoles)
    - à l'exception de l'aménagement numérique et de la gestion des déchets qui doivent néanmoins être mis en cohérence avec le SRADDET.

Toutefois, la loi NOTRe ne reconnaît pas une compétence exclusive à la région en matière de tourisme, qui reste une compétence partagée sans subordination du bloc local vis-à-vis de la région ou des départements, tout comme la culture et le sport. La principale collectivité concernée par cette suppression de la clause de compétence générale est le département. En modifiant la rédaction de l'article L. 3211-1 du CGCT[182], l'article 74 de la loi NOTRe a supprimé la clause générale de compétence des départements qui leur permettait d'intervenir dans toutes les affaires intéressant l'échelon départemental. Dès lors que celle-ci est supprimée, ses compétences en matière de développement économique et d'aménagement lui sont retirées. Le département se voit réaffirmer ses compétences en matière d'action sociale, mais aussi de solidarité et de cohésion territoriale lorsque l'initiative privée est défaillante ou absente. C'est notamment le cas pour le financement des opérations d'investissement en faveur des entreprises de services marchands nécessaires aux besoins de la population en milieu rural, dont la maîtrise d'ouvrage est assurée par les communes ou EPCI.

En vertu de la loi, le département n'intervient plus en matière de développement économique que par dérogation (au titre de solidarité et cohésion territoriale) ou sur délégation des aides prévue à l'article L.1511-3 du CGCT par dérogation aux compétences des régions et EPCI. Pour les compétences clairement transférées à de nouvelles collectivités, les dispositions de l'article 133 de la loi NOTRe prévoient une application dans un délai d'un an à compter de la promulgation de la loi.

Avec la suppression de la clause de compétence générale, la liste des compétences d'attribution du département s'est trouvée réduite. C'est là une des raisons qui a motivé l'assemblée des départements de France à déposer en février 2016 devant le Conseil d'Etat deux requêtes pour excès de pouvoir tendant à l'annulation de deux circulaires du Ministère de l'Intérieur limitant les marges de manœuvre des départements dans le champ économique. L'une

[182] Art L.3211-1 CGCT : « Le conseil départemental règle par ses délibérations les affaires du département dans les domaines de compétences que la loi lui attribue. / Il est compétent pour mettre en œuvre toute aide ou action relative à la prévention ou à la prise en charge des situations de fragilité, au développement social, à l'accueil des jeunes enfants et à l'autonomie des personnes. Il est également compétent pour faciliter l'accès aux droits et aux services des publics dont il a la charge. / Il a compétence pour promouvoir les solidarités et la cohésion territoriale sur le territoire départemental, dans le respect de l'intégrité, de l'autonomie et des attributions des régions et des communes ».

d'entre elles porte sur la constitutionnalité de la suppression totale de la clause de compétence générale. Si le Conseil d'Etat a rejeté, le 14 avril 2016, les requêtes pour motif d'absence d'urgence, il a décidé, le 20 juin 2016, de renvoyer au Conseil constitutionnel la question prioritaire de constitutionnalité[183] (QPC) portant sur la conformité à la Constitution de l'article L. 3211-1 du CGCT dans sa version issue de la loi NOTRe. Dans le cadre de cette QPC, il est soutenu que cette suppression méconnaît l'article 72 de la Constitution consacrant la libre administration des collectivités territoriales « en privant les conseils départementaux de la compétence générale qu'ils détenaient auparavant d'intervenir dans les matières, qui n'avaient pas été attribuées par la loi à d'autres personnes ou collectivités publiques, afin de prendre des décisions ou de créer des services publics répondant à un intérêt public et aux besoins de la population ».

Le Conseil Constitutionnel s'est prononcé[184] sur cette QPC le 16 septembre 2016. Le Conseil a déclaré conforme à la Constitution la suppression de la clause générale de compétence pour les départements. Il a jugé que le troisième alinéa de l'article 72 de la Constitution n'implique pas que les collectivités territoriales doivent pouvoir intervenir dans les domaines pour lesquels aucune autre personne publique ne dispose d'une compétence attribuée par la loi. Elle peut expliquer l'attentisme qui a prévalu jusqu'à présent : « la disparition de la clause générale de compétence ne vaut que pour l'avenir et n'attribue pas d'exclusivité d'exercice pour toutes les compétences possibles, elle ne doit pas avoir pour effet d'obliger à un transfert massif et généralisé de toutes les actions détenues par les communes et les départements vers les intercommunalités ou les régions [185]».

---

[183] CE, 20/06/2016, Assemblée des Départements de France, req..n° 397366.

[184] Décision du Conseil Constitutionnel n° 2016-565 QPC du 16 septembre 2016. « Le troisième alinéa de l'article 72 de la Constitution n'implique pas, par lui-même, que les collectivités territoriales doivent pouvoir intervenir dans les domaines pour lesquels aucune autre personne publique ne dispose d'une compétence attribuée par la loi. D'autre part, compte tenu de l'étendue des attributions dévolues aux départements par les dispositions législatives en vigueur, qu'il s'agisse de compétences exclusives, de compétences partagées avec d'autres catégories de collectivités territoriales ou de compétences susceptibles d'être déléguées par d'autres collectivités territoriales, les dispositions contestées ne privent pas les départements d'attributions effectives ».

[185] Note juridique Fédération des EPL, nov.2015- Loi NOTRe : compétences des départements

Malgré cette incertitude juridique, la question du devenir des SEM départementales est aujourd'hui posée, que l'objet social relève du champ de compétences du département ou pas.

B - Quel avenir pour les SEM départementales ?

Le département est un acteur important de l'économie mixte, dont il accompagne la dynamique depuis sa création tout particulièrement dans la région Occitanie : 34% des sociétés d'économie mixte de la région ont le département parmi leur actionnaire, contre 25% au niveau national. Ce chiffre est néanmoins à relativiser au regard de l'actionnariat de référence : seulement 13% des SEM de la région Occitanie ont pour actionnaire majoritaire un des 13 départements de la Région contre 20% en moyenne au niveau national.

La Région Occitanie compte, en 2016, 8 SEM départementales, réparties sur 6 départements de la région (si l'on exclue les SEM en liquidation) :

- 8 SEM d'aménagement dont 4 en liquidation (SEM Gers, la SEM 12, la SEMATEG (82), la SEM LDA(46)) et 4 qui conservent un volet d'activité satisfaisant :
    - SEM Thémélia (81),
    - Roussillon aménagement (66),
    - la SEGARD (30),
    - Hérault aménagement (34)
- 4 SEM de services/gestion :
    - la SEM Lot aide à domicile (46) sur l'action sociale,
    - la SELO (48) sur le tourisme
    - Abattoir du Gévaudan (48) sur le développement économique
    - E tera (81) sur l'aménagement numérique

Les départements de la région ont également des participations variables dans vingt autres SEM dont :

- 5 SEM d'aménagement (BR, CACG, SEBLI, SERM, SEMABATH)
- 15 SEM de services et gestion dont :
    - 4 SEM d'infrastructure : SEM air 12, SEMMIN, SOMMIMOM Mercadis, Perpignan St Charles conteneur

- 5 SEM de tourisme, sport : SEMTTAX, Sogatherm, SPLETH, SEMPA Nogaro (circuit automobile), N PY,
- 2 SEM d'attractivité : Montpellier events, Sud de France développement
- 3 SEM de réseaux et ENR : SEM PSP (31,65), SEMPER (34), E Tera (32,46)
- La SEM crématiste catalane

auxquelles il faut ajouter des participations majoritaires ou minoritaires dans les SPL PO Aménagement, Territoire 34, L'or aménagement, la SMAT (31), la SPL d'un point à l'autre (81), la SPLA des portes du Tarn (81), la SPL Eaux Barousse Comminges (CD 32).

Environ 65% des SEM départementales de la région Occitanie évoluent dans le secteur économique, que ce soit au niveau de l'aménagement ou la gestion d'infrastructures économiques. 20% se situent sur le secteur du tourisme ou du sport. 15% seulement ont une activité liée à la solidarité et à la cohésion territoriale.

La loi NOTRe prévoit au §VII de l'article 133 que « le département actionnaire d'une société d'économie mixte locale ou d'une société publique locale d'aménagement dont l'objet social s'inscrit dans le cadre d'une compétence que la loi attribue à un autre niveau de collectivité territoriale ou à un groupement de collectivités territoriales peut continuer à participer au capital de cette société à condition qu'il cède, dans l'année qui suit l'entrée en vigueur de la présente loi, à la collectivité territoriale ou au groupement de collectivités territoriales bénéficiaire de cette compétence plus des deux tiers des actions qu'il détenait antérieurement »[186]. Cette disposition permet donc au département de continuer à participer au capital des SEM dont l'objet social ne correspond plus à une compétence de droit, tel que le développement économique. En revanche, « lorsque la SEM est constituée pour un objet social unique qui se fondait sur la clause de compétence générale, le non-rachat des parts sociales du département

[186] L'organisation de l'évolution de l'actionnariat des SEM n'est pas une nouveauté de la loi NOTRe. La loi du 2/01/2002 tendant à moderniser le statut des SEM et la loi du 27/01/2014 dite MAPTAM contiennent d'ores et déjà de telles dispositions.

par un tiers pourrait conduire à la dissolution de la société au motif que l'objet social de celle-ci serait devenu inaccessible[187] ».

L'impact de la NOTRe sur l'actionnariat des SEM de la région Occitanie diffère en fonction de la nature de la compétence considérée. Il faut distinguer plusieurs cas de figure en fonction des secteurs d'activité concernés :

- L'action sociale : le département est confirmé comme chef de file, les rares SEM départementales œuvrant sur ce secteur ne sont pas affectées, comme la SEM Lot aide à domicile. Le recours à l'économie mixte par les départements pourrait se voir même conforter dans ce secteur au regard des enjeux qui peuvent se faire jour en matière de restructuration du parc immobilier des EHPAD, dont certains sont déjà portés par des SEM communales (SEM Belle visite à St Gély du Fesc, Les Petits loups du Gévaudan à Marvejols ou la Mapad de Serviès).
- En matière de tourisme, culture et sport qui relèvent désormais de compétences partagées, le département pourra conserver la majorité du capital des sociétés spécialisées dans ces secteurs d'activités. Il y aura donc peu de transferts impératifs *in concreto*, même si l'élargissement de l'actionnariat à d'autres collectivités serait utile.
- les réseaux et la mobilité :
    - des transferts de compétence sont prévus pour l'eau et l'assainissement aux EPCI, les transports aux régions : les SEM départementales agissant dans ces domaines d'activité devraient voir leur actionnariat évoluer.
    - à l'inverse, le devenir des SEM départementales spécialisées dans l'aménagement numérique et les déchets sera fonction des orientations et des décisions que le conseil régional arbitrera au niveau du SRADDET

- l'aménagement et le développement économique : le transfert d'actions au 2/3 s'impose exclusivement pour un transfert de compétences intégral et explicite qui recouvrirait l'objet social de la SEM concernée. Pour les SEM départementales de la région Occitanie, des transferts d'actions sont à prévoir.

[187] Question parlementaire n°1402, Réponse du ministre de l'aménagement du territoire, de la ruralité et des collectivités territoriales, publiée au JO le 19/04/2016.

Les transferts d'actions ne pourront se faire qu'après une analyse *in concreto* de différents critères :

- la stratégie de la région ou des EPCI concernés par le transfert en ce qui concerne l'utilisation de l'outil d'économie mixte,
- la volonté de la collectivité désormais compétente d'exercer ou non cette compétence dans le cadre de la SEM à reprendre,
- la corrélation entre le taux de détention de capital par la collectivité et sa contribution au chiffre d'affaires de la SEM (dès lors que la région s'est substituée au département en tant que principal apporteur d'affaires, il serait logique que le département ne puisse se maintenir comme actionnaire majoritaire,
- la nécessité de faire en sorte que l'objet social de la SEM reflète au mieux l'activité réelle de la structure et la nécessité de respecter la loi quant au caractère complémentaire des compétences exercées par la SEM.

A ce stade, l'association des départements de France et la fédération des EPL sont très prudentes sur ces transferts de participations. Elles considèrent que l'obligation de cession ne s'applique pas aux sociétés dont l'objet social coïncide avec au moins une compétence départementale maintenue, partagée ou faisant l'objet d'un « chef de filat ». « Aucune disposition n'implique donc, [selon elles], de prise de décision précipitée aussi bien de la part des départements que des EPL[188] ».

Pour autant, dans la mesure où le département n'aurait pas cédé dans les temps impartis[189] au moins 2/3 de ses participations, il existe un risque juridique de dissolution de la SEM sous l'effet :

- du contrôle de légalité limité à un strict contrôle juridique de la conformité à la loi qui pourrait :
    - o être amené à déférer devant le juge administratif tous les actes de la SEM pour cause de non-respect du rattachement aux compétences reconnues par la loi aux collectivités actionnaires,

[188] Courrier des Présidents de l'ADF et de la Fédération des EPL en date du 2 mars 2016 aux Présidents des Conseils départementaux et Présidents Directeurs généraux d'EPL.

[189] 9/08/2016 dans le cas où le département participait au capital d'une SEM sur le fondement de la clause générale de compétence et 31/12/2016 pour les SEM dont l'objet social est le développement économique – Rappelé dans la réponse à la question parlementaire n°1402.

- o empêcher l'élargissement de l'objet social, au titre du contrôle du projet de modification de l'objet social et de la décision préalable de l'AG de la SEM approuvant la modification

- du recours des tiers, intenté par des concurrents évincés lors de l'attribution d'un marché du département à sa SEM, en arguant que le département n'a plus la compétence pour conclure le contrat en cause.

Il en résulte un risque, même s'il n'est pas certain, d'inertie pour la SEM dont le département actionnaire ne se serait pas mis en conformité avec les obligations de cession.

Dans la région Occitanie, ce risque d'inertie est limité. Le mouvement de recomposition des SEM départementales est déjà amorcé :

- les SEM départementales d'aménagement ont quasiment disparu de l'ex territoire Midi-Pyrénées à l'exception de la SEM Thémélia qui vient de modifier ses statuts pour étendre son activité à d'autres territoires et diluer ainsi progressivement l'actionnariat majoritaire du département du Tarn,
- Le département du Gard a décidé, en juin 2016, de procéder à la cession d'une partie des actions de la SEGARD dont il détient 80%, à d'autres collectivités[190].
- Restent Hérault aménagement créée en 1964 à l'initiative du département et la SEM Roussillon aménagement pour lesquelles des considérations plus politiques et psychologiques qu'économiques devraient jouer dans des territoires déjà bien dotés en SEM d'aménagement, et dans lesquels les outils d'économie mixte sont depuis longtemps en concurrence les uns vis-à-vis des autres.

C – Les conséquences patrimoniales et financières de la Loi NOTRe

La recomposition des SEM départementales au travers des cessions d'actions qui devraient être opérées aura des conséquences patrimoniales et financières sur les collectivités concernées, tant au niveau de l'acquéreur que du cédant. La Fédération des EPL et l'ADF ne manquent pas de rappeler dans leur courrier du 2 mars 2016 :

- « le vendeur et la collectivité acquéreur doivent s'entendre sur le prix de cession, cette dernière devant s'opérer à titre onéreux ».

---

[190] Lettre M, n°1429, 7/06/2016.

- « Toute cession [d'actions] doit prendre en compte les enjeux financiers des parties concernées. Il convient que la collectivité acheteuse des actions respecte les ratios financiers applicables aux collectivités notamment au regard des garanties d'emprunts » en cas de reprise de garantie des emprunts par la collectivité acheteuse.

Dans la pratique, la cession des parts de SEM d'une collectivité territoriale à une autre est souvent admise à la valeur nominale des actions. Cette position est justifiée par les collectivités en raison de :

- La qualité de collectivités publiques soucieuses d'éviter d'alourdir de manière trop importante le budget de la collectivité cessionnaire
- Le constat, partagé entre collectivités, que le gain essentiel qui résulte de l'activité d'une SEM sur un territoire est constitué par les retombées globales de cette activité aux plans économique et social pour le territoire.

Toutefois, la collectivité cédante peut choisir de s'appuyer sur une méthode de valorisation à partir d'éléments objectifs d'évaluation de la valeur de la société (situation nette et actif net réévalué). Cette méthode de valorisation à la valeur nette comptable et non à la valeur nominale peut se justifier dans le cas d'une collectivité qui souhaiterait défendre l'intérêt de ses contribuables, valoriser l'accompagnement de long terme qu'elle a pu réaliser auprès de la SEM, mais aussi qui souhaiterait appliquer le principe de l'absence d'enrichissement sans cause.

Lorsque la valeur nominale et *a fortiori* la valeur nette de la société d'économie mixte est importante, les sommes à débourser par les collectivités territoriales acquéreuses peuvent poser des difficultés financières et affecter *de facto* leur budget d'investissement annuel. A titre d'illustration, la valeur nominale des parts du Département de l'Hérault dans le capital de la SEM Hérault aménagement (79%) représentent 6,9M€, celles du département des Pyrénées Orientales dans la SEM Roussillon aménagement (64%) représentent une valeur nominale de 1,55M€.

Sauf disposition contraignante figurant dans les statuts de la société ou dans un pacte d'actionnaires opposable à la collectivité cédante, la cession des actions d'une SEM est par principe librement négociable de gré à gré entre associés. Le prix de cession n'est en principe pas opposable à un tiers. Il ne constitue pas en principe une valorisation de référence susceptible de s'imposer dans d'autres contextes de cessions. Cette question patrimoniale va se poser avec acuité dans les prochains mois pour les SEM départementales.

La question patrimoniale est également prégnante pour les SEM détenues par des intercommunalités qui sont amenées à fusionner avec d'autres établissements publics de coopération intercommunale.

La loi n° 99-586 du 12 juillet 1999 a posé comme principe[191] que le transfert de compétences entraîne le transfert à l'EPCI des biens, équipements et services publics nécessaires à leur exercice ainsi que de l'ensemble des droits et obligations qui y sont attachés. En vertu de l'article L. 5211-5 du CGCT *:* « le transfert des compétences entraîne de plein droit l'application à l'ensemble des biens, équipements et services publics nécessaires à leur exercice, ainsi qu'à l'ensemble des droits et obligations qui leur sont attachés à la date du transfert, des dispositions des trois premiers alinéas de l'article L. 1321-1, qui rendent obligatoire la mise à disposition de l'EPCI ou du syndicat mixte des biens meubles et immeubles utilisés à la date du transfert, pour l'exercice des compétences concernées ».

L'établissement public de coopération intercommunale est substitué de plein droit, à la date du transfert des compétences, aux communes qui le créent dans toutes leurs délibérations et tous leurs actes. La mise à disposition qui s'applique lors de la mise en œuvre des procédures dérogatoires d'extension de périmètres[192], constitue le régime de droit commun obligatoire applicable aux transferts des équipements dans le cadre de l'intercommunalité. Ce transfert ne constitue pas un transfert en pleine propriété, mais simplement la transmission des droits et obligations du propriétaire, qui sont un démembrement du droit de propriété. Le bénéficiaire d'une mise à disposition ne dispose ni du droit d'aliéner le bien, ni de droits réels sur les constructions qu'il édifie sur ce bien[193].

La mise à disposition, sans transfert de propriété, ne donne lieu à aucune indemnité, droit, taxe, salaire ou honoraires : elle a lieu à titre gratuit. La loi ne prévoit pas davantage que les biens du domaine des

---

[191] Cf. articles L. 5211-17 (extension de compétences) et L. 5211-18 (extension de périmètre) et L. 5711-1 et L.5721-6-1 (syndicats mixtes) du CGCT.
[192] Cf. articles L. 5211-41-1, L. 5216-10 et L. 5215-40-1 du CGCT.
[193] CE, 6 mai 1985, Association Eurolat et Crédit Foncier de France

communes puissent faire l'objet d'un contrat de location entre la commune et l'EPCI.

Les questions patrimoniales pourraient faire l'objet de nombreux débats pour les collectivités détenant des parts dans des sociétés immobilières. Dans la région Occitanie, sont notamment concernées :

- La SEM Forum d'entreprises de Revel détenue à 50% par la commune de Revel représentant une valeur nominale de 670K€,
- La SEMIP de Peyragude dont le capital est détenu majoritairement (pour environ 200K€ de valeur nominale) par la petite Communauté de communes de la Vallée du Louron en cours de fusion. La SEM génère un chiffre d'affaires de l'ordre 340K€/an et porte un actif estimé à 1,6M€,
- La SEMI de Tarbes qui détient un patrimoine de 1.240 logements locatifs sociaux sur Tarbes, détenu majoritairement par la ville de Tarbes (58%)
- La SEM immobilière de la Vallée de l'Hers, au capital de 2,5M€, détenue à 54% par la commune de Castanet-Tolosan.

La nouvelle répartition des compétences entre les collectivités territoriales et leurs groupements va induire des modifications de l'actionnariat des sociétés d'économie mixte. Si aujourd'hui l'attentisme prévaut quant à la restructuration de l'économie mixte, le mouvement de recomposition est néanmoins amorcé. Pour éviter de le subir, mieux vaut l'anticiper.

Section 2 - La fusion des régions et la rationalisation des outils : repenser l'économie mixte à l'échelle régionale

Au 31/12/2015, la région Occitanie détient un portefeuille de 16 entreprises publiques locales dont 11 sociétés d'économie mixte. Cela représente un total cumulé en capital de l'ordre de 35M€ en valeur nominale avec des capitalisations très élevées dans l'ex région Languedoc-Roussillon notamment dans les SEM BRL et Montpellier Events.

La région Occitanie est présente au capital d'à peine plus d'une SEM sur dix : 12,2% des SEM ont la région à leur tour de table, contre 18% des SPL. Par ailleurs, la région est l'actionnaire de référence de seulement 4,4% des SEM de la Région et de 11% des SPL contre une moyenne nationale de 7%.

Les participations de la Région au capital des EPL de la région Occitanie

EPL	Statut	Secteur d'activité	Capital en K€	% capital détenu	1er actionnaire
Sud de France développement	SEM	Tourisme	1.031	>75%	Région
LRA	SEM	Aménagement	4.635	67%	Région
COGEMIP	SEM	Aménagement	5.161	85%	Région
BRL	SEM	Aménagement	29.588	47%	Région
CACG	SEM	Aménagement	2.100	7,10%	Département de la Haute Garonne (19%)
SEMECCEL	SEM	Tourisme	2.700	6,87%	Toulouse métropole 56%
SEMTTAX	SEM	Tourisme	2.484	23,6%	Ax les Thermes 41%
SELO	SEM	Tourisme	761		Département de la Lozère
SEM ALES	SEM	Aménagement	2.491	3,85%	CAAlès 78%
EUROPOLIA	SPL	Aménagement	900	33%	Toulouse Métropole 66%
ARPE	SPL	Aménagement	458	75,8%	Région
Midi Py Construction	SPL	Aménagement	230	>75%	Région
Montpellier events	SEM	Tourisme	35.400	35%	Montpellier Métropole 37%
LRA Développement	SPL	Aménagement	37		Région
SAAM	SPL	Aménagement	1.770	20%	Montpellier métropole
SEM abattoirs du Gévaudan	SEM	Autre	1.200	3%	Département de la Lozère 81%

Sources : annuaires des EPL – Fédération des EPL 2015

A - La Loi NOTRe constitue une invitation à repenser la stratégie de la région vis-à-vis des sociétés spécialisées à la fois dans l'aménagement et le développement économique.

Si ces deux secteurs pouvaient être jusqu'à présent appréhendés selon deux approches différentes la complexité et la complémentarité des activités conduisent à les traiter de manière transversale et complémentaire. Cette recomposition pourrait être pensée en fonction de plusieurs aspects :

1) L'objectif visé

La recomposition des outils d'aménagement et de développement économique doit être pensée en corrélation avec le projet stratégique de la région et des schémas qui seront réalisés. En fonction des territoires, les problématiques devraient diverger :

- Plan littoral 21 sur le pourtour méditerranéen,
- Plan montagne dans les Pyrénées,
- Revitalisation des centres-ville et centre bourg dans les départements ruraux,
- Plan thermalisme avec mutualisation et regroupement des outils existants pour plus d'efficience et de force promotionnelle,
- Plan ENR photovoltaïque, éolien terrestre et éolien en mer, méthanisation,
- Réhabilitation, restructuration, construction des lycées,
- Les transports interurbains,
- Le soutien à l'activité économique avec la poursuite des 17 Parcs régionaux d'activité économique (PRAE) et les 1000 ha de Zones d'intérêt régional de l'ex Midi-Pyrénées et l'amorce d'un parcours résidentiel des entrepreneurs au travers d'une offre immobilière d'activité adaptée,
- La promotion et le soutien à l'attractivité (touristique et économique) du territoire régional et de ses composantes,
- le portage d'équipements et d'immobiliers touristiques sur l'ensemble du territoire régional ou par zone géographique en lien avec les plans littoral, montage et centre bourg.

2) Les partenariats publics sur lesquels compter

En fonction des thématiques et des territoires, il existe des outils qui ont fait leur preuve. A partir d'un recensement objectif des outils départementaux ou intercommunaux, de leur force et de leur faiblesse, la région pourrait s'appuyer sur les outils les plus efficaces pour élargir leur périmètre d'intervention en recomposant leur capital social. Dans cette perspective, l'ex territoire midi pyrénéen pourrait être le territoire où la rationalisation et l'optimisation des outils existants pourraient être la plus rapide, à l'inverse du territoire languedocien et catalan encore marqué par un profond attachement aux outils historiques d'aménagement.

Des co-investissements et des partenariats pourraient être envisagés pour rendre plus efficaces les outils existants tout particulièrement en matière de portage d'immobilier d'entreprises. Aujourd'hui, sur la région, il existe deux outils similaires de portage immobilier : la SAS Patrimoniale Languedoc-Roussillon et la Société immobilière du Midi (SIM codétenue notamment par les Sociétés Thémélia et Cogemip). Pour rendre plus efficace ces deux outils, il pourrait être envisagé de les fusionner ou de choisir de développer l'un d'entre eux au profit des quatre SEM départementales de la région (Hérault Aménagement, Roussillon Aménagement, SEGARD, Thémélia) et des deux SEM régionales pour leur donner une force de frappe plus importante.

Enfin, l'histoire de la construction des SEM départementales a créé des systèmes d'articulation entre département et région. Avec les métropoles, les équilibres vont être remis en cause. Comment traiter l'articulation entre les SEM régionales et les SEM métropolitaines tout en permettant d'intervenir sur le reste du territoire départemental et avec quelle viabilité économique ?

3) Les partenaires privés susceptibles d'accompagner pour faire effet de levier

Comme nous l'avons vu dans le chapitre 2 de la première partie, la dynamique de l'économie mixte régionale est marquée par la présence de certains actionnaires privés plus engagés et impliqués que d'autres dans l'économie mixte. Toutefois, leur place dans l'actionnariat des sociétés reste souvent en deçà de la composition moyenne des SEM au niveau national. La réflexion sur la rationalisation des outils pourrait être l'occasion de redéfinir la composition du capital de ces Sociétés, notamment la quote-part au capital des actionnaires privés. Le renforcement des actionnaires privés au capital permettrait ainsi de leur octroyer une place plus importante dans la définition de la stratégie des Sociétés.

Dans cette perspective, la Caisse des Dépôts, en tant que soutien historique de l'économie mixte, est un acteur à privilégier dans la réflexion et la stratégie de rationalisation des outils. La Caisse des Dépôts peut générer des effets de levier dans la création d'outils de portage d'immobilier dédié en matière de développement économique, touristique ou énergétique, tout comme la Caisse d'épargne et le Crédit agricole fortement implantés (directement ou au travers de leurs filiales) au niveau local, mais également certains industriels majeurs comme le Groupe Airbus, la Fondation Pierre Fabre et la SEM BRL, Quadran, Transdev….

4) Les outils existants à fusionner, rationaliser ou créer *ex nihilo*

La région Occitanie est aujourd'hui actionnaire de référence de deux SPL positionnées sur le même métier : LRAD et Midi PY Construction. Ces deux SEM d'aménagement ne sont pas en revanche sur la même trajectoire de développement économique : la SEM LRA dont le chiffre d'affaires opérationnel à cinq ans représente 167M€, dégage un chiffre d'affaires annuel de l'ordre de 7,6M€. Elle apparaît beaucoup plus active que sa consœur midi pyrénéenne la COGEMIP qui dégage péniblement 1,3M€ de chiffre d'affaires au 31/12/2014.

En fonction de l'objectif visé, des partenariats publics et privés susceptibles d'être noués, le conseil régional devra déterminer :

- quelle est l'échelle d'intervention la plus appropriée ? Cette échelle sera fonction de ce que la région cherche à faire.
- Quel outil régional souhaiter pour la nouvelle région ?
- Faut-il un ou plusieurs opérateurs en fonction des problématiques territoriales soulevées ? Si oui, quelle est la viabilité économique des outils (à créer ou existants à recomposer) pour engager l'ensemble des partenaires publics et privés.
- De quelles capacités financières doter les outils pour absorber les risques liés à leurs activités ?
- En cas de maintien de plusieurs outils, quelle coordination souple et efficace mettre en place ? Sous l'égide de quelle structure juridique ? Avec quel degré d'autorité de l'outil de coordination sur les autres outils plus opérationnels ? Pour quel type de services mutualisés ?

La réussite du grand mécano industriel et financier qui s'annonce sera fonction de l'articulation des politiques de projets entre la région, les départements et métropoles et EPCI. Elle devra éviter le syndrome de la concurrence des SEM sur un même territoire. La mise en œuvre opérationnelle de ces projets gagnera à être confiée à des outils mutualisés, conçus à la bonne échelle, à la gouvernance partagée entre les collectivités et leurs partenaires privés.

B - Cette recomposition capitalistique dépend de la faculté des régions à prendre des participations dans des sociétés commerciales dans le cadre de la mise en œuvre du schéma régional de développement économique, d'innovation, et d'internationalisation[194].

Le décret du 16 juin 2016 relatif aux conditions de prises de participation au capital de sociétés commerciales[195] fixe les seuils de participation maxima mais également les hypothèses dans lesquelles la région doit saisir pour avis la Commission des participations et des transferts (dans le cas d'une société qui réaliserait un chiffre d'affaires supérieur à 75M€ ou emploierait plus de 500 personnes). La prise de participation du conseil régional ne peut porter que sur des sociétés exerçant tout ou partie de leurs activités sur le territoire régional. En outre, le décret prévoit[196] que le montant de la prise de participation par une région au capital d'une même société ne peut excéder 1% des recettes réelles de fonctionnement de cette région. Le montant total des participations détenues par une région dans le capital de sociétés commerciales ne pourra représenter plus de 5% de ses recettes réelles de fonctionnement. En cas de dépassement maintenu au-delà d'un an, elle devra engager un programme de cessions ; à défaut aucune nouvelle participation ne sera possible.

---

[194] Cf. article 3 de la loi NOTRe qui insère un §8 bis à l'article L.4211-1 du CGCT

[195] Décret n° 2016-807 du 16 juin 2016 relatif aux conditions de prises de participation au capital de sociétés commerciales par les régions

[196] « Art. R. 4211-4.-Le montant total des participations détenues par une région dans le capital de sociétés commerciales ne représente pas plus de 5 % de ses recettes réelles de fonctionnement telles que constatées dans son dernier compte de gestion disponible. Les participations détenues par la région, avant la publication du décret n° 2016-807 relatif aux conditions de prises de participation au capital de sociétés commerciales par les conseils régionaux, sur le fondement d'une autorisation par décret en Conseil d'Etat, sont prises en compte pour le calcul des ratios prévus aux deux alinéas précédents. En cas de dépassement constaté du plafond de 5 %, le montant des nouvelles prises de participations pouvant être réalisées par la région au cours de l'exercice suivant le constat de ce dépassement est limité à la valeur des cessions réalisées pendant cet exercice. Si, au-delà de cette période d'un an, le montant total des participations détenues par une région dans le capital de sociétés commerciales dépasse toujours ce plafond de 5 %, la région engage un programme de cessions lui permettant de le respecter au plus vite dans les conditions fixées pour les cessions à l'article R. 4211-8. Aucune nouvelle prise de participation n'est possible tant que la région ne respecte pas de nouveau ce ratio. Art. R. 4211-5.-La prise de participation décidée par le conseil régional ne peut avoir pour effet : -ni de faire porter la part détenue par une ou plusieurs régions dans le capital d'une société commerciale à plus de 33 % ; -ni de faire porter la part de capital détenue, directement ou indirectement, par des personnes publiques à plus de 50 % ».

Si les SEM font exception à cette réglementation, la région devrait néanmoins s'en inspirer pour limiter son exposition dans l'ensemble des SEM à vocation économique dans lesquelles elle pourrait soit être intéressée, soit être appelée à participer.

La loi NOTRe qui confie de nouvelles responsabilités aux régions en matière de transports interurbains, de développement économique et d'aménagement, les conduit *de facto* « à s'investir davantage dans les entreprises publiques locales[197] » et à devenir des opérateurs. Pour autant, la région devra le faire au regard :

- de ses moyens économiques, financiers et humains, dépendant de l'étendue du territoire régional,
- de la viabilité économique des outils à créer,
- de l'objectif d'efficacité et d'efficience pour lesquels elle sera évaluée.

En cela, la recomposition des SEM et SPL initiée par la loi NOTRe, « contribue à la rationalisation des politiques territoriales[198] ».

[197] Propos de Ph.Richert, Président de l'Assemblée des Régions de France, à la Fédération des EPL, avril 2016

[198] D. Migaud, Président de la Cour des Comptes, le 2/06/2016 lors de l'ouverture du club des présidents d'epl.

Chapitre 2 - Le paysage de l'économie mixte raffermi sous l'impulsion des réformes juridiques récentes

Concomitamment à la réforme institutionnelle et territoriale qui conduit à recomposer le paysage de l'économie mixte régionale, deux autres réformes juridiques majeures contribuent à donner un nouveau dynamisme à l'économie mixte :

- la loi n° 2014-744 du 1er juillet 2014 permettant la création de sociétés d'économie mixte à opération unique (SEMOP) ;
- L'ordonnance n° 2015-899 du 23 juillet 2015 relative aux marchés publics et son décret n° 2016-360 du 25 mars 2016 ainsi que l'ordonnance n°2016-65 du 29 janvier 2016 relative aux contrats de concession.

A rebours des règles de la commande publique applicables jusqu'alors (qui avaient notamment prévalu à la création des SPLA et SPL en 2006 et 2010), la nouvelle réglementation devrait contribuer à revigorer la dynamique de l'économie mixte (section 1). La création de la SEM contrat ou SEM à opération unique (SEMOP) en 2014 procède du même mouvement (section 2).

Section 1 - Le nouvel encadrement juridique de la commande publique : vers la SEM « in house » ?

Les ordonnances du 23 juillet 2015 relatives aux marchés publics et du 29 janvier 2016 relatives aux contrats de concession posent les fondements de l'entreprise de simplification et de rationalisation de l'architecture du droit des marchés publics et du droit des concessions, impulsée par l'Union européenne[199].

Le code des marchés publics de 2006 est abrogé, « alors même qu'il apparaissait anachronique, en décalage avec le droit de l'Union européenne, … enfermé dans une conception étriquée et hexagonale… incapable d'intégrer en son sein les multiples contrats de commande publique créés par les textes[200] ». L'ordonnance du 23 juillet 2015

---

[199] Transposition directives 2014/23/UE sur les concessions et 2014/24/UE et 2014/25/UE relative aux marchés publics.

[200] F.Llorens et P.Soler-Couteaux, l'abrogation du code des marchés publics par l'ordonnance du 23 juillet 2015, Contrats et marchés publics, n°10, oct.2015, p.2.

opère une simplification du droit en procédant à sa réunification : l'ensemble des marchés publics quel que soit la qualité des personnes qui les passent (personnes morales de droit public qui relevaient ou pas du code des marchés publics ou de l'ordonnance du 6 juin 2005, ou personnes morales de droit privé) se trouvent soumis à un texte unique. L'ordonnance définit le marché public comme un contrat conclu par un acheteur (pouvoirs adjudicateurs ou entités adjudicatrices) avec un opérateur économique. L'ordonnance du 29 janvier 2016 met également un terme à la dualité des règles procédurales internes relatives aux concessions de travaux et de délégation de service public : la concession est définie comme un contrat administratif qui confie l'exécution de travaux ou la gestion d'un service à un opérateur économique à qui est transféré le risque d'exploiter l'ouvrage et le service. Elle réaffirme la liberté des personnes publiques de choisir librement le mode de gestion de leurs services publics : entre gestion en régie, coopération public-public ou par mise en concurrence d'opérateurs économiques.

L'une des innovations de ces ordonnances, et non des moindres, concerne l'extension des hypothèses de quasi-régie et de coopération permettant d'échapper à leurs dispositions. Cette innovation procède du constat posé par les directives européennes de 2014 que « l'importante insécurité juridique quant à la question de savoir dans quelle mesure les règles sur la passation des marchés publics devraient s'appliquer aux marchés conclus entre entités appartenant au secteur public... a conduit à codifier la jurisprudence et à préciser dans quels cas les marchés conclus au sein du secteur public ne sont pas soumis à l'application des règles relatives à la passation des marchés publics »[201].

Les hypothèses de quasi-régie, encore qualifiées de « *in house* », font l'objet d'un article spécifique dans chacune des ordonnances marchés et concessions. L'article 17 de l'ordonnance du 23 juillet 2015 repris dans les mêmes termes à l'article 16 de l'ordonnance du 29 janvier 2016 fixe les critères nécessaires pour considérer l'existence d'une relation de quasi-régie, ne nécessitant pas une publicité et une mise en concurrence préalable :

[201] Dir.2014/24/UE, préc., consid.38 ; Dir.2014/25/UE, préc., consid.45.

« 1° Le pouvoir adjudicateur exerce sur la personne morale concernée un contrôle analogue à celui qu'il exerce sur ses propres services ». Il est précisé qu'un « pouvoir adjudicateur est réputé exercer sur une personne morale un contrôle analogue à celui qu'il exerce sur ses propres services, s'il exerce une influence décisive à la fois sur les objectifs stratégiques et sur les décisions importantes de la personne morale contrôlée. Ce contrôle peut également être exercé par une autre personne morale, qui est elle-même contrôlée de la même manière par le pouvoir adjudicateur [202] ».

« 2° la personne morale contrôlée réalise plus de 80% de son activité dans le cadre des tâches qui lui sont confiées par le pouvoir adjudicateur qui la contrôle ou par d'autres personnes morales qu'il contrôle ». Ces 80% sont appréciés au regard du chiffre d'affaires des trois dernières années précédant l'attribution du marché[203].

« 3° la personne morale contrôlée ne comporte pas de participation directe de capitaux privés, à l'exception des formes de participations de capitaux privés sans capacité de contrôle ou de blocage, requise par la loi qui ne permettent pas d'exercer une influence décisive sur la personne morale contrôlée ».

Ce dernier critère constitue une évolution par rapport à l'état de la jurisprudence européenne. En effet, dans l'arrêt Stadt Halle du 11/01/2005, les juges de la CJCE ont jugé qu'une participation, fut-elle minoritaire, d'une entreprise privée au capital d'une société à laquelle participe un pouvoir adjudicateur faisait obstacle à la mise en œuvre du « in house »[204]. S'il est évident que les contrats conclus entre un pouvoir adjudicateur (personne morale de droit public) et une SPL dont il est actionnaire relèvent toujours de la qualification de « *in house* », la question se pose aujourd'hui de savoir si un pouvoir adjudicateur peut conclure un marché en quasi-régie avec une SEM sur laquelle il exerce un contrôle analogue et dans le respect des critères 2 et 3 rappelés *supra*.

---

[202] Intégration de la jurisprudence de la CJCE 11/05/2006 - aff. Econord C-182/11 sur le contrôle analogue en matière de quasi régie conjointe et CJCE 13/10/2005 Parking Brixen, aff.C -458/03.

[203] Art.12 de la Directive 2014/24/UE.

[204] Jurisprudence rappelée par la CJCE 19/06/2014 Centro hospitalar de Setubal C-574-12 : la présence d'intérêts privés au sein d'une entité fait obstacle à ce que cette dernière puisse faire application de l'exception du « in house ».

Depuis la publication de ces deux ordonnances, plusieurs commentateurs se sont interrogés sur la portée de ce 3ème critère. Il suscite à la fois inquiétudes et espoirs d'assouplissement selon les professionnels du secteur considérés. « Certaines SEM [n'auraient] plus besoin d'être remise en concurrence et [pourraient] exercer une activité en dehors de leur objet principal[205] ».

La fédération des EPL, fervente partisane d'un assouplissement des règles en faveur de l'économie mixte, est paradoxalement très prudente sur l'interprétation à donner à cette nouvelle réglementation. Depuis 2004, la fédération des EPL a promu l'émergence des SPLA et SPL « dans une stratégie de gamme » pour étoffer les outils de gestion à disposition des collectivités territoriales. Un encadrement plus souple des marchés « *in house* » qui pourraient être conclus avec les SEM, serait susceptible de venir remettre en cause cette stratégie dont « la réussite sur la durée relève de la responsabilité collective de toutes ses composantes [206]». La fédération des EPL souligne dans une position prise le 31 mars 2016 que « l'application de cette dérogation à des SEM n'est juridiquement ni possible, ni sécurisée » :

- le recours éventuel à cette dérogation *« in house »* peut exposer les élus à des risques juridiques en cas de contentieux : incrimination pour délit de favoritisme ou de prise illégale d'intérêt[207],
- la mise en œuvre injustifiée ou abusive de l'exception « in house » est susceptible d'exposer la SEM à un risque financier du fait de l'annulation des contrats passés. Dans cette hypothèse, la SEM pourrait ne pas être indemnisée de l'intégralité de ses pertes et ne pourrait prétendre à d'autres remboursements que ceux correspondants aux dépenses directes et indirectes engagées pour la réalisation du marché contracté.

---

205 J.Facon, Directeur adj. Fédération nationale des collectivités concédantes et régies, cité par le Moniteur 12/02/2016.

206 Position de la Fédération des epl sur la transposition des directives européennes sur les marchés et les concessions - Conseil d'administration 31/03/2016.

207 CCass. crim.25/06/2008 décision rendue suite au pourvoi c/ décision Cour d'appel d'AIX- EN- PROVENCE n° pourvoi 07-88373 : dans le cas d'espèce, l'adjoint au maire de la commune, le maire et le dirigeant de la SEM ont été déclarés coupables respectivement de favoritisme, complicité et recel. La participation, fût-elle minoritaire, d'une entreprise privée dans le capital d'une société à laquelle participe également une collectivité locale exclut que cette dernière puisse exercer sur cette société un contrôle analogue à celui qu'elle exerce sur ses propres services.

La direction des affaires juridiques (DAJ) de Bercy a mis à jour le 21 juin 2016 sa fiche technique sur les contrats conclus entre entités appartenant au secteur public. Elle confirme que « les ordonnances marchés publics et concessions ont introduit un assouplissement important de l'interdiction de participations directes de capitaux privés » au sein de l'entité « in house ». Les participations privées peuvent être admises dès lors que :

- les capitaux privés ne confèrent aucune capacité de contrôle ou de blocage des décisions de l'entité,
- ces formes de participations de capitaux privés sont requises par une législation nationale,
- l'actionnaire privé ne peut exercer une influence sur l'entité contrôlée.

La DAJ rappelle toutefois que « dans l'hypothèse où la participation d'opérateurs économiques privés dans le capital de la personne morale contrôlée serait « rendue obligatoire par une disposition législative nationale en conformité avec les traités », l'absence de capacité de contrôle ou de blocage de l'entité contrôlée devra s'apprécier *in concreto* afin de s'assurer que les statuts de l'entité ne confèrent pas de droits de vote particuliers [208]».

Ainsi, selon la DAJ, le statut de SEM ne suffit pas à lui attribuer le statut de quasi régie. « Si la législation française applicable aux SEM prévoit bien la participation de capitaux privés, il s'agit d'une condition de fond… rien n'impose le choix de ce type de structure. La présence de participations privées au capital n'apparaît pas requise par la loi, mais imposée par le choix d'une forme de société particulière ».

Ce débat juridique sur la qualification juridique de la SEM *in house* fait ressurgir le débat qui avait prévalu en 1993 au moment de l'adoption de la loi Sapin. Le législateur français avait alors décidé d'exclure les SEM des règles de mises en concurrence, disposition que le Conseil constitutionnel[209] avait alors censurée au motif que cette dérogation accordée aux SEM méconnaissait le principe constitutionnel d'égalité. En effet, ces dispositions dérogatoires ne pouvaient « se justifier ni par les caractéristiques spécifiques du statut des sociétés en cause, ni par la nature de leurs activités, ni par les difficultés éventuelles dans

---

[208] Fiche Technique DAJ Bercy, Rubrique Conseils aux acheteurs/Espace Marchés publics, 21/06/2016, p.4.
[209] DC 20/01/1993 décision n°92-316.

l'application de la loi propres à contrarier les buts d'intérêt général que le législateur a entendu poursuivre[210] ». Depuis 1993, le principe d'égalité n'est pas sorti du bloc de constitutionnalité, mais « il va devoir être concilié avec les dispositions de la directive 2014/23 sur la quasi-régie et l'entreprise liée en ce qu'elles admettent, l'attribution des concessions sans mise en concurrence à des opérateurs qui pourraient être des SEM[211] ». En effet, « la transposition en droit interne d'une directive communautaire résulte d'une exigence constitutionnelle » ; une limite n'existe que dans le cas exceptionnel où la transposition d'une directive irait « à l'encontre d'une règle ou d'un principe inhérent à l'identité constitutionnelle de la France ». L'égal accès des candidats à un contrat public n'étant vraisemblablement pas un principe inhérent à l'identité constitutionnelle de la France, la directive pourrait l'emporter sur lui.

Le débat juridique sur l'application de la qualification de quasi régie aux SEM n'est pas tranché, il ne fait que commencer. Le droit européen a opéré en une décennie une véritable déconstruction et un recadrage intransigeant du droit national pour le ramener dans les bornes des règles de la concurrence propres à la commande publique[212]. Les termes du débat juridique sont complexes. Dans le cas présent, ils se heurtent à la nature juridique de l'économie mixte, aux intérêts contradictoires qui la meuvent dans le corpus du droit interne, mais aussi à l'emprise dont elle peut faire l'objet de la part de groupes d'influence (institutionnels, économiques, politiques…) à un instant donné. En cela, elle confirme bien que « les sociétés d'économie mixte sont une inépuisable source de problèmes juridiques[213] ».

Loin de clore le débat juridique sur l'économie mixte, l'article 17 de l'ordonnance du 23 juillet 2015 et l'article 16 de l'ordonnance du 29 janvier 2016 n'en font que raviver l'utilité de sa formule inclassable.

---

[210] cf. analyse de Me L.Richer du cabinet Richer & associés « Une anomalie de la directive 2014/23 sur l'attribution des concessions. Juin 2016.

[211] L.Richer, analyse citée. CC 27 juillet 2006 - Décision n° 2006-540 DC Loi relative au droit d'auteur et aux droits voisins dans la société de l'information CC 30 novembre 2006 - Décision n° 2006-543 DC Loi relative au secteur de l'énergie.

[212] L.Bru – Réflexion sur la SEMOP - 2014

[213] J-B.Auby, les Sem inépuisables objet juridique, DA, Repère, 2008, p.1.

Section 2 - Un nouvel outil de gestion publique au service des collectivités territoriales : la SEMOP

La SEM à opération unique (SEMOP ou SEM Contrat) a été instituée par la loi du 1er juillet 2014 à partir de propositions de loi déposées par Jean-Léonce Dupont[214] et Hervé Marseille[215], devant le Sénat fin 2013. Elle constitue une nouvelle structure mixte à la disposition des collectivités territoriales pour assurer leurs compétences.

Cette nouvelle forme d'économie mixte répond aux souhaits des collectivités territoriales de bénéficier d'outils rénovés, voire innovants, pour pallier les limites de la gestion en régie et les critiques des expériences passées de partenariat public-privé. « Les projets complexes ou innovants – notamment ceux qui touchent aux nouvelles technologies, à l'environnement ou à l'énergie – et qui impliquent une forte implication capitalistique [nécessitent] des outils permettant de bénéficier du savoir-faire du secteur privé dans le cadre toutefois d'une maîtrise forte et d'un réel contrôle démocratique des conditions de fonctionnement de ces services publics locaux[216] ».

Elle répond aussi aux attentes des potentiels actionnaires des SEM à opération unique, dans les domaines de l'eau, des déchets, des transports, de l'énergie, du déploiement de l'accès haut débit et de la rénovation urbaine.

A – Le régime juridique de la SEMOP

Régie par l'article L. 541-1 et 2 du CGCT, la SEMOP n'est pas une nouvelle solution contractuelle. C'est un nouveau type de société d'économie mixte susceptible de contracter avec une collectivité ; le droit qui leur est applicable est « celui en vigueur pour les SEM classiques, ce qui marque la pleine appartenance de cette nouvelle structure à la gamme des EPL[217] ».

---

[214] JL.Dupont, Sénateur, Président Fédé EPL de 2011 à 2013.

[215] H.Marseille, Sénateur maire de Meudon, ancien Conseiller d'Etat, Vice-président de la Fédé EPL depuis 2013.

[216] E. Binet - Rapport n°1185 sur la proposition de loi n°1630 tendant à créer des SEMOP – 16/04/2014.

[217] Contribution de P.Morel-a-l'Huissier, co-rapporteur sur la mise en application de la loi.

Elle n'existe que pour un objet unique qui ne peut être modifié pendant toute la durée du contrat, et qui consiste :

- Soit à réaliser une opération de construction, de développement du logement ou d'aménagement ;
- Soit à gérer un service public pouvant inclure la construction des ouvrages ou l'acquisition des biens nécessaires au service ;
- Soit dans toute autre opération d'intérêt général relevant de la compétence de la collectivité territoriale ou du groupement de collectivités territoriales.

La SEM à opération unique se distingue de la SEM classique sur trois points :

- le choix du mode de sélection de l'actionnaire privé (opérateur économie), par la collectivité, qui est fait, suite au lancement d'un appel d'offres en amont de la constitution de la SEM,
- le nombre d'actionnaires qui peut être limité à deux contrairement à la SEM qui comprend au moins sept actionnaires,
- la part des collectivités territoriales au capital qui doit être comprise entre 34% et 85% du capital de la société et 34% au moins des voix dans les organes délibérants. La part de capital de l'ensemble des actionnaires opérateurs économiques ne peut être inférieure à 15%218,
- le caractère mono-contrat de la société, autrement dit la durée de vie de la SEM, est limité à l'exécution du contrat qui constitue son objet social.

L'opérateur économique est le partenaire central de cette société d'économie mixte. Elle est conçue comme un mode alternatif de partenariat et non comme une éventuelle modalité d'exécution de celui-ci.

A ce stade, il est admis qu'un actionnaire privé autre que l'opérateur économique peut intervenir dans l'opération en se contentant de fournir un soutien financier. Ce partenaire ne participe pas à

[218] L'article L.1541-1 du CGCT prévoit également que « le président du conseil d'administration ou du conseil de surveillance est un représentant de la collectivité territoriale ou du groupement de collectivités territoriales ».

l'exécution du contrat confié à la SEMOP et n'est pas forcément soumis à une mise en concurrence préalable[219].

Au régime juridique de base de la SEMOP, le législateur a adjoint en 2015 deux variantes :

- La SEMOP d'aménagement, créée en vertu de la loi NOTRe, et régie par l'article L. 32-10-1 du Code de l'urbanisme qui prévoit que l'Etat ou l'un de ses établissements publics peut créer une SEMOP avec une ou plusieurs collectivités en vue de l'exécution d'un contrat unique d'aménagement, de construction[220].
- La SEMOP hydroélectrique : introduite par la loi relative à la transition énergétique du 17 août 2015. Cette loi permet la création de SEMOP par l'Etat avec au moins un opérateur économique, l'actionnaire opérateur, et le cas échéant avec les collectivités territoriales pour assurer l'exécution d'une concession[221].

---

[219] CJUE, 6/05/2010, C-145/08 et C-179/08 Club Hôtel Loutraki : la conclusion d'un « contrat mixte dont l'objet principal est l'acquisition par [cette] entreprise de 49 % du capital d'une entreprise publique et dont l'objet accessoire, indissociablement lié à cet objet principal, porte sur la fourniture de services et l'exécution de travaux ne relève pas, dans son ensemble, du champ d'application des directives en matière de marchés publics ».

[220] Art. 62 de la loi NOTRe n°2015-991 du 7/08/2015 « art. L. 32-10-1.-I.-L'Etat ou l'un de ses établissements publics mentionnés aux sections 2 et 3 du chapitre Ier du présent titre peut créer avec une ou plusieurs collectivités territoriales ou un groupement de collectivités territoriales compétent et avec au moins un actionnaire opérateur économique, sélectionné après une mise en concurrence dans les conditions définies à l'article L. 1541-2 du code général des collectivités territoriales, une société d'économie mixte d'aménagement à opération unique. II.-La société d'économie mixte d'aménagement à opération unique est constituée, pour une durée limitée, à titre exclusif en vue de la conclusion et de l'exécution d'un contrat dont l'objet unique est la réalisation d'une opération de construction, de développement du logement ou d'aménagement, avec l'Etat ou l'un de ses établissements publics mentionnés au I et la collectivité territoriale ou le groupement de collectivités territoriales compétent. »

[221] Art.111 loi n°2015-992 du 17 août 2015 relative à la transition énergétique pour la croissance verte codifié à l'article L.521-18 du Code de l'énergie : « Pour assurer l'exécution d'une concession prévue à l'article L. 511-5, l'Etat peut créer, avec au moins un opérateur économique, qualifié d'actionnaire opérateur, et, le cas échéant, avec les personnes morales mentionnées aux III et IV du présent article, une société d'économie mixte hydroélectrique. Cette société d'économie mixte à opération unique est constituée pour une durée limitée en vue de la conclusion et de l'exécution, dans les conditions définies au présent titre II, d'une concession dont l'objet est l'aménagement et l'exploitation, selon les modalités fixées au cahier des charges prévu à l'article L. 521-4, d'une ou de plusieurs installations constituant une chaîne d'aménagements

B - Le renouveau assuré et rêvé de l'économie mixte ?

Si l'édifice de l'économie mixte semblait fragilisé par les décisions de la jurisprudence issue du droit de l'Union européenne, la SEMOP rend possible le renouveau de l'économie mixte locale, par le déplacement des exigences et par le rôle opérationnel dévolu aux partenaires privés[222].

A peine dix-huit mois après son introduction en droit français, on compte aujourd'hui plus de 16 projets de SEMOP. Ils concernent tout type de domaines : construction et exploitation d'équipements, usine de traitement et de valorisation des déchets, traitement des eaux usées, équipement aqua ludique, aménagement commercial de centre-ville, réseau de chaleur…

Cet engouement doit néanmoins être mesuré. La SEMOP n'est pas la solution miracle à tous les projets. « Elle apparaît comme une option pertinente essentiellement dans les situations où, jusqu'à présent, les partenariats publics privés étaient généralement envisagés, précisément comme une solution de substitution à ces montages »[223]. En pratique, c'est principalement certaines concessions qui seront le mieux adaptées à la mise en œuvre d'une SEMOP.

Pertinence des différents opérateurs envisageables selon la nature des contrats

	Régie	SPL	SEM	SEMOP	Privé
Marché (prestation de services, AMO, mandat)	+	+	++	--	++
Concession d'aménagement « publique »	Gestion d'une opération d'aménagement	++	++	-	-
Concession d'aménagement « privée »	Gestion d'une opération d'aménagement --	+	++	+	+
Concession (Délégation de service public)	Gestion d'un service public +/-	+	+	++	+

Sources : réseau Scet, SEMOP, Mémento mars 2016, p.6

hydrauliquement liés. Cet objet unique ne peut pas être modifié pendant toute la durée du contrat ».

222 L. Bru, Réflexion sur la société d'économie mixte à opération unique à l'aune de la formule de partenariat public privé institutionnalisé, Toulouse 2014, 196p.

223 Réseau SCET, la SEMOP : un nouvel outil pour les collectivités, col. Mémento, mars 2016.

Sauf cas exceptionnel, la SEMOP apparaît peu appropriée à la formule des marchés publics en raison des caractéristiques de leurs montages ou encore à celle des concessions d'aménagement (en raison, d'une part, de la rémunération adéquate d'investissement de long terme qui ne serait pas à la hauteur des risques économiques et financiers pris par la Société, et d'autre part, de la liquidation de la société au terme du contrat alors que le concessionnaire reste débiteur d'obligations).

Il en va différemment pour :

- les concessions de travaux dont la rémunération consiste dans le droit d'exploiter l'ouvrage,
- les concessions de service public (Délégation de service public) qui sont basées sur une rentabilité potentielle avec une implication plus forte du partenaire privé et un contrôle de l'exécution du contrat.

Sur les 16 projets de SEMOP recensés début 2016, la région Occitanie représente 25% des projets de création. Parmi ces projets, on compte de nombreux projets de créations de SEMOP pour l'extension et la modernisation des ports de plaisance et l'aménagement du littoral languedocien[224] comme :

- L'extension et l'exploitation du port de Leucate, dont le coût prévisionnel des travaux est estimé à 12,5M€. Créé par la mission Racine dans les années 1960, Port Leucate est une des stations dont la modernisation des équipements touristiques est nécessaire. La Ville de Leucate gère actuellement dans le cadre d'une régie autonome un port de plaisance dont la capacité actuelle est de 1280 emplacements loués à l'année. La ville veut renforcer son potentiel touristique en réalisant une extension de ce port de plaisance avec la création de 200 nouveaux anneaux. La ville a lancé le 11 juin 2016 une consultation ayant pour objet le choix d'un ou plusieurs opérateurs économiques qui deviendra(ont) son (ses) coactionnaire(s)dans le cadre d'une SEMOP laquelle se verra confier par voie de contrat de concession de

[224] Avec 220 kilomètres de côtes, 66 ports de plaisance maritimes, fluviaux et lacustres, 54 communes littorales et 20 stations balnéaires, la Région Occitanie abrite la première flottille de pêche de Méditerranée. Le lancement du Plan Littoral 21, le 1er juillet 2016, par Carole Delga, présidente de la Région, devrait accélérer le mouvement de création de ce type de structure. Ce Plan comprend 4 volets portant sur l'aménagement du littoral, l'économie touristique, la requalification des infrastructures de tourisme et l'environnement. Dans ce cadre, plusieurs projets sont déjà à l'étude dans l'Hérault, au Cap d'Agde, à Valras et Sérignan, Sète et Frontignan-la-Peyrade et à La Grande-Motte.

type délégation de service public les missions suivantes: la conception-réalisation et le financement de travaux d'extension du port (200 anneaux environ), (2) la gestion et exploitation commerciale à ses risques et périls du port (existant +extension), et (3) la maintenance et réalisation des travaux de gros entretien (existant + extension) du port.

- le réaménagement du port de plaisance de la Ville du Barcarès (66) pour lequel la Commune de Barcarès a lancé une consultation en avril 2015. Pour réussir ce projet de nouvelle urbanité autour du port, la Commune entend conclure avec une SEMOP d'une durée maximale de 45 ans un contrat de concession de travaux dans laquelle elle prévoit de prendre une participation minoritaire de 34% correspondant à l'apport en nature d'un espace foncier de 55 ha, dont 25 ha terrestres jouxtant le port et dont la SEMOP tirera des recettes « par quelque moyen que ce soit ».
- l'aménagement d'une structure portuaire à Vias constituée d'un port à sec et d'un port maritime avec une capitainerie de 150 à 200 places dans un premier temps, avec une possibilité d'extension. Ce projet pourrait contribuer à la mise en valeur du canal du Midi et du développement touristique. Le budget prévisionnel est de 32,9M€ qui pourrait être porté par Semop.
- Le projet de financement de l'extension et de l'exploitation du port de Banyuls-sur-Mer, représentant un coût estimé à 9M€ qui pourrait être réalisé par une SEMOP.

A ces projets, il faut ajouter le projet de SEM Hydroélectrique de la Vallée du Louron en cours de négociation dans laquelle la communauté de communes de la vallée du Louron souhaiterait prendre une participation de 17 à 20%, aux côtés de l'Etat (3%) et la Caisse des Dépôts. Ce projet de SEM hydro pourrait trouver à être dupliqué dans le cadre du renouvellement des concessions hydroélectriques qui sont arrivées à échéance. Les communes et communautés de communes y sont d'autant plus intéressées qu'elles y verraient un moyen d'augmenter leurs ressources d'investissement par les redevances escomptées.

L'ampleur de l'engouement porté à la SEMOP dans la région Occitanie démontre le renouveau attendu vis-à-vis de l'économie mixte. La prudence s'impose toutefois. D'un point de vue formel, la création des SEMOP doit participer du mouvement de réorganisation des outils d'économie mixte à l'échelle régionale. Il ne doit pas se faire à l'encontre de ce mouvement, mais participer d'une stratégie de territoire. La création des SEMOP ne doit pas affaiblir le volume d'activité des SEM existantes qui pourraient s'en trouver fragiliser. Il doit plutôt venir en complémentarité des activités des SEM existantes. Les SemOp doivent permettre aux SEM de réaliser des projets sur lesquelles elles n'auraient pas pu se positionner.

Sur le fond, le renouveau de l'économie mixte ne sera absolu que dans la mesure où la SemOp pourrait ne pas être considérée comme un pouvoir adjudicateur ou une entité adjudicatrice afin d'échapper aux contraintes de délai de la commande publique. Pour pouvoir éviter cette qualification, la SemOp devra :

- exercer une activité relevant du secteur concurrentiel ou d'une des activités de réseaux visées par la directive n°2014/25 UE sur l'eau, l'énergie, les transports,
- se garder d'être financée, contrôlée, dirigée par un pouvoir adjudicateur ou une entité adjudicatrice.

Autrement dit, il serait judicieux pour une collectivité qui aurait pour projet de créer une SemOp :

- de réaliser un bilan coût/avantages en fonction de l'objectif visé : soit disposer d'un contrôle sur la future société, mais cela implique de voir la Société être qualifiée de pouvoir adjudicateur et par conséquent être soumise aux règles de la commande publique, soit céder le contrôle de la société à l'opérateur économique partenaire et éviter ainsi qu'elle soit soumise aux règles de la commande publique,
- d'étudier l'impact de la SemOp sur l'activité de la SEM dont la collectivité serait actionnaire.

Là encore, la dynamique de l'économie mixte se trouve à la croisée des chemins.

***

Après la période 2002-2016 que la fédération des EPL qualifie de période de métamorphose, nous sommes sans doute au seuil d'une nouvelle phase de l'histoire de l'économie mixte. Tout dépendra de l'utilisation qu'en feront les collectivités territoriales et de la bonne gouvernance qu'ils instaureront.

Au-delà du cadre contractuel et des réformes juridiques et jurisprudentielles dans lesquels l'économie mixte est amenée à évoluer, c'est la perpétuelle question des conditions de son recours qui est posée. Le contexte actuel constitue une opportunité pour réinterroger les pratiques de l'économie mixte régionale, les redéfinir dans un sens plus conforme à l'esprit de l'économie mixte. Quelles sont les circonstances d'un recours optimisé à l'économie mixte ? Dans quelle mesure la dynamique régionale de l'économie mixte peut-elle participer à l'instauration d'un véritable partenariat public privé institutionnalisé ?

Titre 2 : Les conditions d'un recours optimisé à l'économie mixte

En théorie, l'économie mixte peut être considérée, dans la gamme des partenariats publics privés[225], comme « la solution la plus élaborée et la plus durable »[226], une sorte de partenariat public privé institutionnalisé (PPPI)[227].

Cependant, comme nous l'avons vu dans la première partie, entre la théorie et la pratique, l'écart s'est creusé. Derrière la structure institutionnelle et juridique de l'économie mixte, il y a une approche économique qui doit fonder le recours à ce type de structure plutôt qu'un autre type de structure. Si une collectivité territoriale a une opération d'aménagement à réaliser, elle peut avoir recours à une société d'économie mixte, mais elle peut également faire appel à toute une gamme de structures qui vont d'outils internalisés ou de quasi-régie à des opérateurs privés. L'arbitrage ne doit pas se faire en fonction des tendances du moment, de la promotion de tel ou tel outil par rapport à tel autre. Au contraire, vu l'horizon de long terme des projets sur lesquels travaillent les collectivités territoriales, cet arbitrage devrait s'abstraire des contingences temporelles et de toute stratégie extérieure aux collectivités territoriales confrontées à des choix qui engagent l'avenir.

Sur quelles bases peut-on dire que le recours à l'économie mixte est plus approprié qu'un autre type de structure juridique ? Quelles sont les conditions d'un recours optimisé à l'économie mixte ? En quoi la

---

225 Les PPP se caractérisent, le plus souvent à long terme, par le rôle dévolu au partenaire privé qui participe aux différentes phases du projet en cause (conception, exécution et exploitation), supporte des risques traditionnellement pris en charge par le secteur public, et, qui contribue souvent au financement du projet.

226 Fédération des SEM – L'essentiel à savoir quand on est SEM – 2007, p.10.

227 Communication interprétative C (2007)6661 du 05.02.2008 de la commission européenne concernant l'application du droit communautaire des marchés publics et des concessions aux partenariats public-privé institutionnalisés. La Commission européenne entend comme PPPI une coopération entre des partenaires publics et privés qui établissent une entité à capital mixte qui exécute des marchés publics ou des concessions. Dans les Etats membres, des terminologies et schémas différents sont utilisés dans ce contexte comme par exemple les Sociétés d'Economie Mixte.

société d'économie mixte peut-elle apparaître comme la plus pertinente par rapport à d'autres types de structures ?

La réponse à ces questions nécessite de se détacher de l'approche strictement juridique pour se tourner vers une approche économique, orientée vers le projet économique. L'économie mixte est avant tout une réponse à un projet qui sous-tend la création de sa structure juridique. Ce projet s'inscrit dans un marché économique, avec un prix qui résulte de la loi de l'offre et de la demande. Ce projet est confronté à des interactions qui ne sont pas forcément de nature mercantile, mais qui influent sur l'optimisation de la réponse faite au projet économique. Un certain nombre de ces interactions sont de nature institutionnelle ou contractuelle. « Elles sont un facteur essentiel du fonctionnement d'un organisme comme la société d'économie mixte et de sa gestion[228] ».

L'économie mixte est au confluent du droit et de l'économie. Un recours optimisé à l'économie mixte suppose de :

- penser la société en fonction du projet et de sa viabilité économique (Chapitre 1)
- adapter la gouvernance managériale et politique en fonction du projet (Chapitre 2)
- développer une culture du partenariat public privé et favoriser la coopération territoriale (Chapitre 3).

[228] H.Jayet, Le concept de société d'économie mixte en économie, in Regards croisés sur l'économie mixte, p.45, ouvrage précité.

Chapitre 1 - Penser la société en fonction du projet et de sa viabilité économique

« La société d'économie mixte ne dispose pas d'un monopole local sur le marché de l'aménagement, de la construction, ou de la gestion de services publics locaux [229]». Elle revêt la forme et les moyens d'une entreprise, qui s'en singularise par son approche de long terme et son actionnariat. Elle est une société anonyme à part entière. Elle constitue une réponse à un projet économique. Elle est par conséquent soumise à un objectif de performance.

En gestion des entreprises, la performance et la rentabilité vont de pair. Elles n'ont pas un caractère exceptionnel. C'est une exigence permanente. Elle est appréhendée à travers les concepts d'efficacité et d'efficience qui permettent de savoir si les objectifs fixés ont été atteints et si oui, au moindre coût ou pas.

Le recours optimisé à l'économie mixte passe par la prise de conscience de la viabilité économique du projet. Celui-ci doit toujours sous-tendre *l'affectio societatis* sur lequel les actionnaires publics et privés ont accepté de s'associer (section 1). C'est parce que ce projet est économiquement viable, que les associés acceptent de prendre le risque économique inhérent au projet. Par là même, ils en attendent un juste retour sur investissement que la SEM doit savoir organiser (section 2).

Section 1 - Redéfinir l'économie mixte autour du projet

En décidant de créer une société d'économie mixte, la collectivité territoriale doit respecter un certain nombre de règles essentielles dont le respect commande la viabilité et la performance de la société. La SEM doit s'inscrire dans un projet de développement cohérent, centré sur un territoire. Elle ne se crée ni pour pallier une difficulté administrative ou une rigidité juridique ni pour satisfaire un besoin ponctuel, elle se crée autour d'un projet.

En économie, le projet est communément défini comme un ensemble d'activités et d'opérations qui consomment des ressources limitées

[229] G.Durand, 1998, Les sociétés d'économie mixte locales, éd. Berger Levrault.

(facteurs de production, consommations intermédiaires) autrement dit des coûts, dont on attend des revenus ou des retombées (avantages) monétaires ou non monétaires.

A - Définir le point d'équilibre économique

Comme c'est le cas lors de la création de n'importe quelle entreprise, la décision de créer une SEM ne peut intervenir qu'au terme d'une analyse approfondie de son potentiel d'activité, autrement dit du chiffre d'affaires prévisionnel.

Élément très délicat à estimer de manière prévisionnelle, et pourtant point fondamental de la faisabilité du projet, le chiffre d'affaires doit être valorisé après mûre réflexion et de la façon la plus fine possible. Son appréciation suppose une analyse des besoins actuels et futurs des acteurs publics ou privés susceptibles d'intervenir dans le champ d'activité de la SEM, au regard de la taille de la collectivité territoriale actionnaire et de l'aire d'intervention projetée de la future société. Si la création de la SEM aboutit à une charge hors de proportion avec la capacité financière de la collectivité ou si les perspectives commerciales liées à l'activité sont insuffisantes, d'autres solutions doivent être étudiées.

Cette analyse doit aboutir à la détermination du seuil de rentabilité de la SEM - on parle également de « point mort » – qui représente le chiffre d'affaires qu'elle doit réaliser pour atteindre l'équilibre, c'est-à-dire dégager un résultat nul. Ce niveau d'activité est donc celui qui permet de couvrir l'ensemble des charges fixes et variables.

Présentation graphique du seuil de rentabilité

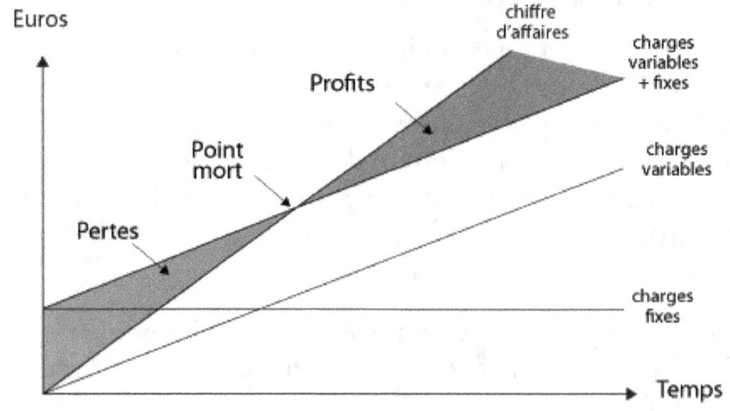

Sources : P.Cléon, Guide de la Gestion de la PME, ed. Francis Lefebvre, 2015

Une fois son seuil de rentabilité déterminé, la collectivité porteuse du projet peut calculer la marge de sécurité et l'indice de sécurité. La première correspond à l'écart existant, exprimé en valeur absolue, entre le chiffre d'affaires prévisionnel et le résultat obtenu pour le calcul du point mort. L'indice de sécurité est l'expression de cet écart en valeur relative, c'est-à-dire en pourcentage du chiffre d'affaires. Cela signifie que le chiffre d'affaires peut baisser de x % avant que l'exploitation ne dégage des pertes.

Ce n'est qu'une fois cette analyse économique réalisée que la collectivité porteuse du projet sera en mesure de constituer le dossier prévisionnel ou business plan de la société à créer. Il doit permettre, d'une part, de mesurer la faisabilité économique du projet, d'autre part, de démontrer celle-ci à ses futurs partenaires financiers afin de les convaincre de l'accompagner dans son projet. Ce document doit contenir au minimum les éléments suivants :

- la présentation générale du projet
- la présentation des collectivités actionnaires ;
- le schéma juridique envisagé ;
- le plan de financement initial ;
- le détail du chiffre d'affaires prévisionnel (à trois ou cinq ans) ;
- le détail des charges prévisionnelles (à trois ou cinq ans) ;
- le compte de résultat (à trois ou cinq ans) ;
- le plan de financement initial et pluriannuel ;
- la trésorerie mensuelle de la première année permettant de dégager le besoin de fonds de roulement qui servira à calibrer le besoin de fonds propres nécessaires à son fonctionnement initial.

Si ce processus d'élaboration du business plan est nécessaire pour la création de la société, il est également utile tout au long de la vie économique de la société. Pourtant, dans les faits, lors de la création de la SEM, la solution précède souvent l'analyse préalable ; tandis qu'une fois créée, l'analyse prévisionnelle de l'activité de la société est fréquemment imparfaite.

La définition du point d'équilibre économique de la société constitue un des éléments qui fondent la création de toute société. C'est le principe de base de la gestion d'entreprise. L'analyse prévisionnelle est essentielle. Sans pour autant revenir à la procédure de création des SEM qui prévalait avant 1983, les collectivités qui projettent la création d'une société seraient avisées de « provoquer une étude détaillée… sur l'opportunité, de la création de la société, l'importance du programme projeté, sa rentabilité, les références… offertes par les partenaires privés. Ce n'est qu'à l'issue de l'élaboration du rapport que l'assemblée locale [prendrait] une délibération décidant sa participation et votant les ressources destinées à [la] financer [230]». Un bilan coûts/avantages de l'hypothèse SEM par rapport aux autres modes de gestion pourrait également compléter ce business plan prévisionnel.

Le non-respect du point d'équilibre économique est risqué non seulement pour la société, mais également pour ses actionnaires. Quelles que soient les mesures de redressement prises, celles-ci risquent d'être sans effet sur la société. Au contraire, une société, qui n'arriverait pas atteindre son point d'équilibre, malgré le soutien financier de ses actionnaires publics, peut induire des risques financiers considérables pour les collectivités actionnaires (garantes des emprunts) et des risques juridiques pour les élus, mandataires sociaux. En témoignent les rapports d'observations définitives établis par les Chambres régionale des comptes que nous avons pu consulter.

On peut citer, par exemple, le rapport d'observations définitives sur la SEM d'équipement du littoral de Thau (SEM ELIT), dans lequel la Chambre relève que la société « est devenue entièrement dépendante des opérations confiées par ses actionnaires publics… elle n'a pas disposé d'opérations en nombre suffisant… la Société a dès lors été conçue comme un seul prolongement des collectivités actionnaires, afin de bénéficier des avantages du statut de société anonyme (gestion du personnel, souplesse budgétaire, financement élargi) » alors même que la situation précaire de ses comptes ne le lui permettait pas.

Dans le même ordre d'idées, elle met également en exergue le problème de la taille critique de la société d'équipement du Biterrois et de son littoral (SEBLI). « Faute d'être en mesure de respecter des prévisions financières initiales volontaristes, la SEBLi recourt de manière importante aux participations de la ville… pour équilibrer financièrement les conventions publiques d'aménagement. … elle bénéficie de surcroît d'avances de trésorerie conséquentes, procurées par ces mêmes collectivités, qui peinent à être remboursées… La

---

[230] M.Prieur, thèse 1967 précitée, p.147.

Chambre relève l'importance du financement public consenti, situation que le droit communautaire, s'agissant d'opérations aux risques et périls de l'aménageur, n'autorise plus[231] ».

Dans son rapport sur la délégation de service public confiée à la SEM Cité des insectes Micropolis, la Chambre indique que le point d'équilibre initial de la SEM ne s'appuyait pas sur des éléments probants. « Alors que les prévisions de fréquentation très optimistes conduisaient à un excédent budgétaire, la fréquentation réelle divisée par deux se traduit par des résultats d'exploitation « hors transferts » déficitaires… les bases sur lesquelles la délégation a été construite étaient largement erronées… les modalités de détermination de la subvention pour contrainte de service public demeurent critiquables… elles ne sont pas clairement identifiées ni valorisées ». La Chambre observe ainsi que si les subventions (40% du produit d'exploitation) sont de nature à permettre la continuité de l'exploitation de la SEM, elle déplore leur non-conformité juridique[232].

Les Chambres régionales des comptes constituent, en quelque sorte, les « vigies » du modèle économique de la société d'économie mixte. En vertu de l'article L. 211-8 du code monétaire et financier, « l'examen [qu'elles mettent en œuvre] porte sur la régularité des actes de gestion, sur l'économie des moyens mis en œuvre et sur l'évaluation des résultats atteints par rapport aux objectifs fixés par l'assemblée délibérante ou par l'organe délibérant. L'opportunité de ces objectifs ne peut faire l'objet d'observations ». Elles examinent la viabilité du projet économique de la SEM. Elles se trompent rarement dans leur diagnostic comme en attestent les nombreuses liquidations de sociétés qui ont suivi leurs contrôles (cf. notamment SEM Promoba, Sem abattoir de Saint Affrique, SEMATEG).

La définition du point d'équilibre est la clef de la viabilité économique de la société et de sa pérennité. A défaut, c'est toute l'architecture de la société qui est fragilisée. Au demeurant, plus la société sera rentable, plus les collectivités trouveront facilement des actionnaires privés en capacité de s'associer. C'est autour du projet que la SEM doit se constituer, non l'inverse.

---

[231] CRC Languedoc-Roussillon, Rapport d'observations définitives SEBLi n°156/0049 du 8/01/2015

[232] CRC Midi-Pyrénées, Rapport d'observations définitives SEM cité des insectes n°Ref.JO15 040 01 du 14/04/2015

En cela, la SemOp constitue l'archétype de ce que doit être l'économie mixte. Par le déplacement des exigences juridiques et par le rôle opérationnel dévolu aux partenaires privés, la SemOp met en exergue le caractère fondamental du modèle économique. C'est en cela qu'elle participe au renouveau de l'économie mixte. L'économie mixte n'est pas simplement un outil juridique à disposition des collectivités territoriales, mais un outil économique qui doit trouver son modèle pour assurer sa continuité.

B - Favoriser les complémentarités SEM / SPL au travers de GIE de moyens

Le projet économique initial d'une SEM est fonction de l'environnement dans lequel elle évolue. Au fil du temps, les paramètres peuvent changer. Le modèle économique doit alors être redéfini. C'est ce que de nombreuses SEM ont été ou, plus exactement, sont encore amenées à faire pour pouvoir conserver leur légitimité et assurer leur pérennité suite à l'émergence de SPLA et SPL dans leur giron.

Dans la région Occitanie, contrairement à d'autres régions, le mouvement de création de SPL d'aménagement *ex nihilo* a été peu suivi. Au 31/12/2015, la région Occitanie comptait 21 SPL soit 8% du total des SPL recensées au niveau national :

- 4 sont le résultat de la transformation de SEM en SPL (SPL Sillages, L'or aménagement, Montauban trois rivières aménagement, la SMAT)
- 7 créations *ex nihilo* principalement dans le domaine de la gestion de secteurs émergents (SPL RIN à Toulouse, Trigone à Auch pour les déchets)
- 9 SPL ont été créées et adossées à 7 SEM *via* un groupement d'intérêt économique (GIE)[233] : dont une SEM régionale et deux SEM métropolitaines.

---

[233] Structure créée par l'ordonnance n° 67-821 du 23 septembre 1967, codifiée aux articles L.251-1 à L.251-23 du Code de commerce. Le GIE se situe entre la société civile ou commerciale et l'association permettant le rapprochement de deux ou plusieurs personnes physiques ou morales exerçant des activités similaires ou complémentaires. Le GIE est créé par convention et géré selon les dispositions du contrat. Le GIE est une formule juridique souple, qui permet la mise en commun des moyens pour l'exploitation de services, par exemple, l'informatique, la comptabilité, le juridique… ; le lancement d'actions communes de commercialisation.

SEM	Capital en K€	CA 2014 en K€	Président commun	DG commun	SPL	Capital	CA 2014
COGEMIP	5.161	1.100	X	X	Midi Py Construction	230	3.200
Oppidea	14.174	58.577		X	Europolia	900	1.800
Thémélia	899	2.265	X		Les portes du Tarn SPL d'un point à l'autre	180	458
Hérault Aménagement	8.691	10.149	X	X	Territoire 34	710	1.259
SERM	5.894	10.152		X	SA3M	1.770	6.423
Roussillon aménagement	241	1.158	X	X	PO aménagement	412	0
SAT Nimes	3.184	6.470	X	X	AGATE	225	12
LRA	4.635	7.886	X	X	LRAD	148	399

Parmi ces 9 SPL, 6 d'entre elles exercent des activités complémentaires aux SEM auxquelles elles sont adossées. Les SPL Europolia et Les Portes du Tarn sont dédiées au développement de grands projets.

Une des raisons de ce faible engouement réside sans doute dans le volume d'activité susceptible d'être confié à ces outils. La création d'une SPL adossée à une SEM doit répondre à une stratégie de développement. Elle suppose de définir le point d'équilibre économique du nouvel outil, mais également de redéfinir celui de la SEM à laquelle elle pourra emprunter un volant d'activités. A défaut, il y a un risque de transfert d'activités de la SEM à la SPL ; c'est en quelque sorte ce qui s'est passé pour la COGEMIP lorsque l'on compare le volume des chiffres d'affaires des 2 structures associées au sein du même GIE.

La réussite des SPL adossées à des SEM repose sur leur complémentarité. Les SPL et les SEM doivent répondre à une stratégie locale. Ce n'est qu'à cette condition que les SEM, les SPL et le GIE qui les lie, formeront un « Groupe d'EPL » dans une logique

« gagnant-gagnant ». Dans ce cadre, les SPL et les SEM conservent leur autonomie, mais participent à la mise en œuvre d'une même politique publique globale. Cela implique une gouvernance commune à la fois au niveau de la présidence et de la direction générale qui permettra d'orienter l'activité sur telle ou telle structure et d'éviter que l'activité de la SEM soit phagocytée par la SPL. Le projet de la SEM est redéfini en conséquence, son capital ajusté le cas échéant pour développer des opérations propres.

Les collectivités tentées par la mise en place d'un groupe d'EPL pourraient s'inspirer de l'Agence régionale des Pays de la Loire[234]. Celle-ci fédère les 3 entités juridiques SEM, GIE et SPL. Elle est l'aboutissement d'une réflexion politique qui a conduit la région à créer en 2006 une SEM, puis en 2009, une SPLA et à la mise en place d'un GIE, qui dans un souci d'optimisation et de mutualisation ont à la fois le même président et le même directeur. Cette double structuration a permis de construire un modèle de gouvernance permettant de préserver la viabilité économique de la SEM et de favoriser son développement sur des opérations propres.

C – Capitaliser la société en fonction du projet

Lors du montage de la société, le capital est calibré en fonction du besoin de fonds de roulement initial pour lui permettre d'assurer les premiers exercices de la SEM sans mobiliser d'augmentation de capital ultérieure.

Les collectivités territoriales ne doivent pas manquer de s'assurer que ce capital est compatible avec les objectifs de développement de la société et que les résultats prévisionnels lui permettront d'ajuster ses fonds propres à son activité.

Comme la Cour des Comptes l'a constaté à plusieurs reprises, le capital des SEM reste sous capitalisé au regard des risques pris par ces sociétés, en particulier en matière d'aménagement. Dans son rapport public annuel[235] pour 2001, la Cour est revenue sur les difficultés financières rencontrées dans le cadre de la mise en œuvre d'opérations d'aménagement. En fixant le montant de leur capital au minimum

---

[234] SPL et dynamiques territoriales, l'implication des communautés dans les premières SPL, coll. Etudes et prospectives, Fédération des EPL et ADCF, p.53

[235] Cour des comptes, rapport annuel, Les collectivités locales et la gestion des aménagements urbains.

légal, la Cour souligne que les SEM ne prennent pas suffisamment en compte les risques financiers liés à l'exercice de leur activité. La quasi-totalité des fonds est trop souvent d'origine publique. Cette situation est préjudiciable aux SEM qui, en se privant d'un partenariat privé avéré, s'engagent dans des opérations qui peuvent être mal maîtrisées et au final coûteuses pour la collectivité actionnaire.

Section 2 - Assurer une rentabilité économique et promouvoir la culture du partage des résultats entre actionnaires

En gestion d'entreprise, le résultat comptable est un des critères de la performance et de la rentabilité d'une entreprise. Sa distribution sous forme de dividendes constitue un indicateur de la bonne santé financière de la structure.

Dans le secteur de l'économie mixte, le résultat comptable est très souvent minoré. Et lorsqu'il y a un résultat distribuable, celui-ci est, dans la grande majorité des cas, affecté au compte « report à nouveau ». La gouvernance des SEM privilégie la constitution de provisions plutôt qu'une distribution du résultat.

L'ambition initiale de la SEM consiste pourtant en la recherche conjointe et concomitante de l'intérêt général et de la performance économique. Cette performance présuppose la création de valeur pour les actionnaires. Le recours optimisé à l'économie mixte doit tendre vers la conciliation de ces deux objectifs en apparence antagonistes.

A - La recherche de l'équilibre versus la distribution des dividendes

Si une société est créée, c'est « en vue de partager le bénéfice ou de profiter de l'économie qui pourra en résulter [236]». Cette vocation financière se traduit pour l'actionnaire par un droit aux dividendes. Le dividende est la rémunération attachée aux actions et calculée en fonction du résultat net de l'entreprise. Le dividende est la rémunération de l'actionnaire sans pour autant avoir un caractère obligatoire.

« Il semble que la recherche de la rentabilité financière ne soit pas la priorité des SEM. Les SEM ne sont pas souvent gérées comme des sociétés du secteur privé, puisqu'elles ne visent pas à réaliser un profit

[236] Art.1832 du Code Civil.

et distribuer des dividendes, mais seulement un équilibre de leur exploitation sur une longue période [237] ». Par mimétisme avec la logique budgétaire de l'équilibre des sections de fonctionnement et d'investissement des collectivités territoriales, le budget de la société d'économie mixte se fixe trop souvent pour objectif l'atteinte de l'équilibre des comptes au lieu de dégager un bénéfice (qui soit dit en passant sera en sus imposable à l'impôt sur les sociétés).

Comme le souligne « l'essentiel à savoir quand on est SEM », les SEM ne donnent pas la priorité à la création de valeur financière et à la rentabilité à court terme. « Le vrai bilan d'une SEM comprend l'ensemble des impacts à moyen et long terme de son activité ».

« Le retour sur investissement ne semble pas être [non plus] la priorité de tous les investisseurs privés participant aux sociétés d'économie mixte. Les actionnaires privés rechercheraient la proximité des élus et des décideurs locaux lorsqu'ils participent au capital d'une SEM [238] ». C'est le point de vue développé par Guy Durand. C'est peut-être là une des raisons du faible niveau de participation en capital de certains actionnaires privés dans ce type de société, mais aussi leur faible implication dans le suivi de leurs participations financières. « Leur participation financière est en quelque sorte un « ticket d'entrée » dans le secteur public. Ce ticket va lui permettre de développer son activité par l'intermédiaire d'un lieu d'information privilégié ».

Il en va différemment pour d'autres actionnaires comme la Caisse des Dépôts soucieuse à la fois de concilier la performance économique et la valorisation de ces participations avec la performance immatérielle (liée aux impacts à moyen long terme sur le développement et l'attractivité du territoire). Elle agit dans une logique « d'investisseur avisé de long terme »[239] qui « contribue, dans le respect de ses intérêts patrimoniaux, au développement des entreprises [240] ». Au-delà d'une

[237] P.Lignières, 2000, Partenariats Publics privés, Litec, cité par L.Fontowicz in Regards croisés sur l'économie mixte, p.98.
[238] G. Durand, ouvrage précité, cité par L.Fontowicz in Regards croisés sur l'économie mixte.
[239] Cour des comptes, Communication à la commission des finances du Sénat, 2010, n°59214.
[240] Art. L.518-2 du Code monétaire et financier « La Caisse des dépôts et consignations et ses filiales constituent un groupe public au service de l'intérêt général et du développement économique du pays. Ce groupe remplit des missions d'intérêt général en appui des politiques publiques conduites par l'Etat et les collectivités territoriales et peut

simple logique de placements, les critères d'intervention de la Caisse des Dépôts au capital des sociétés s'inscrivent dans une logique de rentabilité de moyen-long terme. Certes, en tant qu'investisseur d'intérêt général, elle n'est pas soumise aux mêmes exigences de rentabilité que les autres investisseurs, mais elle ne saurait pour autant renier cet objectif consubstantiel.

B - La performance et l'évaluation des objectifs au regard d'indicateurs et du Plan à moyen terme

La performance d'une entreprise s'apprécie au regard de critères et ratios financiers. Ce sont ces ratios que la Chambre régionale des comptes utilise dans ses rapports d'observations définitives. L'interprétation de ces ratios peut varier en fonction de l'activité de la société. On peut retenir :

- Le ratio CA/effectif qui mesure la productivité apparente de la main-d'œuvre et permet d'apprécier le positionnement compétitif de la société en concurrence dans un espace économique homogène,
- la mesure de la rentabilité économique avec le calcul du taux de marge brute d'exploitation (EBE/CA) ou le ratio EBE/ actif à comparer au taux d'emprunt ayant servi à son financement,
- la mesure de la productivité des capitaux investis : EBE/Capitaux propres,
- la mesure de la soutenabilité financière des engagements à partir du taux d'endettement : dette/ fonds propres, idéalement inférieur à 50%,
- l'évolution de la capacité d'autofinancement,
- les indicateurs de marge et de coût par activité,
- ainsi que l'évolution du BFR et du FDR.

---

exercer des activités concurrentielles. La Caisse des dépôts et consignations est un établissement spécial chargé d'administrer les dépôts et les consignations, d'assurer les services relatifs aux caisses ou aux fonds dont la gestion lui a été confiée et d'exercer les autres attributions de même nature qui lui sont légalement déléguées. Elle est chargée de la protection de l'épargne populaire, du financement du logement social et de la gestion d'organismes de retraite. Elle contribue également au développement économique local et national, particulièrement dans les domaines de l'emploi, de la politique de la ville, de la lutte contre l'exclusion bancaire et financière, de la création d'entreprise et du développement durable. La Caisse des dépôts et consignations est un investisseur de long terme et contribue, dans le respect de ses intérêts patrimoniaux, au développement des entreprises. La Caisse des dépôts et consignations est placée, de la manière la plus spéciale, sous la surveillance et la garantie de l'autorité législative. Elle est organisée par décret en Conseil d'Etat, pris sur la proposition de la commission de surveillance ».

Sans attendre la mise en place d'un examen de gestion par la chambre régionale des comptes, il serait utile que la gouvernance de chaque SEM s'approprie ces ratios, pour évaluer par elle-même la continuité et la soutenabilité de son activité et prendre les mesures qui s'imposent.

Au regard des nouvelles contraintes économiques qui pèsent sur elle, il est important que la société d'économie mixte puisse « planifier son activité selon des orientations précisément déterminées par le conseil d'administration[241] ». La société d'économie mixte tirerait avantage à :

- s'interroger de manière régulière sur son plan d'action à moyen terme,
- rapporter les objectifs du plan à moyen terme aux réalisations,
- évaluer les objectifs fixés de manière à les approfondir et le cas échéant prendre les mesures qui s'imposent pour les corriger.

Cela participerait d'une bonne et saine gestion qui mériterait d'être partagée par la gouvernance de la société avec l'ensemble des membres du conseil d'administration.

Pour concilier cette performance financière avec la poursuite des objectifs d'intérêt général fixés à la SEM, la SEM pourrait choisir de mettre en place un outil de gestion capable d'apprécier la performance globale de l'entreprise et pas uniquement la seule performance financière. Cet outil de gestion et de mesure de la performance pourrait être assimilé au tableau de bord prospectif développé par Kaplan et Norton : le Balanced Scorecard, outil multidimensionnel de mesure de la performance qui intègre quatre axes :

- l'axe financier établi sur la base d'indicateurs financiers ;
- l'axe client établi à partir des indicateurs de satisfaction client au niveau de la qualité de service rendu, de la durée de réponse ;
- l'axe processus interne qui entend évaluer la spécificité de l'entreprise SEM par rapport aux autres opérateurs. Il s'agit ici d'identifier et d'évaluer les compétences clés de l'entreprise de façon à pérenniser son leadership ;
- l'axe innovation et apprentissage qui permet d'estimer si la SEM continue à s'améliorer et à créer. Comme une entreprise privée, la SEM doit veiller à conserver sa capacité à innover et améliorer son service rendu.

---

[241] CRC Languedoc-Roussillon, Rapport d'observations définitives SERM n°116/834

L'adoption de cette mesure de la performance serait non seulement utile à la direction de la société, mais elle serait également un moyen de convaincre, s'il en était encore nécessaire, ses actionnaires du bien-fondé de *l'affectio societatis* qui les lie.

C - La filialisation des SEM comme vecteur de redistribution auprès des actionnaires ?

La SEM a la possibilité de réaliser directement des opérations propres dont le risque final est supporté sur ses fonds propres. Il s'agit le plus souvent d'opérations immobilières (construction, réhabilitation). La SEM les réalise selon les règles du droit commun applicables, à la différence des opérations des mandats et de concessions. Si les opérations immobilières contribuent à la diversification des actifs, la Chambre régionale des comptes dans son rapport sur la SEM Alenis, rappelle « qu'il convient de rester attentif à leur équilibre financier ainsi qu'aux risques provenant de leur faible rentabilité... les collectivités actionnaires ont un intérêt direct à définir clairement les stratégies et objectifs d'intérêt général de ces opérations ».

La SEM peut également avoir intérêt à filialiser telle opération propre pour bénéficier d'un effet de levier sur ses fonds propres en application de l'article L.1524-5 du CGCT[242]. C'est ce que s'est employée à faire la SERM depuis 2007, avec la filialisation d'un certain nombre d'opérations propres en créant des sociétés ad hoc :

- SCI Odysseum 1, destinée à l'acquisition, la vente, la construction et la location de terrains,
- SAS Seaman, dont le capital est détenu à 100% par la SERM qui exploite l'aquarium Mare Nostrum depuis son ouverture en décembre 2007. Elle intervient dans le cadre d'une convention de délégation de service public de 8 ans signée avec Montpellier Méditerranée Métropole. Elle compte 45 personnes.
- SAS énergie du Sud, filiale de la SERM à 36,11% dont le capital intègre également la Caisse des Dépôts et Consignations (33,89%), COGNAC (GDF Suez) (15%), la Caisse d'Epargne Languedoc-Roussillon (10%), Dexia (5%). Cette société a pour objectif

---

[242] L'article L.1524-5 du CGCT, introduit par la loi du 29/01/1993, reconnaît aux SEM la possibilité de prendre des participations dans le capital des sociétés commerciales. Cependant, la SEM doit préalablement recueillir l'accord exprès de la ou des collectivités territoriales actionnaires.

d'accompagner les collectivités, les entreprises et les promoteurs engagés dans le développement durable qui souhaitent valoriser les énergies renouvelables ou améliorer leur efficience énergétique. Elle prend en charge la conception, le montage, la réalisation, le financement et l'exploitation des projets.
- la SAS Mutopia, constituée en 2013 en association avec la foncière Midi foncière III pour l'acquisition d'un terrain et la construction d'un immeuble.

Au-delà de la complémentarité de l'objet social avec les compétences des collectivités territoriales actionnaires[243] que la SEM doit respecter, ce type de filialisation peut être l'occasion pour les actionnaires privés de se positionner sur des opérations à risque, assorties d'un meilleur retour sur investissement que les fonds propres investis dans la SEM.

Dans l'hypothèse d'une création de filiale, la SEM, comme les autres actionnaires de ces sociétés, a intérêt à une redistribution des dividendes pour :

- abonder son activité principale et contribuer à lisser les coûts de structure,
- lui permettre de réinvestir sur d'autres opérations.

La SEM procède ici comme n'importe quel actionnaire, qui arbitre sur la base du taux de rentabilité de ses fonds propres. Comme le relève la fédération des EPL dans son « manuel mode d'emploi de création de filiale de SEM », la rentabilité d'un projet peut être un critère déterminant pour décider de la création d'une filiale ou de la prise de participation dans une société. Elle conseille ainsi à ses adhérents d'appliquer l'approche par le taux de rentabilité interne[244] (TRI),

---

[243] Question n°07756 de M.Vidal, JO Senat, 04/01/1990, p.10 : « une SEM peut prendre une participation dans le capital d'une autre société commerciale, dès lors que cette opération s'inscrit en complémentarité par rapport à son objet social ». L'activité de la filiale ne peut pas porter sur des activités autres que celles prévues à l'article L. 1521-1 du CGCT.

[244] Le TRI exprime le taux de rentabilité intrinsèque d'un projet, indépendamment de la politique d'amortissement de la société, de son mode de financement et de tout élément exceptionnel. En pratique, il convient de partir du tableau de flux pluriannuels prévisionnels :

• le premier flux est le montant total de l'investissement en négatif ;

• les flux suivants sont constitués par les EBE (excédent brut d'exploitation) de chaque année;

fréquemment utilisée pour mesurer la rentabilité prévisionnelle d'un projet, tant par les investisseurs que par les financeurs.

Au regard du faible niveau de fonds propres dont dispose les SEM, le mouvement de création de filiales a tendance à s'accroître tant au niveau national (246 filiales et 332 prises de participation recensées par la Fédération des EPL au 1/01/2014) que régional (SERM, Thémélia, COGEMIP, LRA, SEM N'PY, Intermediasud, E-TERA...). Ce mouvement de filialisation est particulièrement marqué dans les secteurs de l'immobilier (168) et de l'aménagement (159)[245].

La SEM qui s'engage dans ce type de démarche veillera toutefois :

- à ce que la création de sa filiale n'ait pas « pour objet de lui transférer la réalisation de l'objet social de la SEM, ce qui aurait pour effet de le faire échapper au contrôle des collectivités[246] »
- à ce que les élus ne soient ni administrateurs, ni président, ni gérant auquel cas ils s'exposeraient à la qualification d'entrepreneur de services municipaux et donc au risque d'inéligibilité.

Au final, le mouvement de filialisation relève d'une logique « gagnant-gagnant » pour la SEM et ses actionnaires privés. La filialisation permet de créer un effet de levier conséquent sur les fonds propres de la SEM. Elle assure une rentabilité aux actionnaires privés, souvent frustrés par le manque de distribution des résultats de la société.

Pour autant, cette pratique doit, comme toujours en matière d'économie mixte, être développée en fonction des projets de la société. Elle doit tenir compte de la disponibilité de ses fonds propres et s'inscrire en complémentarité de son objet social. Mais elle doit aussi veiller à ne pas transférer l'ensemble de son activité à la société

• et le dernier flux, est l'EBE de la dernière année + la valeur prévisionnelle nette de revente des actifs.
On déterminera à partir de ce tableau de flux le taux d'actualisation qui conduit à une VAN (valeur actuelle nette) de 0, ce taux étant le TRI. Il s'agit en général d'un TRI net (c'est-à-dire après l'impact de l'impôt sur les sociétés). A titre illustratif, pour des projets d'immobilier d'entreprise neuf, le taux de rentabilité intrinsèque (TRI) cible se situe en général entre 6 et 8 %. Le TRI doit être à minima supérieur au taux de refinancement et intégrer une marge de sécurité.

[245] Fédération des EPL, Les filiales de SEML, mode d'emploi, p.12

[246] Ibid, p.18

filiale qui aurait été créée. Le principe de filialisation ne doit pas être un effet d'aubaine, mais plutôt le résultat d'une stratégie.

« La filialisation est [en effet] un phénomène naturel du monde des affaires ». Appliquée aux entreprises publiques, elle leur donne les moyens de se développer en nouant des alliances. Mais comme l'a montré Lucien Rapp, « la filialisation dissimule une véritable mutation des structures et des méthodes de gestion des entreprises du secteur public. Mutation qui traduit la vitalité et le dynamisme des entreprises du secteur public en même temps qu'elle exprime la nécessité pour elles de rechercher des formes juridiques d'intervention plus proches de celles du secteur privé parce qu'elles sont compatibles avec les exigences d'une gestion industrielle et commerciale. Mutation qui, du fait de l'inadaptation du droit, soulève aussi de nombreux problèmes juridiques, de très grande importance, parce qu'ils conduisent à s'interroger sur l'utilité du secteur public, sa fonction au service de la collectivité sa place par rapport au secteur privé [247]».

Plus que jamais, au vu de la complexité grandissante de l'activité de la société d'économie mixte, la gouvernance managériale nécessite d'être ajustée au projet. Elle se doit d'anticiper les mouvements de fonds qui pourraient affecter l'activité de la société.

[247] J.Marchand, Recherche sur le régime des actions et participations financières publiques, p.3-4

Chapitre 2 : Adapter la gouvernance managériale et politique en fonction du projet

« Le régime de gouvernance d'entreprise [doit] concourir à la transparence et à l'équité des marchés ainsi qu'à l'efficience de l'affectation des ressources. Il [doit] être compatible avec l'état de droit et garantir une surveillance et une mise en application efficaces[248] ». La bonne gouvernance se définit par le respect des principes de la primauté du droit, l'obligation de rendre compte, l'efficacité et l'efficience, l'éthique et la bonne conduite.

Conçue dans son fonctionnement comme une entreprise, la SEM ne fait pas exception à ses principes. Toutefois son utilisation optimale nécessite une gouvernance adaptée à la conduite d'un projet local. Cette gouvernance doit agir dans une grande proximité avec l'exécutif de la collectivité qui définit l'intérêt général (Section 1). L'économie mixte est toujours à la frontière de deux logiques économiques, la gestion publique et la gestion privée. A ce titre, la société d'économie mixte est soumise, plus que tout autre entreprise, à un ensemble de contrôles spécifiques qui génèrent de nombreuses obligations. Plutôt que de considérer ces obligations comme des contraintes, la gouvernance managériale et politique de la SEM veillera à les concevoir comme autant de moyens mis à sa disposition pour se prémunir contre les déviances qui peuvent la guetter (Section 2).

Section 1 - Adopter une gouvernance appropriée

« Une SEM est un outil de précision ». Il est impératif que toutes les conditions juridiques, économiques, mais aussi humaines soient réunies dès sa création pour que cette entreprise remplisse pleinement ses missions. Le choix des hommes est primordial pour mener à bien ce projet (A) tout comme la bonne répartition des fonctions au sein de la gouvernance (B). Cette direction doit pouvoir s'appuyer sur des élus qui ont la culture de l'économie mixte (C).

[248] OCDE, Principes de gouvernement d'entreprise, 2015, p.13.

A - Favoriser la proximité de la Direction des EPL avec l'exécutif local

Comme dans toute entreprise, le rôle du directeur est essentiel. Il organise l'entreprise ; il met en place des sous-systèmes, structures, méthodes et procédures nécessaires pour atteindre les objectifs. Il rassemble, gère, anime les forces et les ressources nécessaires à la réalisation du projet d'entreprise. Mais contrairement à l'entreprise *lambda*, le directeur d'une société d'économie mixte ne s'applique pas à définir les choix stratégiques de l'entreprise. Ces choix doivent être menés en étroite concertation avec la collectivité territoriale, son actionnaire de référence, dont il doit être très proche.

« Homme (ou femme) de synthèse et manager, il est la clef du système, propre à la société d'économie mixte. Il permet de traduire un projet politique en commande technique, tout en garantissant à la collectivité un contrôle régulier de la mise en œuvre. Choisi par le président de la SEM, en accord avec son conseil d'administration, il doit travailler en relation étroite avec lui et avec les services de la collectivité, tout en conservant sa liberté d'appréciation[249] ».

Parmi les directeurs de SEM, on peut distinguer plusieurs profils :

- le profil du *technicien* qui a longtemps prévalu dans les organes de direction des SEM d'aménagement, issus du corps des ingénieurs (Ponts et Chaussées, Arts et métiers, INSA), d'agents détachés de collectivités (Ingénieur TPE),
- le profil du personnel mis à disposition (*PMAD*) de la SCET[250], cadre dirigeant du réseau SCET, alliant la technicité et le savoir-faire d'un réseau spécialisé dans l'économie mixte,
- le profil de *l'agent détaché* de la collectivité qui lui permet également de rémunérer des agents territoriaux en dehors des grilles indiciaires de la fonction publique,
- le profil *politique*, ancien directeur de cabinet, attaché parlementaire, de l'élu reconverti en directeur de SEM.

---

[249] FNSEM, SEM Mode d'emploi, p.21

[250] La SCET, filiale de la Caisse des Dépôts, acteur de référence de l'économie mixte depuis 1955, elle anime un réseau de 280 entreprises publiques locales (Aménagement, infrastructures, immobilier d'entreprise, solutions énergétiques, services publics) qui maillent l'ensemble du territoire national. Environ 100 directeurs de SEM sont des personnels mis à disposition.

A l'exception du profil politique qui peut compromettre le développement de l'activité de la société et son devenir (dans l'hypothèse d'une alternance politique), il n'existe pas de profil type du bon directeur de SEM. Le directeur de SEM a, dans tous les cas, un profil atypique. Il doit associer une bonne connaissance du monde des collectivités territoriales avec des compétences techniques, de direction d'entreprises et de management. Il doit par ailleurs avoir une « âme de militant » comme l'indique Jacques Da Rold dans *Les Sociétés d'économie mixte locales : acteurs et témoins des politiques urbaines et territoriales.* Il doit adhérer au projet stratégique défini par la collectivité, être pleinement « en symbiose avec le scénario que la collectivité a défini », autrement dit avec *l'affectio societatis* de la société. Cet *affectio societatis* dépasse les clivages politiques. Il est corrélé à la mission d'intérêt général qui a été confiée à la société. Le directeur doit être en mesure de projeter la sciété au-delà même des alternances politiques qui pourraient émailler la vie locale. Loin d'être assimilé à un mercenaire, le directeur qu'il soit technicien, PMAD ou détaché de la collectivité, est un « missi dominici » au service de la mission d'intérêt général qui a été confiée à la société.

Dans la mesure où la collectivité a bien conscience de ce rôle de « missi dominici », elle ne peut le considérer comme un « satellite ». Elle ne peut laisser son directeur de SEM œuvrer par lui-même, elle doit être en mesure de le piloter, pour mener à bien la stratégie qu'elle lui a confiée. Cela suppose une proximité du directeur de la SEM avec l'exécutif local et plus spécifiquement la « technostructure ». Pour favoriser cette proximité, plusieurs modes de fonctionnement peuvent être envisagés : comme, par exemple, la « réunion d'un Groupe Collectivité » toutes les semaines autour du Directeur général des services, des DGA concernés (DGA développement économique, DGA finances et contrôle de gestion) et des directeurs de SEM.

La gouvernance de l'économie mixte implique son pilotage et son contrôle pour veiller à ce qu'elle remplisse sa mission d'intérêt général.

B - Dissocier présidence et direction générale

La fonction de directeur est essentielle au bon fonctionnement de la société d'économie mixte. C'est une fonction à plein temps. Il est donc opportun que cette fonction soit dissociée de celle du Président.

La grande majorité des SEM applique cette dissociation de fonction que la loi Nouvelles régulations économiques a contribué à généraliser. La loi NRE[251] a, en effet, modifié l'article L.225-35 du Code du commerce et clarifié le contenu des pouvoirs du conseil d'administration qui auparavant étaient identiques à ceux du président du conseil d'administration. Désormais, « le conseil d'administration détermine les orientations de l'activité de la société et veille à leur mise en œuvre… dans la limite de l'objet social, il se saisit de toute question intéressant la bonne marche de la société et règle par ses délibérations les affaires qui la concernent ». L'article L. 225-51 redéfinit les fonctions du président du conseil. « Il organise et dirige les travaux de celui-ci, dont il rend compte à l'assemblée générale. Il veille au bon fonctionnement des organes de la société et s'assure en particulier que les administrateurs sont en mesure de remplir leur mission ». Les rôles de chacun font l'objet d'une claire définition[252].

La dissociation des rôles de président et directeur général permet d'éviter une concentration des pouvoirs sur une même personne. Elle permet à chacune des deux fonctions de se centrer sur le cœur de sa mission : au Président la définition de la stratégie, au titre de sa fonction d'élu local, au directeur, l'organisation et la mise en œuvre de celle-ci. Elle évite par ailleurs les déviances qui peuvent se produire en matière de rémunération cachée de la fonction de Président Directeur général, alors même que celui-ci n'exerce que sa fonction de Président, et que la fonction de Direction générale est déléguée à un Directeur délégué (cf. Rapport d'observations définitives SEM ALENIS).

C – Affermir le rôle du conseil d'administration

Le conseil d'administration détermine les orientations de l'activité de la société. Il veille à leur mise en œuvre et exerce les contrôles qu'il juge opportuns[253]. Sous réserve des pouvoirs expressément attribués aux assemblées d'actionnaires et dans la limite de l'objet social, le conseil d'administration se saisit de toute question intéressant la bonne marche de la société.

---

[251] Loi n° 2001-420 du 15 mai 2001 relative aux nouvelles régulations économiques, entrée en vigueur le 01/01/2003.

[252] J.Marchand, thèse précitée, p312-313. La dissociation des pouvoirs du Président et du directeur général avait été introduite en droit français par la loi de 1867, sur laquelle le décret-loi du 16/11/1940 était revenu en créant la fonction de PDG et avec elle, l'unicité de l'autorité de commandement. La concentration sur une même personne a favorisé la montée en puissance des dirigeants.

[253] Art. L.225-17 et suiv. du code de commerce.

L'étude des rapports des Chambres régionales des comptes révèle des lacunes dans le fonctionnement de nombre de conseils d'administration de SEM de la région auxquelles une bonne gouvernance devrait remédier :

- *Sur la fréquence des réunions des conseils d'administration* : il est utile que les statuts indiquent précisément le nombre déterminé de réunions du conseil d'administration[254], qui doit être d'au moins trois par an, et précisent les conditions de sa convocation ;
- Sur la qualité de l'information apportée : le conseil d'administration doit être informé de tous les dossiers qui ont trait à la direction de la société, y compris la rémunération du directeur général[255], la production de rapport relatif à la mise en œuvre de prérogatives de puissance publique que la SEM doit produire annuellement à l'organe délibérant de la collectivité[256]...
- Sur la tenue des procès-verbaux des conseils d'administration : les rapports des CRC regrettent la rédaction limitée des procès-verbaux de conseil, qui sont lacunaires ou sommaires : « aucun résumé des débats n'est tracé, occultant toute indication sur les différences d'appréciation et le niveau d'adhésion des décisions soumises au vote[257] ».
- Sur la nomination et le rôle des censeurs : la Chambre note que l'institution des censeurs est parfois détournée de sa vocation initiale. L'institution des censeurs a pour objet de favoriser la représentation diversifiée de l'actionnariat en assurant la présence au sein du conseil de personnalités, qui bien que n'ayant pas été choisies comme administrateurs peuvent apporter une expertise sur la gestion, au travers de l'examen des comptes et de communications à l'assemblée générale. Dans les faits, les attributions dévolues au censeur apparaissent éloignées des fonctions traditionnelles de vigilance relatives à la bonne application des statuts et les censeurs en poste n'ont souvent qu'une influence limitée sur la prise de décision[258]. Il est utile que les procès-verbaux relatent le cas échéant les observations qu'il peut formuler en sa qualité de censeur.

---

[254] CRC Languedoc-Roussillon, rapport d'observations définitives SEM transport de l'agglomération de Montpellier n° 136/1206 du 10/12/2013

[255] CRC, rapport sur la SEBLI, précité

[256] CRC, rapport sur la SEM ALENIS, précité

[257] CRC, rapport sur la SEBLI, précité

[258] CRC, rapport sur la SEM ACMEO, précité.

- Sur la composition du conseil d'administration et la représentation hommes femmes : la gouvernance des SEM sera vigilante à assurer une bonne représentativité au sein de son conseil pour être en conformité avec le deuxième alinéa de l'article L. 225-17 du code de commerce prévoyant que « le conseil d'administration est composé en recherchant une représentation équilibrée des femmes et des hommes »[259].
- Sur la présence de personnalités extérieures au conseil d'administration : La présence de personnes extérieures doit être prévue par les statuts, à défaut par un règlement intérieur susceptible de préciser les modalités de fonctionnement du conseil et de sa gouvernance. Sans être irrégulière, la présence de membres extérieurs au conseil doit être préalablement définie et autorisée[260].

La gouvernance des SEM gagnerait à systématiser l'adoption :

- d'un règlement intérieur du conseil d'administration,
- d'une charte de gouvernance,
- d'un guide des procédures internes, validé par le conseil d'administration, qui aurait pour objet de déterminer les conditions dans lesquelles les comités et commissions mis en place pour assister la gouvernance prennent leurs décisions.

Dans la même perspective, la gouvernance de la société aurait intérêt à instaurer des organes de contrôle de l'activité opérationnelle :

- commission d'appel d'offres,
- comité d'engagement des opérations ou comité d'investissement chargé d'examiner les opérations préalablement à leur engagement par le conseil d'administration,
- comité des risques et d'évaluation des procédures (assorti de compte rendu avec des tests de contrôles inopinés ou réguliers, avec mise en place de dispositifs pour prévenir, détecter et corriger)
- comité des rémunérations pour la fixation de barèmes de rémunération pour les principaux cadres de direction de la SEM.

En somme, la bonne gouvernance de l'économie mixte doit se garder de transformer le conseil d'administration en chambre d'enregistrement. Il ne doit pas jouer un rôle subsidiaire, avec une implication limitée dans la gestion de la société. Il en est de même de

259 CRC, rapports sur les SEM ALENIS, et TAM, précités.
260 CRC, Rapport sur la SEM TAM, précité.

l'assemblée générale qui doit également pouvoir jouer son rôle de contre-pouvoir[261].

En parallèle, ou pour l'aider dans l'établissement de ces procédures, la gouvernance de la SEM pourra s'engager dans une politique de Qualité ISO 9001 pour tout ou partie des métiers exercés. Malgré sa lourdeur, le dispositif de certification fournit un outil méthodologique qui permet de réinterroger les différentes étapes de l'activité de la société. Elle est un gage de qualité valorisable en interne et en externe. En interne, elle participe de la capitalisation de ses savoir-faire permettant d'être reconnue comme un acteur expert et compétent vis-à-vis de la collectivité, mais également de clients privés. Elle leur garantit de travailler avec un professionnel et un acteur responsable, au service de la réussite de leurs projets en apportant des réponses originales et pertinentes. C'est un gage de pérennité qui permet d'accéder à de nouveaux contrats avec de vrais atouts.

Section 2 - Contrôler la gouvernance pour se prémunir des dérives

La transparence est souvent invoquée comme une valeur forte de l'économie mixte. Par la loi, les SEM cumulent les contrôles et les obligations de droit privé et de droit public. « [Avec les SPL, SPLA, elles se considèrent comme] les entreprises les plus contrôlées de France[262] ».

Loin d'être une contrainte, le principe de transparence est un principe de bonne gouvernance. La SEM participe en effet à la gestion de missions d'intérêt général, qu'elle assure avec une grande proximité avec la sphère publique et politique. La transparence et les contrôles externes et internes, dont elle peut faire l'objet, sont autant de moyens mis à sa disposition pour se prémunir contre les déviances qui peuvent la guetter.

A - En externe : les contrôles du préfet et de la Chambre régionale des comptes

La SEM peut faire l'objet de deux types de contrôle externe :

- Les contrôles du préfet,
- L'examen de gestion de la Chambre régionale des comptes.

---

[261] CRC, Rapport sur la SEM ALENIS, précité.
[262] FNSEM, L'essentiel à savoir quand on est SEM, 2007, p.11

En premier lieu, les contrôles du préfet peuvent être de deux ordres : d'une part, le contrôle de légalité de droit commun sur les actes des collectivités territoriales actionnaires, d'autre part, le contrôle spécifique, plus restreint sur les activités de la société.

La loi du 7 juillet 1983 a supprimé la fonction de commissaire du gouvernement exercée par le Préfet au sein des conseils d'administration des SEM préexistantes. Elle l'a remplacé par l'article L. 1542-1 du CGCT qui prévoit que « les délibérations du conseil d'administration ou du conseil de surveillance et des assemblées générales des sociétés d'économie mixte locales sont communiquées dans les quinze jours suivant leur adoption au représentant de l'Etat dans le département où se trouve le siège social de la société. Il en est de même des contrats visés à l'article L. 1523-2, ainsi que des comptes annuels et des rapports du commissaire aux comptes ». Cet article donne au préfet un droit d'information et un droit de regard sur l'activité de la société, sa gouvernance et la définition de la stratégie par le conseil d'administration.

Lorsque le Préfet estime que la décision de la société :

- -est de nature à augmenter gravement la charge financière d'une ou plusieurs collectivités locales ou groupements d'actionnaires,
- constitue un risque pour une ou plusieurs collectivités locales ou groupements d'actionnaires dans le cas où une garantie a été consentie pour un emprunt contracté par la société, le Préfet peut saisir la Chambre régionale des comptes sur la base de l'article L. 1524-2 du CGCT. La Chambre appréciera alors le risque financier entraîné par la délibération visée, en tant qu'autorité administrative[263].

[263] Art. L.1524-2 CGCT : « Si le représentant de l'Etat estime qu'une délibération du conseil d'administration, du conseil de surveillance ou des assemblées générales d'une société d'économie mixte locale est de nature à augmenter gravement la charge financière d'une ou plusieurs des collectivités territoriales ou de leurs groupements actionnaires, ou le risque encouru par la ou les collectivités territoriales ou leurs groupements qui ont apporté leur garantie à un emprunt contracté par la société, il saisit, dans le délai d'un mois suivant la date de réception, la chambre régionale des comptes, à charge pour lui d'en informer simultanément la société et les assemblées délibérantes des collectivités territoriales ou de leurs groupements, actionnaires ou garants. La saisine de la chambre régionale des comptes entraîne une seconde lecture par le conseil d'administration ou de surveillance ou par les assemblées générales de la délibération contestée. La chambre régionale des comptes dispose d'un délai d'un mois à compter de la saisine pour faire connaître son avis au représentant de l'Etat, à la société et aux

Force est de constater que ce contrôle spécifique est très peu utilisé. Les contrôles exercés par les préfectures sont limités à des contrôles formels, du respect de la légalité externe alors même que « les enjeux principaux de ces contrôles portent... sur l'analyse des risques associés à des projets d'envergure ou à des montages juridiques complexes ». La Cour des comptes dans son rapport annuel de 2016 appelle à en rétablir les conditions d'efficacité[264]. Les procès-verbaux des conseils d'administration des SEM sont par ailleurs souvent trop succincts. Ils ne relatent que partiellement la teneur des débats des conseils d'administration des sociétés, comme peuvent le regretter les Chambres régionales des comptes dans la quasi-totalité de leurs rapports d'observation.

En second lieu, la Chambre régionale des comptes peut exercer un contrôle financier en application de l'article L. 211-4 et 8 du Code des juridictions financières à l'initiative de la chambre ou sur demande du préfet. Ces contrôles sont toujours perçus par les SEM comme autant de cas d'ingérence dans la gestion de la société. Pourtant, ces contrôles sont autant de garde-fou pour l'économie mixte et sa bonne utilisation. La gouvernance de la SEM gagnerait ainsi à considérer autrement l'examen de gestion. Celui-ci peut au contraire être pour la SEM une opportunité de voir poser un regard extérieur, neutre et désintéressé sur la conduite de la société, son volume d'activité. En cela, la SEM aurait intérêt à renforcer la transparence de ses décisions. Certes, les recommandations des rapports d'observations définitives mériteraient d'être hiérarchisées par ordre d'importance, ils n'en demeurent pas moins que les questions posées par les chambres régionales des comptes et les recommandations formulées peuvent contribuer à la bonne gestion de la société. Cela suppose néanmoins pour la SEM de dépasser la logique de défiance qui entoure trop souvent ces contrôles.

---

assemblées délibérantes des collectivités territoriales et de leurs groupements, actionnaires ou garants. Lorsqu'il s'agit de sociétés d'économie mixte locales mentionnées à l'article L. 1522-6, le représentant de l'Etat et la chambre régionale des comptes sont tenus d'informer la société, les conseils d'administration des établissements ou groupements actionnaires concernés ainsi que le directeur général de l'agence régionale de santé de leurs décisions et avis ».

[264] Cour des comptes, Rapport public annuel 2016 – février 2016, p.329-366.

B - En interne : dépasser les obligations de contrôle formel et développer la pratique d'un contrôle analogue

Comme toute entreprise, la société d'économie mixte est soumise au contrôle des comptes réalisé par un commissaire aux comptes et à celui de ses actionnaires.

Le commissaire aux comptes exerce un contrôle permanent de la société. En vertu des articles L. 823-9 du Code du commerce, il a l'obligation annuelle d'émettre un avis sur les comptes. Dans le rapport d'observations définitives sur la SEM ELIT, la Chambre régionale des comptes rappelle le rôle d'alerte du commissaire aux comptes prévu par l'article L. 234-1 du Code de commerce : « lorsque le commissaire aux comptes d'une SA relève, à l'occasion de l'exercice de sa mission, des faits de nature à compromettre la continuité de l'exploitation, il en informe le président du conseil d'administration... à défaut de réponse dans les quinze jours, ou si celle-ci ne permet pas d'être assuré de la continuité de l'exploitation, le commissaire aux comptes invite le président du conseil d'administration... à faire délibérer le conseil d'administration sur les faits relevés, ... et en informe le président du tribunal de commerce ». Le commissaire aux comptes a une fonction d'alerte sur les conséquences de la gestion courante pour l'avenir de la société qui est fondamentale pour les actionnaires, les créanciers[265].

A ce contrôle s'ajoute le contrôle des actionnaires et notamment des organes délibérants des collectivités territoriales. L'article L. 1524-5 du CGCT prévoit ainsi que les assemblées des collectivités territoriales « se prononcent sur le rapport écrit qui leur est soumis... une fois par an par leurs représentants au conseil d'administration..., et qui porte notamment sur les modifications des statuts qui ont pu être apportées à la société d'économie mixte ».

Dans la pratique, les administrateurs des collectivités n'élaborent que très rarement un rapport écrit sur l'activité de la SEM. La loi n'a malheureusement prévu ni la forme selon laquelle, les collectivités territoriales doivent se prononcer, ni voulu sanctionner l'absence de délibération et de transmission du rapport.

---

[265] CRC Languedoc-Roussillon, Rapport d'observations définitives SA ELIT, n°076/058 du 31/01/2007

Cette imperfection du contrôle interne traduit, là encore, le manque de culture de l'économie mixte par les élus… au détriment, au final, de la société. Le rapport annuel du mandataire à sa collectivité pourrait au contraire relever d'une logique « gagnant-gagnant » et participer à :

- la définition et au partage de la stratégie de la société avec l'ensemble des élus de la collectivité,
- l'acculturation des élus d'opposition aux enjeux de la société de manière à les sensibiliser en vue d'une potentielle alternance.

Ce rapport permettrait également de tenir informer les services de la collectivité de l'activité et de la situation financière de la société. En effet, si les élus participent au conseil d'administration, ils ne rendent pas forcément compte des actions de la société à leurs propres services. Les services considèrent alors à tort que la société d'économie mixte est un satellite sur lequel la technostructure n'a aucune prise. C'est une des raisons pour lesquelles l'outil SPL a été perçu par les services des collectivités comme un moyen de reprendre la main sur des outils qui s'étaient éloignés.

Plutôt que d'entretenir des liens cordiaux, mais souvent distendus avec les services de la collectivité, la direction de la société d'économie mixte devrait veiller à renforcer les liens qui l'unissent avec les services de la collectivité référente et réciproquement.

La SEM a tout à gagner au développement d'un contrôle de la collectivité qui se rapprocherait d'un contrôle analogue sur son activité, dont elle n'est pas très éloignée dans les faits (notamment au regard du nombre de conseils d'administration qui sont souvent supérieurs à trois par an). Le contrôle analogue, qui est habituellement le propre des SPL, se définit comme le contrôle qu'exercerait la collectivité sur ses propres services. Il se matérialise par trois circonstances cumulatives [266]:

- la représentation directe de la collectivité au conseil d'administration,
- la possibilité pour la collectivité de requérir l'inscription d'un projet à l'ordre du jour en raison d'une disposition statutaire ou règlement intérieur,

[266] CE 6/11/2013 Cmne de Marsannay-la-Cote – SPLAAD n°365079, arrêt rendu sur la capacité de participer effectivement au contrôle analogue d'une SPL dont elle ne détenait que 1% du capital.

- le fait de considérer la collectivité en capacité d'exercer une influence déterminante tant sur les objectifs stratégiques que sur les décisions importantes de l'entité.

Un recours optimisé à l'économie mixte doit tendre vers le rétablissement d'un contrôle analogue de la collectivité référente sur sa société comme l'illustre l'exemple réussi des Groupes d'EPL constitués de SEM et SPL autour d'un GIE. L'effectivité du contrôle analogue n'est cependant jamais acquise. « L'effort pour maintenir un contrôle analogue doit être continu et doit durer aussi longtemps que dure la société. Un des meilleurs moyens de le garantir est de créer des procédures et de s'y astreindre au travers d'un règlement intérieur qui précisera les modalités pratiques de contrôle par la collectivité »[267].

[267] Fédération des epl - ADCF, SPL et dynamiques territoriales, coll. Etudes prospectives, 2015, p33-34.

Chapitre 3 : Développer une culture du partenariat public privé et favoriser la coopération territoriale

Par définition, le partenariat est une association entre deux ou plusieurs entités qui ont intérêt à coopérer en vue de réaliser un objectif commun. Tout en laissant leur autonomie à chacune des parties, le partenariat induit des synergies, une complémentarité. Il est le résultat d'un équilibre précaire, partagé entre l'autonomie que peut revendiquer chacun des partenaires et l'objectif de collaboration qu'ils se sont fixé. Le partenariat suppose d'être organisé pour veiller au respect de l'équilibre des relations.

L'économie mixte se veut être « la forme la plus aboutie du partenariat public-privé ». Les statuts des sociétés d'économie mixte prévoient effectivement l'organisation de ce partenariat au travers de réunions de conseil d'administration, d'assemblée générale, un droit d'information de chacune des parties...

Cependant, ce partenariat n'a pas seulement besoin d'un cadre formel pour se développer, il a besoin de l'acquisition d'une culture partenariale. Le partenariat n'est pas un acquis. Il n'existe que dans le cadre de relations appropriées. Aussi, la dynamique d'émergence d'une culture partenariale requiert-elle des conditions propices. Il s'agit moins d'établir des structures que de mettre en place des processus de connaissance et d'apprentissage pour agir en interdépendance.

Pour remédier à la gouvernance fragilisée décrite dans la 1ère Partie, la gouvernance de la SEM doit s'employer à développer une culture du partenariat avec l'ensemble des actionnaires publics et privés. Ils doivent constituer une réelle force de proposition et de contrôle au sein du conseil d'administration de la société, apprendre à « faire société » autrement que par rapport à l'actionnaire qu'il représente.

L'atteinte de cet objectif implique de :

- créer au sein de la SEM les conditions d'un réel partenariat public-privé (Section 1),
- dépasser les antagonismes locaux (Section 2).

Section 1 - Créer les conditions d'un réel partenariat public privé

La viabilité économique de l'économie mixte repose sur l'implication commune de ses actionnaires dans la société. Les actionnaires publics et privés doivent poursuivre la même finalité à long terme au service de l'intérêt général, dans le respect de l'équilibre financier des opérations et de la société. En somme, ils partagent le même *affectio societatis* qui se définit comme « l'intention qui doit animer les associés, de collaborer sur un pied d'égalité. Il implique non seulement un esprit de collaboration, mais aussi le droit pour chaque associé, d'exercer un contrôle sur les actes des personnes chargées d'administrer la société[268] ».

Cet *affectio societatis* suppose que la société s'entoure des actionnaires (privés, mais aussi publics) qui partagent la même visée (A), et s'organise pour parer aux éventuels désaccords (B).

A - Rechercher les partenaires privés les plus à même de favoriser l'activité et sa pérennité

Le choix d'un actionnaire privé ou public pour participer au fonctionnement de la société ne doit pas être un choix anodin. Il s'agit de trouver des actionnaires avec lesquels il existe :

- une complémentarité de compétences,
- une expérience commune réussie,
- une conception similaire de l'économie mixte,
- une même vision de long terme sur les objectifs de la société : sa stratégie et son rythme de développement, sa capacité à s'auto développer et à dégager des résultats.

Jusqu'à l'ordonnance en date du 10 septembre 2015 relative à la simplification de la vie des entreprises[269], les sociétés anonymes devaient, en application de l'article L. 225-1 du code de commerce, réunir au minimum 7 actionnaires (à l'exception des SPL et SEMOP

---

[268] S.Guinchard, dir., Lexique des termes juridiques, 17ème éd.Dalloz Paris, 2016, p.32.

[269] Ordonnance n° 2015-1127 portant réduction du nombre minimal d'actionnaires dans les sociétés anonymes non cotées prise en application de l'article 23 de la loi du 20 décembre 2014, qui diminue le nombre minimal d'actionnaires dans les sociétés anonymes (SA) non cotées et adapte en conséquence les règles d'administration, de fonctionnement et de contrôle de ces sociétés, sans remettre en cause les compétences et les règles de composition, d'organisation et de fonctionnement de leurs organes.

qui pouvaient être composées uniquement de deux actionnaires de manière dérogatoire à l'article L. 225-1). Par conséquent, un certain nombre de SEM (qui ont souvent été créées à l'origine comme des SEM communales[270]) ont trouvé un moyen de respecter la loi en recherchant six actionnaires privés aux participations symboliques compte tenu du seuil des 15% du collège privé à respecter pour constituer la SEM. L'actionnariat des sociétés d'économie mixte s'en est trouvé longtemps déséquilibré au détriment des actionnaires privés, considérés, de ce fait, comme une puissance négligeable. Les rapports des chambres régionales des comptes ne manquent pas de relever cette incongruité.

Avec la réforme territoriale en cours, la réduction du nombre minimal d'actionnaires nécessaire à la constitution de la société peut participer à la recomposition de l'économie mixte. L'économie mixte a tout à y gagner même si le rééquilibrage de l'actionnariat peut s'avérer complexe à mettre en œuvre. Il suppose en effet :

- que la collectivité accepte de voir un actionnaire privé prévaloir sur d'autres en termes de détention de capital,
- mais également que l'actionnaire ou les actionnaires privés acceptent de jouer un rôle prépondérant dans la vie de la société, constituent une réelle force de proposition et de contrôle au sein de son conseil d'administration, ce qui peut constituer un changement de paradigme pour de nombreux actionnaires.

Dans cet esprit renouvelé, l'élaboration d'un protocole d'actionnaires trouve pleinement sa justification.

B - Adopter un pacte d'actionnaires pour préparer les éventuels désaccords

Le pacte d'actionnaires constitue une technique de maintien du contrôle de *l'affectio societatis* et de contrôle de la stabilité de l'actionnariat. Il règle sur une période déterminée la mise en œuvre d'une stratégie d'investissement, le contrôle, la conduite des affaires et les conditions de modification de la répartition des actions d'une société. Généralement, les relations entre les actionnaires ainsi qu'à l'égard de la société sont prévues par les statuts. Cependant, le pacte d'actionnaires peut régir ces rapports lorsque les actionnaires sont peu

[270] En 2006, les communes représentaient 42% de l'actionnariat des SEM. En 2015, les communes constituent encore 35% de l'actionnariat de référence des SEM.

nombreux. Contrairement aux statuts qui sont des documents publics, le pacte d'actionnaires présente l'avantage d'être plus souple, car il revêt la forme d'un contrat sous seing privé. Il fait l'objet d'une négociation propre, avec des points de sensibilités qui peuvent varier selon les sociétés.

La fédération des SEM promouvait[271], déjà en 2000, l'élaboration de ce type d'accord, dans le but d'expliciter les motivations des partenaires. Force est de constater, quinze ans après, que cette recommandation n'a pas encore été suivie par l'ensemble de ses adhérents. Sur l'ensemble des participations que la Caisse des Dépôts détient dans les sociétés d'économie mixte (soit un peu moins de 45% du total des SEM au niveau national), seulement 35% d'entre elles ont conclu un pacte d'actionnaires.

La Caisse des Dépôts fait partie des actionnaires privés qui militent le plus pour la signature de ces protocoles d'actionnaires. Elle a commencé à les contractualiser à partir des années 2000 et les a systématisés à compter de 2008 dans sa doctrine d'investissement à toute prise de participation[272]. L'objectif est de préserver les droits des actionnaires minoritaires en leur garantissant une participation à la gouvernance, une rémunération du capital et des sécurités (participation aux décisions stratégiques, possibilité de sortie…). La Caisse des Dépôts tend aujourd'hui à les généraliser aux sociétés d'économie mixte existantes. Le protocole d'actionnaires d'une durée de dix ans est alors l'occasion :

- de rappeler les objectifs communs des associés en matière d'activité et de développement de la société et des moyens pour y parvenir à l'appui de l'actualisation d'un business plan annexé au pacte d'actionnaires,
- de fixer les règles de gouvernance de la société et notamment :
    - encadrer la liste des décisions stratégiques devant être prises par le conseil d'administration et qui ne peuvent être déléguées au directeur général ;
    - préciser les règles de majorité qualifiée qui doivent le cas échéant s'appliquer à certaines décisions ;

---

[271] Fnsem, SEM, mode d'emploi, 2000, p.20

[272] Cour des Comptes, communication au Sénat, précitée, p.46.

- Instituer des comités stratégiques ou comité d'engagement consultatif qui seront amenés à se prononcer *a minima* sur les décisions stratégiques et les opérations à engager par la société, leur impact sur les fonds propres et les risques encourus ;

- déterminer les principes de rentabilité des capitaux propres investis et de distribution des dividendes ;
- assurer les conditions de liquidité des titres.

La signature de ces pactes d'actionnaires requiert un changement de culture qui ne se fait pas sans renoncement : de la part de la collectivité référente qui est amenée à partager sa vision, de la part également de certaines directions générales qui sont conduites à pratiquer de nouvelle manière de fonctionner avec les associés de la société. Comme le constatait déjà en 2010, la Cour des comptes, « le faible nombre de pactes [alors] conclus, démontre la difficulté d'aboutir à un accord avec les collectivités partenaires[273] ».

Au final, il s'agit d'adopter de nouvelles pratiques de l'économie mixte, sans doute plus conforme à son esprit, qui facilitent l'instauration d'un réel partenariat public-privé.

Section 2 - Dépasser les antagonismes locaux

Par définition, l'économie mixte est un mode de gestion fondé sur la coopération et le partenariat public-privé. Il suppose également au sein du collège public de la société d'économie mixte une forme de partenariat et d'adhésion pour contribuer à la réussite d'un projet collectif.

Aujourd'hui plus que jamais, l'économie mixte a du mal à se concevoir à partir du seul territoire communal. Pour asseoir la viabilité de son projet économique, la société d'économie mixte doit dépasser les antagonismes locaux qui ont pu se créer au fil du temps, *a fortiori* dans une région aux identités fortes, marquée par les reliefs et un fort attachement des populations à leur environnement local.

Pour se développer et remplir pleinement sa mission, l'économie mixte a besoin de la coopération indispensable de l'ensemble des

[273] Cour des comptes, communication au Sénat, précitée, p.47.

partenaires publics qui la compose. Cette coopération est conditionnée par :

- des élus convaincus, formés et informés sur les conditions d'un bon usage de l'économie mixte comme le soulignait déjà en 2000 Loïc Le Masne de Chermont[274], alors Président de la Fédération des SEM (A),
- une volonté des élus locaux de partager des projets communs (B).

A - Faire émerger une culture de l'économie mixte parmi les élus locaux

Dans son rapport annuel de 1990, la Cour des comptes soulignait le manque de culture de l'économie mixte des élus locaux. Elle regrettait la dégradation de la situation financière des sociétés d'économie mixte du fait :

- - d'un « contrôle incertain par les collectivités locales du fait de comptabilités peu satisfaisantes impliquant une appréciation des comptes malaisée,
- - de la mauvaise gestion aux lourdes conséquences financières : l'insuffisance d'études préalables, les incertitudes dans les prévisions financières contribuant à alourdir le coût final des opérations ».

Elle tentait alors d'expliquer cette situation par la méconnaissance des élus locaux : « les élus sont-ils formés au contrôle de professionnels dont les soucis sont bien loin des leurs ? »

Vingt-cinq ans après, la première partie de ce constat ne pourrait être généralisée à l'ensemble des sociétés d'économie mixte. Elles appliquent désormais la comptabilité analytique, le contrôle de gestion s'est développé. Certes, la pratique de l'économie mixte est perfectible, mais le constat est moins catastrophique qu'en 1990.

Pour autant le paysage de l'économie mixte s'est complexifié, sous l'effet d'une gamme d'EPL étoffée, de la diversification des activités des sociétés et le développement de la filialisation des outils. Force est de constater que l'ensemble des élus n'ont pas acquis la culture de l'économie mixte. Les magistrats financiers appellent régulièrement à une implication toujours plus professionnelle des élus au sein de leurs EPL et à une formation spécifique des administrateurs. Didier

[274] Président de la Fédération des SEM de 1999 à 2002, Vice-président du Conseil général de Loire Atlantique de 1982 à 2004

Migaud, Président de la Cour des comptes, l'a encore rappelé lors de la réunion du Club des présidents d'EPL le 2 juin 2016[275].

Si les formations proposées se sont développées, sous l'égide de la Fédération des EPL, l'acquisition d'une culture est lente à se diffuser, *a fortiori* avec le jeu des alternances. Elle suppose parfois une remise en cause des a priori que les élus peuvent avoir vis-à-vis du domaine de l'entreprise ou au contraire d'idée préconçue sur l'économie mixte qui s'assimilerait au socialisme municipal.

La diffusion de cette culture suppose la mise en avant des réussites de l'économie mixte. Elle nécessite des élus convaincus de son utilité. La région Occitanie est riche d'un peu plus de 90 sociétés d'économie mixte et 117 EPL. Toutefois, depuis la présidence d'Axel Raymond (maire de Colomiers), en 1992, aucun élu de la région n'a été élu président de la fédération. Aujourd'hui, les représentants de la région Occitanie au sein des instances de la Fédération des Epl sont :

- Gérard Trémège, Trésorier de la Fédération, membre du Bureau et du Conseil d'administration de la Fédération nationale, maire de Tarbes, conseiller régional de Midi-Pyrénées, président de la SEMI DE TARBES, vice-président de la Fédération des Epl Midi-Pyrénées,
- Christophe Perez, membre du Conseil d'administration de la Fédération nationale, directeur général de la société d'équipement de la région montpelliéraine (SERM 34) et de la société publique locale d'aménagement de l'agglomération de Montpellier (SAAM),
- Paul Blanc, membre du Conseil d'administration de la Fédération nationale en tant que personne qualifiée, maire de Sournia, président de la société d'économie mixte Conflent Fenouillèdes communications (SCFC Sournia)
- Sylvie Rouillon-Valdiguié, Présidente de la Commission tourisme de la Fédération, 22ème adjointe au maire de Toulouse, et 15ème vice-présidente de Toulouse métropole.

Indépendamment de la qualité des personnes représentées dans ces instances, on peut s'étonner du faible nombre d'élus de la région Occitanie dans les instances nationales de cette fédération et le fonctionnement difficile des associations régionales. Elle traduit peut être, tout simplement, un manque de culture de l'économie mixte parmi les élus locaux.

---

[275] Fédération EPL, actualité 9/06/2016

Ce manque de culture peut expliquer la pratique perfectible de l'économie mixte de la région Occitanie telle que nous avons pu l'analyser dans la 1ère partie. Le territoire régional aurait pourtant intérêt à porter une attention tout particulière pour diffuser et s'approprier cette culture. Dans un territoire marqué par les identités locales, où la coopération ne va pas toujours de soi, la diffusion de la culture de l'économie mixte pourrait démontrer l'intérêt de nouer des partenariats institutionnels pour mener à bien des projets communs.

B – Partager des projets communs au-delà des strictes limites de la collectivité

Dans un double contexte de maîtrise de la dépense publique locale et de rationalisation de leurs interventions, les collectivités territoriales sont, probablement plus qu'auparavant, conduites à moderniser et mutualiser leurs modes de gestion. Comme nous l'avons vu précédemment, la réforme territoriale devrait favoriser ce mouvement par les profondes évolutions qu'elle devrait induire dans les relations horizontales et verticales entre collectivités.

En fonction de l'organisation des transferts de compétences qui vont être opérés, nous pourrions assister à un profond remodelage de l'organisation des territoires et de manière corollaire du paysage régional de l'économie mixte.

La réussite de ce remodelage sera fonction des coopérations que les acteurs locaux décideront de nouer autour des nouvelles entités intercommunales. Ces nouvelles intercommunalités constitueront de fait des maîtres d'ouvrage intervenant sur un périmètre élargi. Celui-ci devrait favoriser la redéfinition des stratégies et œuvrer à la mutualisation des moyens, mais également des financements pour plus d'efficacité et d'efficience.

Dans la perspective de la recomposition des outils d'économie mixte qui ne manquera pas alors d'être posée, il pourrait être formulé plusieurs conseils aux élus de ces territoires amenés à redéfinir les outils existants :

1) Concernant le processus de décision

- Eviter les compromis et privilégier un choix collectif éclairé dans une logique « gagnant-gagnant »,

- s'abstraire des considérations de ressources humaines et de poste d'administrateur pour se focaliser sur la stratégie territoriale
- Savoir raison garder par rapport aux conseils prodigués et aux tendances du moment, qui peuvent être le reflet d'intérêts particuliers.

2) Concernant l'échelle de réflexion (temporelle et géographique) :

- Développer une vision globale du territoire
- S'abstraire de considérations de court terme pour se projeter sur le long terme
- Eviter la création d'outils d'économie mixte sur des objets et des territoires limités.

3) Concernant les outils existant :

- Savoir reconnaître, le cas échéant, que l'outil a fait son temps et le remettre en cause,
- Mettre en perspective les outils existants et à créer, en réfléchissant à leur devenir.

4) Concernant la recomposition des outils à opérer

- Tenir compte des outils existant en dehors du territoire et composer avec eux
- Oser des regroupements d'outils dans la mesure où ils répondent à une stratégie territoriale et savoir étendre les compétences territoriales
- Pour toute création établir un bilan coût/avantages objectif
- Penser aux logiques de groupe d'EPL en fonction des projets : SEM/SPL, SEM/SemOp, SEM/SPL/SemOp
- Réserver le recours à la SemOp pour des projets d'envergure, complexes et onéreux (supérieur à minima à 5-10M€).

5) Concernant la mise en œuvre des décisions

- Conserver le pilotage au sein de la collectivité actionnaire de référence en veillant à associer les autres actionnaires publics,
- éviter la désignation d'administrateurs en fonction de la composition d'une majorité plurielle, mais faire prévaloir la compétence des administrateurs sur l'appartenance.

En définitive, il s'agit tout simplement de définir et de dégager l'intérêt général, de fédérer les énergies autour d'un projet collectif ambitieux plutôt que de les disperser sur des projets de moindre envergure. Cela suppose de s'abstraire d'une vision politicienne pour faire de la politique, au sens grec du terme. Comme le territoire, l'économie mixte ne relève d'aucun courant idéologique, elle n'est utile qu'à ceux qui savent s'en servir à bon escient.

Conclusion

Cette monographie constitue en quelque sorte un diagnostic de l'économie mixte dans la région Occitanie qui en est à ses premiers balbutiements. Riche de quatre vingt dix sociétés d'économie mixte, le paysage régional de l'économie mixte est le reflet naturel des contraintes de l'action publique locale et des forces et faiblesses des territoires. La dynamique de l'économie mixte régionale s'y caractérise ainsi par une vision de développement et d'aménagement plus prégnante dans l'ex territoire régional de Languedoc-Roussillon, tandis que l'ex territoire régional midi-pyrénéen présente une économie mixte, souvent pensée « au coup par coup » pour répondre à la défaillance de l'initiative privée.

S'il est difficile de généraliser à partir d'études de cas toujours très spécifiques et parfois très localisées, il n'en demeure pas moins que ces études permettent d'appréhender la manière dont les territoires se sont appropriés l'économie mixte. En fonction des problématiques locales, les réponses imaginées ont été différentes. La pratique de l'économie mixte tend, en revanche, à se rapprocher quels que soient les territoires de la région où l'on se trouve. L'interprétation du droit des sociétés par les collectivités est à géométrie variable *a fortiori* lorsque l'actionnariat privé est éclaté et faiblement représenté.

Sous l'effet de la réforme territoriale, la dynamique de l'économie mixte de la région Occitanie est amenée à se repenser. La fusion des ex régions Languedoc-Roussillon – Midi-Pyrénées, mais également la constitution de nouvelles intercommunalités suite à l'adoption des schémas départementaux de coopération intercommunale bouleversent le paysage existant, tout comme les transferts de compétences à venir (en matière de développement économique, d'organisation et gestion des transports interurbains, des déchets, …). Les collectivités sont amenées à élaborer de nouvelles stratégies de territoire qui affecteront durablement la dynamique de l'économie mixte.

Ce bouleversement constitue une opportunité pour l'économie mixte régionale qui est plus que jamais à la croisée des chemins :

- sur le devenir de certains partenaires historiques de certaines SEM,
- sur la taille critique des sociétés qui doit être adaptée aux projets.

C'est à la fois à un changement d'échelle et de philosophie de gouvernance à laquelle l'économie mixte est aujourd'hui conviée en se recentrant résolument sur le projet qu'elle a pour mission de réaliser. En filigrane, c'est la valeur et le rôle de l'économie mixte qui se dessinent derrière cette recomposition de l'économie mixte régionale.

Dans le contexte économique et budgétaire délicat dans lequel se trouvent les collectivités territoriales, l'économie mixte présente l'intérêt de constituer un support de partenariat éprouvé, qui permet à la puissance publique de bénéficier des compétences et des apports financiers de l'actionnariat privé, tout en restant sous la maîtrise de la collectivité territoriale. Dans la mise en œuvre des réformes territoriales, elle joue « un rôle stabilisateur et dynamisant[276] », car elle ne se pense et ne se conçoit utilement que dans le cadre du partenariat et de la coopération.

Loin d'apparaître archaïque et désuète, l'essence de l'économie mixte est mise en valeur par les nouveaux outils mis en place par le législateur ces dix dernières années. Les SPLA et les SPL complètent plus qu'elles ne concurrencent l'économie mixte. De même la SemOp, outil d'économie mixte dédié à des opérations complexes et onéreuses, ne saura remplacer la polyvalence qui caractérise la société d'économie mixte originelle.

La société d'économie mixte est un mode de gestion des services publics équilibré qui bénéficie d'une certaine « plasticité ». Société anonyme soumise au code du commerce et aux règles de droit privé en matière de personnel, fiscalité, comptabilité, la SEM allie, plus que tous les autres outils de la gamme des EPL,

- la polyvalence que ce soit en termes de potentiels de diversification d'activités ou de périmètre d'intervention,
- la maîtrise publique,

[276] Propos de F.Baroin, Président AMF, le 27/04/2016 concernant les EPL.

- l'expertise technique dans des domaines spécifiques,
- et la faculté d'associer des partenaires privés à des opérations d'intérêt général, qui peut être renforcée par la création de filiales dédiées pour réaliser certaines opérations.

La SEM voit également son recours simplifié par le nouveau contexte réglementaire de la commande publique.

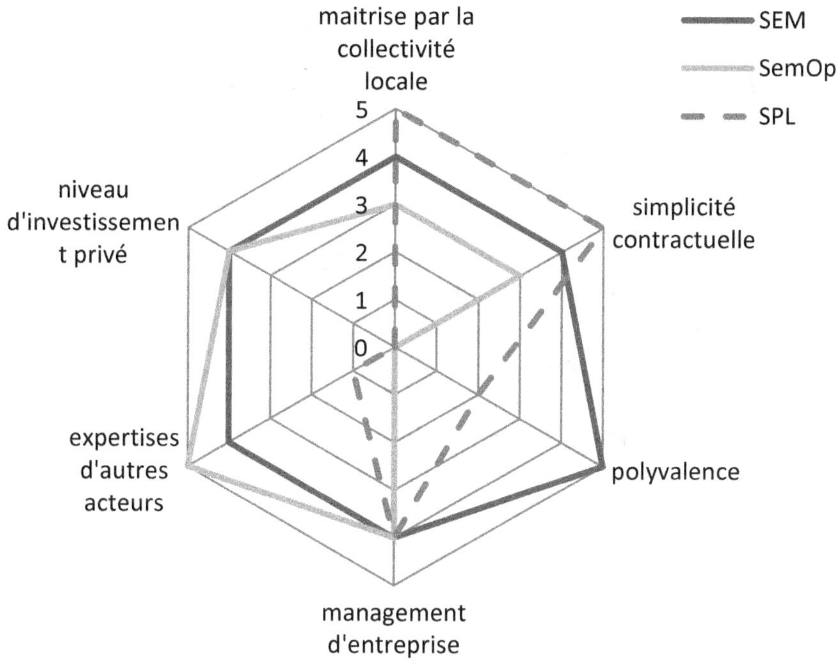

277

L'économie mixte n'est pas vouée à disparaître. Au contraire, en valorisant son analyse fonctionnelle, celle-ci trouve une nouvelle vitalité.

La SEM est un « outil de précision » au service de l'intérêt général et du développement du territoire. Elle est une entreprise de développement local qui « ne relève d'aucun courant idéologique[278] ». Elle peut être une réponse adaptée aux besoins des collectivités

[277] Graphique inspiré du comparatif réalisé par la Fédération des EPL : « EPL et autres modes de gestion » 2016.

[278] A.Mahé, ancien Président de la Fédération des SEM, cité par.F.Antona, ouvrage précité, p.41.

territoriales sous réserve de respecter certaines conditions, qui font partie de ses fondamentaux :

1) l'économie mixte doit se penser en fonction d'un projet, suffisamment ambitieux pour être en capacité de fédérer des partenaires publics et privés intéressés au devenir de la société,

2) elle ne doit pas servir « l'égoïsme territorial », à défaut de ne pouvoir assurer sa propre viabilité économique,

3) elle doit rester en permanence sous le contrôle de ses actionnaires publics et privés pour éviter que la société ne s'en désolidarise et ne s'éloigne de l'intérêt général dans des montages de filialisation complexes.

Au final, l'économie mixte ne donne sa pleine valeur que « si l'esprit et la lettre de la loi sont scrupuleusement respectés[279] ». L'économie mixte est une réponse à un projet et à une stratégie qui dépend des hommes et des femmes qui la font vivre. A l'aune d'une recomposition régionale des outils d'économie mixte, il serait utile de se réinterroger sur ces fondamentaux et les objectifs poursuivis dans l'intérêt du territoire.

[279] Fédération des SEM, SEM mode d'emploi, 2000, p.19

Bibliographie

I. Ouvrages généraux et spéciaux

Bizet (J.-F.), *EPL, SEM, SPLA, SPL,* Lamy, Axe Droit, Paris, 2012, 378p.

Braconnier (S.), *Droit public de l'économie*, PUF, Thémis, 2015, 486p.

Chérot (J.-Y.), *Droit public économique*, Economica, Corpus Droit Public, Paris, 2002, 712p.

Colin (F.), *Droit public économique*, Gualino, coll. mementos, LMD, 4ème éd., Paris, 2013, 357p.

Cozian (M.), Viandier (A.), Deboissy (F.), *Droit des sociétés*, 25ème édition, Paris, LItec, Coll.Manuel, 2012, 850 p.

DGCL, *Guide pratique des sociétés d'économie mixte locales*, la documentation française, Paris, 2007, 130p.

FNSEM, *SEM mode d'emploi*, Innovapresse, Paris, 2000, 152p.

Goutal (Y.), *La Société publique locale : création et fonctionnement*, Territorial éd.2012, Paris, 156p.

Guérard (S.), dir., *Regards croisés sur l'économie mixte*, L'Harmattan, coll.Grale, Paris, 2006, 423p.

Guinchard (S.), dir., *Lexique des termes juridiques*, 24ème éd.Dalloz Paris, 2016, 1164p.

Hauriou (M.), *Précis de droit administratif et de droit public,* 12ème éd.Dalloz, Paris, 2002, 1150p.

Klopfer (M.), *Gestion financière des collectivités territoriales : analyse financière et fiscale*, **Le** Moniteur, coll.Méthodes, 6ème ed., Paris, 471p.

Lafay (J.D.) Lecaillon (J.), *L'économie mixte*, PUF, Paris, 1992,127p.

Regourd (S.), Carles (J), Guignard (D.) dir., *Réformes et mutations des collectivités territoriales,* L'Harmattan, coll. Grale, Paris, 2012, 601p.

II. Thèses et monographies

Antona, (F), *L'économie mixte : un instrument de l'action locale*, Lille 2, 2011.

Brameret (S.), *Les relations des collectivités territoriales avec les sociétés d'économie mixte locales : recherche sur l'institutionnalisation d'un partenariat public privé*, Paris, LGDJ, Bibliothèque de Droit public, T.271, 2011, 466p.

Bru (L.), *Réflexion sur la société d'économie mixte à opération unique à l'aune de la formule de partenariat public privé institutionnalisé,* Toulouse 2014, 196p.

Da Rold (J.), *Les Sociétés d'économie mixte locales : acteurs et témoins des politiques urbaines et territoriales. " Quelle légitimité entre Partenariat Public Privé et Entreprise Publique Locale ?,* ADES, Bordeaux, 2008, 506p.

Durand (G.), *Recherche sur la nature des sociétés d'économie mixte,* 1994, Montpellier 1, 413p.

Marchand (J.) *Recherche sur le régime des actions et participations financières publiques*, LGDJ, Bibliothèque Droit public, Paris, T.279, 2014, 582 p.

Peltier (M.), *La participation des collectivités territoriales au capital des sociétés*, Aix en Provence, PUAM, 2007, 427p.

Prieur (M.), *Les entreprises publiques locales*, Paris, Ed.Berger-Levrault, 1969,327p.

Rondepierre (J.), *Expansion régionale, collectivités locales et sociétés d'économie mixte,* Paris, Impr.ad.centrale, 1960, 212p.

III. Articles

Antona (F.), le concept d'économie mixte en droit, p.31-41, in Regards croisés sur l'économie mixte

Auby (J.-B.), Les sociétés publiques locales en discussion, DA, n°3, 2012, p.37-38

Auby (J.-B.) Les sociétés publiques locales : un outil aux contours incertains, RFDA- 02/2012 - n°1 -pp. 99 -108

Bizaguet (A.), Les entreprises publiques locales en France, la Revue du Trésor, aout/sept.2001, p.517-522

Brameret (S.), La SEM à opération unique, Frankenstein juridique ?, RLCT, 2014, n°105,2782

Clamour (G.). Loi n°2010-559 du 28 mai 2010 pour le développement des sociétés publiques locales, Contrats et marchés publics, 2010, n°7, p.23-24

Devès (C.) A quoi sert l'économie mixte ?, RFAP, n°42, avril juin 1987, p.27-47 ; la modernisation du statut des sociétés d'économie mixte, AJDA, 2002, p.139-150 ; De la société d'économie mixte locale à la société publique locale : similitudes ou grand écart ?, RDFA, 2013, p.1082

Eckert (G.), Les sociétés d'économie mixte : la problématique communautaire, RFDA, 2005, p.959-972

Guglielmi (G.), La société publique locale, un nouvel outil de gestion des services publics locaux - Revue du Droit Public - 06/2011 - n° 3 - pp. 717-761

Kalflèche (G.), Le contrôle des collectivités sur les Sociétés publiques locales : faut-il rénover le *in house* ?, RFDA, 2012, p.1120

Karpenschif (M.), L'égale concurrence et les entreprises publiques locales,- Semaine juridique - administrations et collectivités territoriales (la) - 07/01/2013 - n° 1-2 - pp. 27-33

Mainnevret (R.), Les sociétés d'économie mixte à opération unique : l'apparition en droit français des contrats de partenariat institutionnalisés, Bulletin juridique des collectivités locales, 2014, n°9,

Maugué (Ch.), Stahl (J.H.), Le cadre juridique des relations financières entre société d'économie mixte et les collectivités locales, AJDA, 1996, p.475-488,

Peltier (M.), Dreyfus (J.-D.) Sociétés d'économie mixte locales et sociétés publiques locales, Encyclopédie Dalloz Sociétés, septembre 2015.

Peter (M.), La SEM un juste équilibre public-privé, CP-ACCP, n°59, octobre 2006, p.28-30

Terrien (G.), La galaxie des entreprises publiques locales, RLCT, n°100, av.2014, p.10-23

Voizard (K.-H), Les sociétés publiques locales : un bateau à la dérive ? - Pouvoirs locaux – 10/2014 - n° 102 - pp. 105-113

IV. Actes de colloques /Etudes

Les Entreprises publiques, Colloque organisé par la section du rapport et des études du Conseil d'Etat, Conseil d'Etat, Paris, 10/06/2016

Les Sociétés d'économie mixte, bilan et perspectives, Colloque organisé au Sénat par l'association des juristes de contentieux en droit public, le 25/05/2005, RDFA, 2005, p.946

Les Sociétés publiques locales, Actes du colloque organisé par l'institut Maurice Hauriou (UT1), RFDA - 12/2012 - n° 6 - pp. 1069-1158

Le cadre et les enjeux des SPL, SPL et dynamiques territoriales. L'implication des communautés dans les premières sociétés publiques locales - Etude ADCF - 2014 - 84 p

Le choix du mode de gestion des services publics locaux : le pouvoir stratégique des collectivités locales – Club Secteur public des experts comptables et Courrier des maires – 2007 – 304p.

EPLscope 2015, le baromètre des entreprises publiques locales – Fédération des EPL – Collection observatoire, 2016, 48p.

V. Rapports

1. Rapports parlementaires

Binet (E.), *Rapport AN n°1885 sur la proposition de loi (n° 1630), tendant à créer des sociétés d'économie mixte à opération unique,* 14ème législature, 16/04/2014, 94p.

Dusopt (O.), *Rapport AN n°2872 portant nouvelle organisation territoriale de la République*, 14ème législature, 17 juin 2015, 684 p.

Girod (P.) *Rapport Sénat n° 77 sur la proposition de loi tendant à moderniser le statut des sociétés d'économie mixte locales* , 15/11/2000, 84p.

Mézard (J.) *Rapport Sénat n° 199 sur les propositions de loi tendant à créer des sociétés d'économie mixte contrat***,** 2013-2014, 4/12/2013, 98p**.**

2. Cour des comptes et Chambres régionales des comptes

Cour des comptes, Communication à la Commission des finances du Sénat, *Les participations de la Caisse des dépôts et consignations dans l'économie mixte locale*, n° Ref 59214, 2010

Cour des comptes, *Rapport public annuel 2015* – février 2015

Cour des comptes, *Rapport public annuel 2016* – février 2016, p.329-366

CRC Languedoc-Roussillon, *Rapport d'observations définitives SEM Ales sur les exercices 1996 et suiv.,* 15/03/2004

CRC Languedoc-Roussillon, *Rapport d'observations définitives sur la SA ELIT, exercice 1994 et suiv*, Ref. n°076/058 du 31/01/2007

CRC Languedoc-Roussillon, *Rapport d'observations définitives SEM ACMEO, exercices 2002 et suiv.*, 18/11/2008

CRC Languedoc-Roussillon, *Rapport d'observations définitives PROMABA, exercices 2002 et suiv.*,n°106/018 du 12/01/2010

CRC Languedoc-Roussillon, *Rapport d'observation définitive - SEMETA – Exercices 2002-2008* - n°106-063 du 8/02/2010

CRC Languedoc-Roussillon, *Rapport d'observations définitives– SERM – exercices 2003 et suivants* - n°116/834 du 20/09/2011

CRC Languedoc-Roussillon, *Rapport d'observations définitives SEM TAM* – Exercices 2006 et suiv., n° 136/1206 du 10/12/2013

CRC Languedoc Roussillon, *Rapport d'observations définitives SEBLI sur les exercices 2008-2013,* Ref n°156/0049 du 8/01/2015

CRC Languedoc-Roussillon, *Rapport d'observations définitives SEML ALENIS, exercices 2008 à 2014*, n°156/0904 du 14/08/2015

CRC Midi-Pyrénées, *Rapport d'observations définitives SEMIB, 17/11/1997*

CRC Midi-Pyrénées, *Rapport d'observations définitives COGEMIP sur les exercices 1993 à 1998,* 20/04/2000

CRC Midi-Pyrénées, *Rapport d'observations définitives, SEM Albi-Expos, 2005* – Ref JL5 021 01

CRC Midi-Pyrénées, *Rapport d'observations définitives SEM Air 12, sur les exercices 2003-2005,* Ref. JO7 199 01 du 2/08/2007

CRC Midi-Pyrénées, *Rapport d'observations définitives SEM développement 12 (1990-1994) SEM de gestion 12(1990-1994), SEM 12 (1994-2000),* JO315701 & JO310801

CRC Midi-Pyrénées, *Rapport d'observations définitives sur la gestion de la SEM 81 sur les exercices comptables 1997-2001–* BO4 147 01

CRC Midi-Pyrénées, *Rapport d'observations définitives Commune de Carmaux (SEM ENEO), exercices 1998 et suiv.*, JO9 323 01

CRC Midi-Pyrénées, *Rapport d'observations définitives sur la gestion de la communauté de communes de Saint Affrique (partie relative à la reprise de l'abattoir), exercices 2007 et suivants*, Ref JO13 206 02

CRC Midi-Pyrénées, *Rapport d'observations définitives sur la gestion de la SEM N'PY – novembre 2013* Ref/DO 13 259 01

CRC Midi-Pyrénées, *Rapport d'observations définitives sur la gestion de la SAVASEM – exercices 2008 et suivants*, Ref JO14 120 01

CRC Midi-Pyrénées, *Rapport d'observations définitives sur la gestion de la SEM Lot aide à domicile, exercices 2010 à 2013*, Ref JO14 318 01

CRC Midi-Pyrénées, *Rapport d'observations définitives, SEM Cité des insectes, exercice 2009 et suivants*, Ref JO15 040 01

CRC Midi-Pyrénées, *Rapport d'observations définitives sur la gestion de la SEMAP- exercices 2008 et suivants*. Ref.JO15 155 01

CRC Midi-Pyrénées, *Rapport d'observations définitives sur la gestion de la SEMATEG, exercices 2009 et suiv*. Ref. JO15 251 01, sept. 2015

VII. Sites Internet

https://www.legifrance.gouv.fr/

http://www.conseil-etat.fr/Actualites/Colloques-Seminaires-Conferences

http://www.collectivites-locales.gouv.fr/

http://www.localtis.info

http://www.mairieconseils.net

http://www.amf.asso.fr/

http://www.lagazettedescommunes.com/

http://www.lesepl.fr/

https://www.ccomptes.fr/Nos-activites/Chambres-regionales-des-comptes-CRC/Languedoc-Roussillon-Midi-Pyrenees

Table des matières

Annexes

Annexe 1- Liste des SEM et SPL de la région Occitanie, adhérentes à la Fédération des EPL

Annexe 2 - Tableau comparatif des statuts de SEM, SEMOP, SPL, EPIC

Annexe 1 - Liste des EPL de la région Occitanie, adhérents à la Fédération des EPL, au 31/12/2015							
Nom	**EPL**	**Président**	**DG**	**Capital en K€**	**CA en K€**	**Nbre de salariés**	**Secteur**
EPL de Services / Gestion							
Ariège							
SAVASEM (Ski Alpin Vallée d'ax)	SEM	P.Peyronne	F. Esquirol	1261	8800	76	Tourisme
SEMTTAX (Thermale et Touristique d'Ax les thermes)	SEM	D.Fourcade		2484	410	0	Loisirs
Aude							
Pompes funebres intercommunales du lauragais	SEM	P? Greffier		250	0	12	Service à la personne
SEMBE	SEM	JP Bouisset	PDG	215	239	0	Environnement et réseaux
Aveyron							
SAEML Air 12	SEM	D.Segonds	Tom Roberts	762	2812	33	Dév éco
SEM Cité des insectes	SEM	S.Ayot	K.Hamel Cam	153	1052	22	Culture
SEM Abattoir du Villefranchois	SEM	S.Roques	G.Ricard	1200	0	0	Dév éco
SEM SACA (St Affrique construction aménagement)	SEM	A.Fauconnier		500	779	3	Dev éco
Abattage et découpe	SEM	Michel Bernat		200	0	0	Dev éco
SEM du Gd Rodez	SEM	M.Gantou	F. Taillefer	123	2208	30	Tourisme
Gard							
S° Exploitation camping Espiguette	SEM	R. Crauste		154	5670	38	Tourisme
SEAQUARIUM Musee de la mer	SEM	C. Bernard		228	0	30	Culture
SOGATHERM (S Gardoise de thermalisme	SEM	G.Sauquet	JM Bonventre	529	1340	22	Loisirs
Haute-Garonne							
SEM Altigone	SEM	D.Faure	.Fabre Candeb	40	181	10	Culture
SEMECCEL (SEM d'exploitation de centres culturel éducat	SEM	JL Moudenc	JB Desbois	2766	12200	112	Culture
SEMEST Le Zénith (SEM d'exploitation de spectacles)	SEM	M Marti	Alain Dubout	200	2610	6	Culture
SEMIDIAS (SEM pour l'innovation et le dév aéronautique	SEM	M.Alvinerie	JL Dupouy	152	757	9	Dév éco
Thermes de Cauterets	SEM	Npereira da cunha		39	0	0	Loisirs
SEM MINT (marché d'intérêt national)	SEM	JJ Bolzan	Cl. Sandeyront	2999	6000	38	Dév éco
Valcosem (SEM des coteaux de la vallée de l'Hers	SEM	R Gendre		228	3027	16	Tourisme
SEM PSP (Pyrénées, Services publics)	SEM	JY Duclos	S Boisard	1356	11666	43	Environnement et réseaux
SPL EAUX BAROUSS Comminge SAVE	SPL	JY Duclos	S.Boisard	460	0	48	Environnement et réseaux
SPL RIN (Réseaux d'infra numérique)	SPL	B.SERP	Th. Cavaillé	200	0	4	Réseaux
SO Toulouse	SEM	.Rouillon Valdiguie		951	1650	8	Tourisme
Gers							
SEMPA NOGARO (Paul Armagnac)	SEM	B.Gendre	C Divies	373	1	16	Loisirs
SPL Trigone	SPL	F.Dupouey		40	1656	16	Environnement et réseaux
Hérault							
La criée aux poissons des pays d'agde	SEM	C.Theron	A.Dessein	76	5700	14	Developpement éco
SEAMAN exploi Aquarium mare nostrum	SAS	C. Perez		300	4217	43	Loisirs
SEM PFO (pompes funebres des communes occitanes	SEM	R.Menard	M.Sauveplane	800	3770	34	Service à la personne
SEMIRAMIS (SEM pour la réalisation l'aménagement et la	SEM	P.Tailland	N. Toupart	370	368	4	Tourisme
SEMS SETE (SEM Sportive de sete)	SEM	M Naim	E Anfosso	400	0	14	Loisirs
Services funeraires montpellier mediterranée métropole	SEM	A.Yague	A.Pouget	1210	0	0	Service à la personne
SPL Bassin de Thau	SPL	F.Commeinhes	R.Magat	225	0	0	Stationnemnet
SODEAL (SEM de dev éco d'agde et du littoral	SEM	S.Hugonnet	M Tauler	228	11826	90	Tourisme
SPLETH (SPL exploit Thermes de Balaruc les bains	SPL	G.Canovas	PDG	2000	28094	370	Loisirs
TAM (Transport de l'agglo de montpellier	SEM	A EL Kandoussi	JL Frizot	4286	54840	1004	Transport
SOMIMON MERCADIS (S°MIN Montpellier	SEM	C. COUr	O.Lauro	240	2770	16	Developpement éco
Montpellier events	SEM	A?Jullian	C. Fiolet	35368	27000	135	Tourisme
Occitane de restauration collective	SEM	JC Million		801	3220	43	Service à la personne
SAS ENERGIE DU SUD	SAS	Ch Perez	F.Cauvin	3600	1318	0	Environnement et réseaux
SEMPER SEM Production énergétique renouvelable	SEM	A.Vogel Singer	P.Ponthieu	1000	0	0	Environnement et réseaux
Lot							
SOLVEROC (S° liaison verticale de Rocamadour)	SEM	D.Baudet		160	394	4	Transport
Lot aide a domicile	SEM	M.Gastal	R.Bensoussan	1800	17000	800	Service à la personne
Lozère							
Abattoir du Gevaudan	SEM	JP Pourquier	PDG	1200	0	0	Developpement éco
Les petits loups du gevaudan	SPL	S.Chazalmartin		135	0	0	Service à la personne
SELO S°Equipement pour le dev de la lozère	SEM			761	5297	72	Tourisme
Hautes Pyrénées							
Promodev	SEM	J.Tardos	PDG	38	760	8	Tourisme
SEMAP de Peyragude	SEM	M.Pelieu	L.Garcia	795	9299	91	Tourisme
SEMETHERM Développement	SEM	N.Darrieutort	C.Piquemal	702	0	0	Loisirs
SEM Aragnouet Engaly	SEM	J.Mouniq	B.Vernardet	148	5426	63	Tourisme
SEM de l'Abattoir de Tarbes	SEM	G.Tremeges		308	0	0	Dev éco
SEM Pont D'Espagne	SEM	M.Aubry		304	300	0	Tourisme
SPL Balnéa	SPL	M.Pelieu		152	3000	40	Loisirs
ESL Energies Services Lannemezan	SEM	B.Plano	J.Houmault	930	11000	18	Environnement et réseaux
N'Py (Nouvelles Pyrénées)	SEM	M.Pelieu	Ch.Massoure	59	2838	30	Promotion territoriale dév éco
SEM du Pays Toy	SEM	Annie Sagnes	S.Marck	38	96	2	Tourisme

Pyrénées Orientales							
Perpignan Saint Charles Conteneur terminal	SEM	JM Pujol		500	0	0	Dév éco
SAGA S°aménagement gestion d'argeles sur mer	SEM	P. Aylagas	PH JeanJean	240	2022	12	Tourisme
SAGAN S° aménagemnet gestion abri nautique	SEM	H.Lozano		38	470	4	Tourisme
SEM Crematiste catalane	SEM			793	382	4	Service à la personne
SEML PCAP (SEM Prades conflent accueil promotion)	SEM	JC Janer	PDG	38	491	5	Culture
SPL SILLAGES	SPL	B.Dupont	J.Perez	260	4941	33	Tourisme
Perpignan Cable	SEM	D.Pages	PDG	40	122	12	Réseaux
SCFC Sournia (conflent Fenouilledes Communication)	SEM	P. Blanc	PDG	173	96	0	Réseaux
SEM la Portvendraise	SEM						
Tarn							
Eveer'hy'pole	SEM	JM Bouat	Y.Matha	80	0	0	gestion
Pole funéraire public de l'albigeois	SPL	D.Gaudefroy	P.Doise	800	2250	20	Service à la personne
SPL d'un Point à l'autre	SPL	C.Testas	JF Cornac	260	12889	148	Transport
MAPAD	SEM	J.Borissoff	B.Martinez	338	2514	43	Service à la personne
SEM Albi Expos	SEM	Y.Matha	PDG	122	787	8	Tourisme
Intermediasud	SEM	J.Limouzy	T.Bardy	1308	5100	30	Réseaux
SEM E Tera	SEM	Th Carcenac	M.Gauche	2223	6900	40	Réseaux
SEM ENE O (Energies Services Occitans	SEM	A.Espie	J.Houmault	6470	10000	20	Environnement et réseaux
SO SAL EX	SEM	F.Galindo		161	37	0	Dev éco
Tarn et Garonne							
SEAM Montauban (exploitation Abattoirs montauban)	SEM	R.Infanti	Y.Six	38	1606	30	Dév éco
SEMP TM (Transport Montalbanais)	SEM	JM Dejean	E Boivin	120	722	50	Transport
à compétence régionale							
Sud de France développement	SPL	C.Giacometti	F. Fourrier	1031	2550	50	Promotion territoriale dév éco
LRAD	SPL	région	A joubert				dév éco Attractivité
EPL d'aménagement							
Aude							
ALENIS	SEM	D.Aldebert	E.Teixeira	240	3609	2	aménagement
Aveyron							
SEM 12	SEM	Ch.Laborie	S.Rouby	226	705	9	Aménagement
Gard							
SAT S°aménagement des territoires	SEM	R Flandin	A Cotillon	3184	6470	14	Aménagement
SEGARD	SEM	O Gaillard	C Decaudin	5128	11383	19	Aménagement
SPL AGATE	SPL	R.Flandin	A.Cotillon	225	12	14	Aménagement
SPL Ales Cevennes	SPL	M.Roustan	P.Perrier	225	0	0	Aménagement
SPL Terre d'Argence	Spl	J Martinez	PDG	230	0	0	Aménagement
Haute Garonne							
OPPIDEA	SEM	G.Broquere	aphael Catonn	14874	58577	60	Aménagement
SMAT (Mobilité de l'agglomération Toulousaine	SPL	F.Grass	X Bonneau	3075	5500	56	Aménagement
EUROPOLIA	SPL	JL Moudenc	Alain Gares	900	1882	12	Aménagement
Hérault							
Herault Aménagement	SEM	P.Bouldoire	E.Campos	8691	10149	20	Aménagement
SA ELIT équipement du littoral de Thau	SEM	F Commeinhes	R Magat	258	3608	4	Aménagement
SEBLI (équipement du bitterois et de son littoral)	SEM	F Lacas	Th Boucher	2494	13915	26	Aménagement
SEMABATH SEM aménagement du bassin de Thau	SEM	P.Mauzac	P.Bouldouyre	1250	4195	20	Aménagement
SERM (SEM de la région montpellieraine)	SEM	M.Levita	C.Perez	5894	101152	75	Aménagement
L'or aménagement	SPL	Y.Bourrel	F Saury	320	700	7	Aménagement
SPLA SAAM (S°aménagement agglo montpel)	SPLA	P.Saurel	C.Perez	1770	6423	0	Aménagement
Territoire 34	SPLA	P.Bouldoire	E. Campos	710	1259	11	Amenagement
SA ELIT équipement du littoral de Thau	SEM	F Commeinhes	R Magat	258	3608	4	Aménagement
Pyrénées Orientales							
Roussillon aménagement	SEM	A.Reynal	T Mousnier	241	1158	10	Aménagement
SPL Perpignan Méditerranée	SPL	JM Pujol	JM Ferry	340	800	12	Aménagement
SPL PO Aménagement	SPL	A.Reynal	Mousiner Lom	412	0	0	Amenagement
Tarn							
THEMELIA	SEM	Th Carcenac	Ph.Quillet	899	2265	19	Aménagement
SPLA les Portes du tarn	SPL	Th Carcenac	A.Chorro	180	458	4	Aménagemnet
Tarn et Garonne							
Montauban trois rivières aménagement	SPLA	B.Bareges	PDG	1330	3448	5	Aménagement
SEMATEG (SEM aménagement Tet G	SEM			562	1200	15	Aménagement
à compétence régionale							
CACG Compagnie d'aménagement des coteaux de gascog	SAR	larie Pierre Cabann	Alain Poncet	2100	27000	196	Aménagement/Construction
BRL	SEM	F.Bigotte	JF Blanchet	29588	17434	674	Environnement et réseaux
LRA Languedoc Roussillon Aménagement	SEM	N.Frontanau	A.Joubert	4635	7886	49	Aménagement
COGEMIP Construction et gestion Midi pY	SEM	beth Dupuy Mitter	ristophe Dagne	5161	1100	11	Aménagement
SPL ARPE (Assoc Régionale pour le dév durable Midi Py)	SPL	G.Poujade,		458	0	33	Aménagement
SPL MPC (Mdipy Construction)	SPL	beth Dupuy Mitter	Ch.Dagneau	230	3200	30	Aménagement
EPL immobilier							
Lozère							
Mende Fontanilles	SEM	A. Bertrand	P. Cayot	400	160	12	Logement immob
Gard							
SAEM ALES	SEM	M. Roustan	P Perrier	2009	754	3	Logement immob
Haute Garonne							
SEMIVALHE (Immobiliere de la vallée de l'Hers)	SEM	G.Rieunau		600	2338	2	Logement immob
Forum d'entreprises de Revel	SEM	A.Chatillon	E.Thibault	1379	69	0	Dév éco
SAEML Belle visite	SEM	G.Vincent	P.Remer	308	307	0	Logement immob
Hautes Pyrénées							
SEM de l'Accueil	SEM	J.Bourdeu	Franis Latour	228	1800	1	Logement immob
SEMIP Peyragudes	SEM	M.Pelieu	J.Hubert	228	200	0	Logement immob
SEMI de Tarbes	SEM	G.Tremeges	I.Bonis	1800	6441	24	Logement immob

Annexe 2 – Tableau comparatif des modes de gestion des services publics

	Régie Simple	Régie Personnalisée/EPIC	SPL	SEMOP	SEM	Entreprise privée délégataire	Association	SCIC
Structure	Service communal sans personnalité juridique ni capital	Personne morale de droit public dotée d'une autonomie financière et sans capital	SA 100% publique	SA à capitaux mixte	SA à capitaux mixte	Société de droit privé à capitaux privés	Association loi 1901, sans capital	Société coopérative sous la forme de SA ou SARL à capitaux privés
Création	Création par décision de la collectivité	Création par délibération de la collectivité, autorisation du Préfet, décret.	Création par délibération de la collectivité territoriale			Libre	Création par une déclaration préalable en préfecture, à but non lucratif	Obtention préalable d'un agrément préfectoral pour une durée de 5 ans et décision motivée de la Collectivité
Objet social	Activités et interventions exclusivement liées aux compétences de la CT	Gestion de services publics industriels et commerciaux Principe de spécialité :	Tourisme, culture, loisirs, aménagement, immobilier, exploitation de tout autre service public à caractère industriel ou commercial ainsi que toute autre activité d'intérêt général			Librement choisi par les fondateurs		Production et fourniture de biens et de services d'intérêts collectifs présentant un caractère d'utilité sociale et entrant dans le champ de compétence des collectivités territoriales

Actionnaires	Pas d'actionnaire	L'EPIC est composé de collectivités. Il est obligatoirement rattaché à une collectivité de tutelle.	Au moins 2 collectivités actionnaires, Intervention exclusive au profit des seuls actionnaires et sur leurs seuls territoires	Au moins 2 actionnaires dont 1 seule CT et au moins 1 opérateur. Capital public entre 34 et 85% ; capital privé : entre 15 et 66%	Au moins 2 actionnaires dont 1privé, Capital entre 50 et 85% public, et entre 15 et 50% privé.	Actionnaires privés	Pas d'actionnaires, mais des membres, personnes morales ou physiques	Présence de 3 types d'associés : les salariés, les bénéficiaires et les institutionnels. Capital : la collectivité peut détenir jusqu'à 20% des parts
Filialisation	Non	Filiale possible si son objet correspond à la spécialité de l'EPIC	Impossibilité de créer des filiales et de prendre des participations	Impossibilité de créer des filiales et de prendre des participations	Filiales et prises de participation autorisées	Filialisation et prise de participation ouverte	Non	Non
Protection spécifique des élus	Au titre de leurs fonctions		La responsabilité civile incombe à la collectivité et non l'élu mandataire. Les élus ne sont pas considérés comme des entrepreneurs de services locaux (pas de risque d'inéligibilité)			Responsabilité du délégant	Pas de protection pour les élus sauf pour la responsabilité civile	
Rém. élus	non		Rémunération possible des administrateurs par des jetons de présence				Non	Non
Territorialité	Principe de spécialité territoriale à la collectivité membre			Intervention limitée aux op. du contrat	Aucune limite territoriale	Aucune limite territoriale		Principe de spécialité territoriale
Organes dirigeants	Absence d'organe de direction propre L'exécutif assure directement la gouvernance	Assemblée délibérante majoritairement composée d'élus Le directeur n'est pas issu de l'assemblée délibérante.	CA ou CS intégralité des sièges aux élus	CA ou CA à minima 1/3 des sièges aux élus avec minorité de blocage. Pdt tjs élu de la collectivité	CA ou CS plus de la ½ des sièges aux élus Pdt et DG nommés par les instances dirigeantes	CA ou CA Pas d'élu au CA Rémunération des administrateurs possibles par des jetons de présence	Libre choix des conditions d'accès aux fonctions de dirigeants	Dirigeants élus par l'AG des associés Principe : 1 associé = 1 voix quelle que soit la part de capital détenue

Contrôle des collectivités locales	La CT exerce une pleine tutelle	Maîtrise totale et contrôle analogue : l'autorité de contrôle exerce un contrôle de légalité , l'établissement est soumis à un pouvoir de tutelle administrative ; l'établissement connaît à la fois le contrôle de légalité et la tutelle administrative, mais exercée par des autorités distinctes.	Maîtrise totale Contrôle analogue par la présence au CA, la détermination des orientations stratégiques, la prise des grandes décisions conditionnant la vie de la société	Maîtrise par la collectivité des orientations par la présence des élus au CA, le rapport annuel du délégataire de SP et celui des mandataires, un pacte d'actionnaire	Maîtrise par la collectivité des orientations stratégiques par la présence des élus au CA, le rapport annuel du délégataire de SP et des mandataires, Possibilité d'application d'un contrôle quasi analogue	Pas de présence des élus dans les organes de direction. Le contrôle par la collectivité repose sur l'examen du rapport annuel du délégataire	Les collectivités n'ont pas d'influence déterminante. Même si l'association est investie d'une mission de service public et bénéficie de financements publics la collectivité ne peut faire acte d'ingérence, risque de gestion de fait.	Les collectivités n'ont pas d'influence déterminante. La SCIC étant agréée par le préfet pour cinq ans elle doit faire examiner sa situation financière et sa gestion coopérative à l'issue de cette période
Comptabilité	Publique	Privée						
Personnel	Droit public	Personnel de droit privé à l'exception parfois du comptable et du directeur	Droit privé recours au personnel de droit public dans le cadre de détachement ou mise à disposition			Personnel de droit privé		
Relations contractuelles avec les collectivités	Pas de mise en concurrence			Mise en concurrence de l'actionnaire opérateur	Mise en concurrence			
Relations contractuelles avec les tiers	Mise en concurrence			Mise en concurrence si la SEMOP est pouvoir adjudicateur	Mise en concurrence	Libre	Mise en concurrence	Libre
Impôt Sociétés	non	Oui						

Questions juridiques aux éditions L'Harmattan

Dernières parutions

CONCILIATION ET MÉDIATION DEVANT LA JURIDICTION ADMINISTRATIVE
Actes du colloque du Conseil d'État du 17 juin 2015
Sous la direction de Jacques Biancarelli et Béatrice Blohorn-Brenneur
Voici près de 25 ans que le Conseil d'État, confronté à une judiciarisation croissante de la société, réfléchit aux modes alternatifs de règlement des différends afin de les pacifier et de rendre les justiciables davantage confiants en la justice administrative. Après avoir rappelé le contexte juridique et les enjeux d'une telle impulsion, un bilan comparatif des pratiques du juge administratif et du juge judiciaire a permis de mesurer combien il est nécessaire et urgent de compléter la boîte à outils dont dispose le premier. Voici une réflexion, les références et les outils nécessaires à la juridiction administrative.
(Coédition GEMME, 24.00 euros, 246 p.)
ISBN : 978-2-343-07270-8, ISBN EBOOK : 978-2-336-39774-0

L'ERREUR JUDICIAIRE
Apprendre à douter pour lutter contre les erreurs judiciaires
Sous la direction de Xavier Pin
L'erreur judiciaire hante autant qu'elle jalonne l'histoire de notre justice pénale. Nous avons tous en mémoire de retentissants procès ayant vu des individus accusés ou condamnés, avant d'être disculpés, graciés ou réhabilités. Le législateur y est sensible au point de réformer régulièrement la procédure pénale pour tenter d'éviter, de corriger ou de réparer, autant que possible, de telles erreurs. Une loi du 20 juin 2014 réforme les procédures de révision et de réexamen des condamnations pénales définitives : elle est l'occasion d'essayer de comprendre ces fiascos judiciaires.
(Coll. Droit privé et sciences criminelles, 15.00 euros, 126 p.)
ISBN : 978-2-343-07284-5, ISBN EBOOK : 978-2-336-39807-5

LE DROIT CONSTITUTIONNEL DE LA Ve RÉPUBLIQUE
(Treizième édition)
Lascombe Michel, Toulemonde Gilles
Cet ouvrage s'adresse aux étudiants en droit, aux élèves des instituts d'études politiques et aux candidats aux concours administratifs. Il couvre l'essentiel du programme de droit constitutionnel, c'est-à-dire aussi bien les constitutions françaises depuis 1789 que l'actuel texte constitutionnel. Cette nouvelle édition tient compte des derniers développements induits par les changements politiques, des dernières réformes des règlements des assemblées et de la jurisprudence la plus récente.
(Coll. Logiques Juridiques, 42.00 euros, 506 p.)
ISBN : 978-2-343-07916-5, ISBN EBOOK : 978-2-336-39877-8

LA PROXIMITÉ EN DROIT INTERNATIONAL PRIVÉ DE LA FAMILLE
Bouyahia Sabrine Maya - Préface de Lotfi Chedly et Marie Goré
Parmi les méthodes proposées pour trancher les litiges présentant un élément d'extranéité, figure celle reposant sur le principe de proximité. L'étude porte sur deux systèmes de droit international privé de la famille différents (droit français et droit tunisien) pour mettre en exergue d'une

part l'adaptation de cette méthode aux spécificités de chaque ordre étatique et d'autre part son adéquation avec tous les différents systèmes de droit.
(Coll. Logiques Juridiques, 54.00 euros, 618 p.)
ISBN : 978-2-343-05464-3, ISBN EBOOK : 978-2-336-39866-2

QUARTIER-FEMMES ÉCROU 10970
Boh-Petit Dominique
Cellule 24 : une femme dit toute sa souffrance d'être enfermée. Elle a tué. Son histoire est à la rubrique des faits divers. La Cour d'assises la jugera. Bien des années plus tard, elle est libérée. La vie doit reprendre. Ce récit est parfaitement conforme à la réalité. Tout a existé et existe encore.
(Coll. La justice au quotidien, 15.00 euros, 130 p.)
ISBN : 978-2-343-07436-8, ISBN EBOOK : 978-2-336-39812-9

GABELOUS ET CONTREBANDIERS
Histoire des fermiers généraux de Dijon (1760-1780)
Evrard Sébastien - Préface de Marc Fradet
En exhumant un registre du personnel de la direction des fermes de Dijon, l'auteur retrace, entre 1760 et 1780, la vie méconnue de centaines d'agents au service du doit et de l'impôt. Ces derniers servaient un système protecteur (la retraite fait son apparition dès 1768), parfois très rémunérateur, mais qui s'avère aussi, sous certains aspects, une machine à broyer les hommes : le régime des sanctions que met en place la Ferme est d'une efficacité redoutable. En définitive, la Ferme présente un aspect mitigé.
(Coll. Mémoires des Douanes, 28.50 euros, 278 p.)
ISBN : 978-2-343-06683-7, ISBN EBOOK : 978-2-336-39845-7

DICTIONNAIRE OHADA
(3e édition)
Bitsamana Hilarion Alain
Ce dictionnaire spécial du droit des affaires OHADA propose une définition claire et précise, avec tous les compléments nécessaires, des principaux termes utilisés tous les jours se rapportant à l'OHADA. Un ouvrage de référence permettant de décoder l'OHADA, accessible à toute personne s'intéressant au monde des affaires en Afrique comme à l'étranger.
(39.00 euros, 398 p.)
ISBN : 978-2-343-07656-0, ISBN EBOOK : 978-2-336-39786-3

LA DÉJUDICIARISATION ET LES PROCÉDURES NON CONTENTIEUSES EN AFRIQUE
Amboulou Hygin Didace
La déjudiciarisation comprend l'ensemble des mécanismes de gestion des différends en rationalisant les moyens matériels et humains de la justice, afin de pallier les déficiences du système judiciaire et de limiter les surcharges des juridictions. Les institutions de nombreux pays sont analysées et les déjudiciarisations en droit public et en droit privé sont abordées.
(Coll. Études africaines, 17.50 euros, 156 p.)
ISBN : 978-2-343-06928-9, ISBN EBOOK : 978-2-336-39805-1

COMMENT RENFORCER L'INDÉPENDANCE DE LA MAGISTRATURE AU SÉNÉGAL ?
Ngom Babacar
Préface de Amadou Mahtar Mbow
L'ouvrage présente dans une première partie les garanties légales d'indépendance de la justice, notamment la règle de la séparation des pouvoirs, le principe de la soumission des juges à l'autorité de la loi et celui de l'inamovibilité du magistrat du siège. Après une analyse critique de ces dispositions, l'auteur formule des propositions de renforcement de l'indépendance de la magistrature.
(13.50 euros, 124 p.)
ISBN : 978-2-343-05158-1, ISBN EBOOK : 978-2-336-39837-2

LE DROIT PÉNAL DES AFFAIRES AU CAMEROUN
Djila Kouayi Kemajou Rose
Préface de Victor-Emmanuel Bokalli
Dans le domaine des affaires, la liberté d'entreprendre et d'investir comporte de nombreux risques, au rang desquels le risque pénal. La délinquance en col blanc n'étant plus réservée aux grandes sociétés commerciales, les moyens de lutte et de sécurisation des investisseurs nécessitent un droit pénal des affaires dont l'objectif est la recherche d'une éthique dans ce domaine.
(Coll. Études africaines, 35.50 euros, 350 p.)
ISBN : 978-2-343-07840-3, ISBN EBOOK : 978-2-336-39777-1

50 ANS DE MARIAGE
Réflexions d'un notaire sur l'évolution du couple ces cinquante dernières années
Dauptain Pierre
De la pilule contraceptive jusqu'au mariage pour tous, l'auteur nous propose une réflexion sur les lois qui ont accompagné l'évolution du couple au cours des cinquante dernières années. Il analyse cette évolution pour aborder les problématiques juridiques et morales qui font tant débat de nos jours. Il s'appuie sur des travaux de juristes ou de sociologues, des articles de presse, mais aussi sur les chansons et les films qui ont marqué ces années et qui témoignent de façon si éclairante des changements de mentalités.
(Éditions Pepper, 16.50 euros, 148 p.)
ISBN : 978-2-343-07677-5, ISBN EBOOK : 978-2-336-39690-3

MÉTHODOLOGIE ET ASPECTS FORMELS DE LA RECHERCHE
Petit manuel à l'usage des juristes
Marain Gaëtan
L'ouvrage propose un véritable apprentissage du formalisme qui doit permettre aux étudiants et aux professionnels confrontés à la rédaction d'une thèse ou d'un mémoire juridique d'aborder ce travail avec sérénité. L'auteur donne une méthode de recherche pour définir le sujet, trouver et compulser les références utiles, échafauder un plan. Il aborde également les thèmes des citations d'auteur, notes de bas de page, mise en page. Il traite enfin du travail de relecture et de l'épreuve de soutenance.
(19.00 euros, 178 p.)
ISBN : 978-2-343-07638-6, ISBN EBOOK : 978-2-336-39556-2

RISQUES, ACCIDENTS ET CATASTROPHES
Liber amicorum
En l'honneur de Madame le professeur Marie-France Steinlé-Feuerbach
Sous la direction Hervé Arbousset, Caroline Lacroix et Benoît Steinmetz
L'étude et l'analyse des risques sont au cœur des réflexions du Professeur Steinlé-Feuerbach. Ses nombreux écrits de doctrine sur la thématique des accidents et des catastrophes ont amené à ce que ses collègues et amis lui dédient cet ouvrage. Ces mélanges donnent une vue d'ensemble d'une matière devenue une véritable discipline transcendant le clivage droit public-droit privé.
(Coll. Sciences criminelles, 34.00 euros, 334 p.)
ISBN : 978-2-343-07169-5, ISBN EBOOK : 978-2-336-39677-4

ÉTAT, COLLECTIVITÉS TERRITORIALES ET DROITS SOCIAUX
Étude du droit comparé
Sous la direction d'Olivier Lecucq
Comment, selon leur organisation territoriale respective, La France, l'Espagne et l'Italie œuvrent à la satisfaction des droits sociaux. Quels sont les rôles de l'État en ce domaine ? Quelles sont les actions qui en découlent et comment se coordonnent-elles ? Quelles en sont les implications en termes d'égalité des citoyens et des territoires ? L'ouvrage tente de répondre à ces questions en interpellant la réalisation de l'État social dans un contexte de crise, de réduction des déficits et de maîtrise des dépenses.
(Coll. Bibliothèques de droit, 22.50 euros, 221 p.)
ISBN : 978-2-343-07585-3, ISBN EBOOK : 978-2-336-39683-5

LE PRINCIPE DE PRÉCAUTION
Au carrefour de la philosophie, du droit et des sciences
Calderaro Norbert
La notion de principe de précaution, qui donne lieu à beaucoup de controverses, nécessite de la part d'un juriste une analyse objective pour écarter ce qu'elle n'est pas et définir son contenu véritable. Après un aperçu des sources philosophiques, l'auteur réalise une synthèse du principe de précaution en droit international, européen, en droit comparé et en droit interne. Il intègre notamment les tout derniers développements de la jurisprudence du Conseil d'État.
(18.50 euros, 180 p.)
ISBN : 978-2-343-05457-5, ISBN EBOOK : 978-2-336-39452-7

LES COLLECTIVITÉS TERRITORIALES ET LA SPÉCULATION
Goasdoué Mélissa - Avant-propos de Michel Verpeaux
Préface de Julien Martin
L'ancien dispositif empêchant la conclusion d'opérations financières spéculatives par les collectivités locales ayant échoué, un nouveau dispositif fonctionnant au cas par cas a été mis en place. Après une étude des imperfections de la notion de spéculation puis des liens unissant ces imperfections à l'échec du précédent dispositif dans la protection des collectivités contre les risques spéculatifs, le présent ouvrage s'attache à démontrer comment et dans quelle mesure cette protection est désormais rendue possible.
(Coll. Droit des collectivités territoriales, série Travaux, 15.00 euros, 140 p.)
ISBN : 978-2-343-07619-5, ISBN EBOOK : 978-2-336-39520-3

LE DROIT DE LA GUERRE
Traité sur l'emploi de la force armée en droit international (3 volumes)
Cumin David
Aussi ancien que la guerre et que le droit international dont il constitue le cœur historique, le droit de la guerre existe. Croisant droit et polémologie, portant sur les conflits armés internationaux et internes, ce traité expose, explique et reconstruit l'ensemble du droit international contemporain relatif à l'emploi de la force armée - auteurs et acteurs de la belligérance, ses buts, moyens, théâtres, régimes - et propose une analyse critique de la responsabilité réparatrice et punitive.
Volume 1 (Coll. Droit comparé, 46.00 euros, 458 p.)
ISBN : 978-2-343-06498-7, ISBN EBOOK : 978-2-336-39588-3
Volume 2 (Coll. Droit comparé, 60.00 euros, 760 p.)
ISBN : 978-2-343-07707-9, ISBN EBOOK : 978-2-336-39589-0
Volume 3 (Coll. Droit comparé, 48.00 euros, 468 p.)
ISBN : 978-2-343-07708-6, ISBN EBOOK : 978-2-336-39590-6

LA RESPONSABILITÉ DE PROTÉGER
Nouvelle approche du droit international
Gandou D'Isseret Crépin Gyscard
Le droit d'ingérence humanitaire se comprend comme une éthique de détresse, une obligation de protéger les personnes en danger de mort. La responsabilité de protéger traduit en acte la nécessité impérative de prendre soin de l'homme, ou de la collectivité humaine en général, quand les conditions de son existence connaissent une détérioration significative ou quand elles sont sur le point de le devenir.
(Coll. Harmattan Congo, 16.50 euros, 152 p.)
ISBN : 978-2-343-06724-7, ISBN EBOOK : 978-2-336-39575-3

L'HARMATTAN ITALIA
Via Degli Artisti 15; 10124 Torino
harmattan.italia@gmail.com

L'HARMATTAN HONGRIE
Könyvesbolt ; Kossuth L. u. 14-16
1053 Budapest

L'HARMATTAN KINSHASA
185, avenue Nyangwe
Commune de Lingwala
Kinshasa, R.D. Congo
(00243) 998697603 ou (00243) 999229662

L'HARMATTAN CONGO
67, av. E. P. Lumumba
Bât. – Congo Pharmacie (Bib. Nat.)
BP2874 Brazzaville
harmattan.congo@yahoo.fr

L'HARMATTAN GUINÉE
Almamya Rue KA 028, en face
du restaurant Le Cèdre
OKB agency BP 3470 Conakry
(00224) 657 20 85 08 / 664 28 91 96
harmattanguinee@yahoo.fr

L'HARMATTAN MALI
Rue 73, Porte 536, Niamakoro,
Cité Unicef, Bamako
Tél. 00 (223) 20205724 / +(223) 76378082
poudiougopaul@yahoo.fr
pp.harmattan@gmail.com

L'HARMATTAN CAMEROUN
TSINGA/FECAFOOT
BP 11486 Yaoundé
699198028/675441949
harmattancam@yahoo.com

L'HARMATTAN CÔTE D'IVOIRE
Résidence Karl / cité des arts
Abidjan-Cocody 03 BP 1588 Abidjan 03
(00225) 05 77 87 31
etien_nda@yahoo.fr

L'HARMATTAN BURKINA
Penou Achille Some
Ouagadougou
(+226) 70 26 88 27

L'HARMATTAN SÉNÉGAL
10 VDN en face Mermoz, après le pont de Fann
BP 45034 Dakar Fann
33 825 98 58 / 33 860 9858
senharmattan@gmail.com / senlibraire@gmail.com
www.harmattansenegal.com

www.ingramcontent.com/pod-product-compliance
Lightning Source LLC
LaVergne TN
LVHW011031061026
849535LV00006B/2063